초간본 분류두공부시언해 한자어 의미 연구

亞洲地區漢字文化研究叢書 ❶

초간본
분류두공부시언해
한자어 의미 연구

지성녀 池묘女

初刊本
分類杜工部詩諺解
漢字語 意味 研究

역락

머리말

한국어 어휘체계 중 본디부터 있었던 어휘나 그것에 기초하여 새로 만들어진 어휘를 고유어라 하고 다른 나라 말에서 들어와 한국어에 동화되어 한국어처럼 사용되는 어휘를 외래어라고 한다. 이런 외래어 중에는 한자를 바탕으로 하여 만들어지고 한국 한자음으로 읽히는 어휘가 있는데 이를 외래어와 구별하여 한자어라 부른다.

한자어가 한국어에 토착화한 과정에는 적어도 두 번의 커다란 물결이 있었는데 첫 번째는 한국어와 중국의 한자·한문의 접촉과 더불어 시작된 한자어의 차용 또는 전용이고, 두 번째는 개화기 이후 주로 일본어와의 접촉을 통하여 생겨난 신생한자어의 차용이다. 이외 한국 한자어 중에는 한국에서 합성된 한자어가 있는가 하면, 한국에서 만들어진 한자로 이루어진 한자어도 있는데 이런 한자어를 한국 자체에서 만든 한자어라고 한다. 중국의 한자·한문과의 접촉과 더불어 유입된 한자어는 또 중국의 전통적 고전문헌에서 빌려온 한자어, 불교 경전의 전래와 번역에서 유입된 한자어, 중국 백화문에서 수용된 한자어로 나눌 수 있다. 이렇듯 한국한자어는 그 기원에 따라 위와 같이 다섯 종류로 구분할 수 있다.

이 책은 1481년에 언해된 초간본 『분류두공부시언해(分類杜工部詩諺解)』의 2음절 한자어를 품사별로 분류하여 그것들의 의미를 통시적인 방법으로 분석·정리한 것으로 한국 한자어의 기원 중 중국의 한자·한문과의 접촉과 더불어 유입된 한자어를 대상으로 연구한 결과이다. 저자는 이 책의 2음절 한자어의 의미변화 방향과 의미변화 유형 연구를 통해 앞으로 한국에서 어원사전 혹은 통시적인 사전 편찬에 있어 사전 뜻풀이 보완에 자그마한 보탬이 되고자 한다. 또한 중국어 어휘와 밀접한 혈연관계에 있는 한국어의 한자어에는 많은 고대의 문화 정보와 체계적인 고대 한자음을 보존하고 있어 언어 자료를 필요로 하는 漢語語音史와 漢語詞彙史 연구에도 좋은 언어 자료를 제공할 수 있기를 바라는 바이다.

이 책은 박사학위논문과 중국 광동성(廣東省) 프로젝트 "역외 한자 전파 연구(域外漢字傳播研究: 2018WTSCX228)"의 연구 성과를 수정, 보완한 것이다. 이 책이 나오기까지 많은 분들의 도움이 있었다. 박사학위논문의 큰 틀을 세우는 작업부터 세부적 사항까지 하나하나 지도해주신 이경우 지도교수님, 지금까지의 연구 방향을 잡아주시고 『석보상절』을 정독하면서 중세한국어에 눈을 뜨게 한 송민 교수님께 무한한 감사를 드린다. 한국어학 입문부터 오늘날까지 많은 가르침과 격려와 조언을 아끼지 않으셨던 이근용 교수님, 김흥수 교수님, 김주필 교수님, 이종철 교수님, 강남욱 교수님께도 깊이 감사의 인사를 드린다.

또 廣東外語外貿大學南國商學院에서 학생들을 가르칠 수 있는 기회를 주시고 재직 10년째에 단과대학 학장이라는 중책을 믿고 맡겨 주신

丁小軍 이사장님과 賴志立 총장님께 진심 어린 감사의 인사를 드리며, 젊은 시절의 자신을 보는 것과 같다며 행정업무의 중요성을 깨우쳐 주신 王心潔 부총장님께 이 책의 출판을 빌어 고마움을 전한다. 廣東外語外貿大學南國商學院과 한국어학과가 한 걸음 더 발돋움하기를 바라며 이 책의 출판을 흔쾌히 허락해 주신 이대현 대표님과 역락출판사 편집진들께도 고마움을 전한다. 오늘날 내가 여기에 서 있을 수 있게 든든한 버팀목이 되어주신 부모님께 사랑을 드린다.

이 책이 나오기까지 저를 지지해 주신 분들의 성함을 일일이 열거하지 못한 점 죄송하게 생각하면서 앞으로 선생님으로, 학자로, 학교의 일원으로 직분과 소임을 다하는 것으로 도움 받은 모든 분들께 보답하고자 한다.

2020년 3월
지성녀 씀.

제 1 장 ▌

서 론 • 15

제 2 장 ▌

한국 漢字語 개설 • 33

제 3 장 ▌

漢字語의 品詞別 分類와 意味 分析 • 83

제 4 장 ▌

漢字語의 意味 변화 양상과 사전에 추가할 漢字語 • 203

제 5 장 ▌

결 론 • 243

초간본 분류두공부시언해
한자어 의미 연구

初刊本 分類杜工部詩諺解 漢字語 意味 研究

제 1 장

|

서 론

1.1 연구의 목적과 필요성

본 연구는 초간본(初刊本) 『분류두공부시언해(分類杜工部詩諺解)』[1](1481년)에 쓰인 2음절 한자어(漢字語)를 품사별(品詞別)로 분류하여 그것들의 의미(意味)를 통시적인 방법으로 분석·정리한다. 나아가 2음절 漢字語의 意味변화 방향과 意味변화 유형을 살펴보고 한국의 『표준국어대사전』[2]에 추가하고 보충할 표제항과 뜻풀이 보완 방안을 모색하는데 그 목적이 있다. 이 연구는 앞으로 한국에서 어원사전이나 통시적인 사전 편찬에 도움이 될 것이고, 한국 漢字語의 계보(系譜 Genealogy)별 연구에도 언어 자료가 될 것이다. 또한 중국 어휘와 밀접한 혈연관계에 있는 한국 漢字語는 고대의 문화 정보를 담고 있을 뿐만 아니라 체계성이 강한 고대 독

---

1) 다른 해석이 없을 때는 편의상 初刊本 『분류두공부시언해(分類杜工部詩諺解)』를 『두시언해』라고 일컫기로 한다.

2) 편의상 『표준국어대사전』을 『표준』이라고 일컫기로 한다. 諺解文의 단어 해석은 국립국어원 표준국어대사전(http://stdweb2.korean.go.kr/main.jsp)을 참고한다.

음(讀音)을 보존하고 있어, 이에 대한 통시적인 연구는 한어어음사(漢語語音史)와 한어어휘사(漢語詞彙史) 연구에도 중요한 언어 자료가 될 것이다.

언해문(諺解文)에 나타나는 漢字語의 意味는 원문의 문맥적 意味에 따라 결정된다고 할 수 있다. 이러한 원리를 기반으로 삼아, 본 연구는『두시언해(杜詩諺解)』初刊本에 나타나는 2음절 漢字語 중『현대 국어 사용 빈도 조사』에서 핵심영역3)에 속하는 漢字語의 문맥적 意味 분석을 통하여, 기본意味가 문맥에 따라 어떠한 意味로 바뀌는지 그 意味변화 방향과 意味변화 유형을 살피는 동시에, 그 결과를 통하여『표준』에 표제항으로 등재된 漢字語 뜻풀이를 보완할 수 있는 방안을 모색해 보고자 한다.

『杜詩諺解』初刊本에 나타나는 漢字語의 정확한 意味를 분석하기 위해 杜詩 원문의 해석과 중국어 사전인『漢語大詞典』4)과 한국어 사전인『표준』의 뜻풀이를 기반으로 諺解文에 나타나는 漢字語의 意味를 분석·정리한다.

지리적으로 인접하여 있는 한반도(韓半島)와 中國 사이에는 오래전부터 부단한 접촉과 교류가 있었다. 중국 후한(後漢)시대의 역사가 반고(班固)가 저술한 기전체(紀傳體) 역사서인『한서(漢書)·지리지(地理志)』에 이르기를 "東夷天性柔順, 異於三方之外, 故孔子悼道不行, 設桴於海, 欲居九夷, 有以也夫. 동이는 천성이 유순하고, 삼방의 다른 민족들과는 다른 점이 많다. 따라서 공자가 바다에 뗏목을 띄워 구이에 살고자 한 이유가 동이에 도가 행해지지 않음을 슬퍼한 것이 아니겠는가?" 여기서 班

---

3) 연구 목적에 나타나는 '현대 국어 사용 빈도 조사', '핵심영역' 등의 용어는 본 장 3절에서 다시 다루기로 한다.

4) 원문의 단어 해석은 漢語大詞典編輯委員會, 漢語大詞典編纂處에서 編纂하고 上海辭書出版社에서 출판한『漢語大詞典』인터넷사전(http://www.zdic.net/)을 참고하고,『漢典』으로 약칭한다.『漢語大詞典』의 뜻풀이는 원칙적으로 기본意味가 맨 앞에 제시되고 파생, 轉用과 같은 意味는 시대적 순서에 따라 배열되어 있다. 따라서 뜻풀이의 순번이 뒤로 갈수록 현대적 意味에 가깝다.

固가 말하는 '동이'는 일반적으로 중국의 요동반도(遼東半島)지역과 韓半島지역을 가리킨다.

漢字가 韓半島에 유입(流入)된 시기는 정확히 밝혀진 바 없는 듯하다. 그러나 산맥(山脈)과 수맥(水脈)을 같이 하는 古朝鮮과 中國 사이에는 기원전부터 부단한 접촉과 교류가 있었다. 이러한 사실은 BC 3세기경 韓半島 북부 지방에 流入된 철기문화(鐵器文化)와 같은 많은 考古 유적, 유물과 문헌(文獻)들로 확인되고 있다. 그러한 접촉과 교류 속에서 漢字는 자연스럽게 韓半島에 流入되었을 것이다. 학자들마다 조금씩 차이는 있지만 漢字가 韓半島에 流入된 시기는 늦어도 BC 108년, 한무제(漢武帝)가 위만조선(衛滿朝鮮)을 멸망시키고 그 땅을 다스리기 위해 한사군(漢四郡)을 설치한 때로 잡을 수 있을 것이다. 그러한 흐름을 타고 6세기 초 지증왕(智證王) 때 국호(國號)와 시호(諡號)를 漢字語로 개정하고, 법흥왕(法興王) 때 漢字로 된 연호(年號)가 사용된 것이 漢字語 생성의 실마리가 되면서 한화정책(漢化政策)을 널리 편 신라 경덕왕(景德王) 시기부터 개화기(開化期)까지 지속된 한국어와 漢字와 漢文의 오랜 기간에 걸친 접촉은 한국어의 어휘체계(語彙體系)에 수많은 漢字語가 자연스럽게 차용(借用)되거나 전용(轉用)되는 결과로 이어졌고, 그들은 고유어와 함께 새로운 차원의 語彙體系를 이루게 되었다. 특히 15세기에 훈민정음(訓民正音)[5]이 창제된 이후 수많은 직역(直譯)에 의한 諺解文, 19세기 국한문혼용체(國漢文混用體), 開化期 일본으로부터 들어온 번역차용어(飜譯借用語) 등은 漢字語의 流入과 생성을 더욱 가속화시켰을 것이다.

이에 따라 본고는 漢字語의 계보를 손쉽게 가려낼 수 있는 15세기의 諺解文인『杜詩諺解』初刊本에 나타나는 漢字語를 品詞別로 나누고, 諺

---

5) 訓民正音은 1443년에 창제된 문자의 이름이자, 훈민정음에 대한 한문해설서이다.『훈민정음예의본(訓民正音例義本)』과『훈민정음해례본(訓民正音解例本)』이 있다.

解文의 漢字語에 대응되는 원문 단어의 문맥적 意味에 따라 諺解文 漢字語의 문맥적 意味를 살펴보고자 한다.

그동안 한국어에 나타나는 漢字語 연구는 한국어 語彙體系 내에서의 연구를 비롯하여 유학생들에 의한 한국 漢字語와 중국어, 한국·중국·일본·베트남과 같은 한자문화권(漢字文化圈) 여러 나라의 어휘들의 비교(比較) 내지 대조(對照) 연구까지 활발하게 이루어져왔다. 그러나 지금까지 연구 성과를 살펴보면 한국어 語彙體系 내에서의 연구는 漢字語의 본고장인 중국어 詞彙史를 도외시한 경우가 많았고, 比較 내지 對照 연구는 현대한국어와 현대중국어를 대상으로 삼은데 그치는 경우가 많았다. 또한 『표준』을 위시한 한국어사전류에 등재되어 있는 漢字 어휘의 경우, 그 意味 또한 대체로 현대한국어의 意味로 풀이되어 있어서 중세와 근대 언해 자료들을 읽고 해석하는데 부족한 점이 없지 않았다고 볼 수 있다.

따라서 본고는 옛 諺解文獻에 나타나는 漢字語의 意味도 한국어의 어휘 意味의 일부분으로서 한국어사전에 포함되어야 한다고 보고 『杜詩諺解』 初刊本에 나타나는 漢字語의 문맥적 意味를 통시적인 방법으로 분석·정리하고자 한다. 나아가 그 결과를 이용하여 중세와 근대 諺解文獻 해석에 도움이 될 수 있는 漢字語의 意味 자료를 마련해 보기로 한다. 또한 이 연구로 밝혀진 漢字語의 意味가 『표준』에 등재되어 있는지를 확인하고, 사전의 뜻풀이를 보완할 수 있는 방안을 모색하고자 한다.

우리가 사용하고 있는 언어는 끊임없이 변화한다. 그 변화는 형식(形式)과 내용(內容) 모두에서 일어난다. 한 단어가 오랫동안 사용되면서 形式인 형태(形態)가 변하기도 하고, 內容인 意味가 변하기도 한다. 形態의 변화는 그것이 표기에 반영되어 그 변화를 상대적으로 쉽게 확인할 수 있지만, 意味의 변화는 눈으로 확인하기 어려워 그 변화를 명확하게 파

악하기 쉽지 않다. 더구나 意味 변화는 오랜 시간을 두고 완만하게 진
행되는 속성이 있어 특별한 관심을 두지 않으면 그 사실을 인지하기가
쉽지 않다(심재기, 2011:211). 그러나 한국어 語彙史에서 漢字語의 意味 변
화가 어느 정도 파악될 수 있는 경우도 있다. 그것은 開化期 이후 주로
일본어와의 접촉을 통하여 이루어진 新式文明의 內容이 반영된 新生漢
字語6)들이다. 이 新生漢字語들은 두 가지 양상으로 구별되는데 그 하나
는 양적인 변화로 과거에는 존재하지 않았던 新文明語들이 대량으로 流
入된 것이고, 다른 하나는 질적인 변화로서 동일한 形態의 漢字語들의
意味에 개변이 일어난 것이다(김광해, 2009: 277). 후자는 중국 古典에 나타
나는 어휘가 서양문물의 새로운 개념을 표현하는 意味로 轉用된 것이
다. 예를 들어 중국 古典에 나타나는 '社會'의 意味는, 『漢典』에 따르면
'촌민(村民)이 입춘이나 입추가 지난 뒤에 다섯째 무일(戊日)인 사일(社日)에
모이던 모임'을 뜻하였으나 開化期를 거쳐 오늘날은 '공동생활을 영위
하는 모든 形態의 인간 집단'으로 意味가 바뀐 것이다.

　따라서 본고는 오늘날까지 그 形態가 유지되고 있는 『杜詩諺解』初刊
本에 나타나는 일부 漢字語들도 이런 意味 변화를 겪었을 것이라는 전
제하에 諺解文 漢字語의 기본 意味가 문맥에 따라 어떠한 意味로 바뀌
는지 그 방향의 다양성을 짚어보고자 한다.

---

6) 송민(1999)에서 新生漢字語란 원칙적으로 전통적 漢字語가 아닌 새로운 어형으로서, 주로
　서구화의 물결을 타고 중국이나 일본에서 그때 그때 飜譯借用語로 만들어진 일시적으로
　쓰인 적이 있거나, 후대까지 계승되어 각 언어의 語彙體系 변화에 영향을 끼친 漢字語를
　뜻한다고 하였다.

1.2 선행 연구 검토

漢字語의 역사에 관한 연구에서 심재기(1982)[7]는 漢字語들이 기원에
따라 계보가 다름을 밝히고 크게 중국의 전통적 古典文獻에서 쓰인 漢
字語, 불교 漢字語, 중국 백화문(白話文)에서 수용된 漢字語, 일본식 漢字
語, 한국 자체에서 만든 漢字語 등 다섯 종류로 구분하였다. 이 논의를
이어 받은 박영섭(1995)[8]은 漢字・漢文의 전래(傳來)시기, 漢字語의 생성
과정을 중국 文語系 漢字語, 佛敎語系 漢字語, 중국 白話系 漢字語, 日本
語系 漢字語, 한국 漢字語 등 다섯 종류로 짚어보고, 각 계보별로 수집
된 어휘를 자료로 제공함으로써 漢字 어휘의 意味 변천 연구에 기초적
토대를 마련하였다.

이러한 漢字語의 기원에 따른 연구에서 일본어계 漢字語, 즉 開化期
이후 주로 일본어와의 접촉을 통하여 借用된 新生漢字語에 대한 연구는
송민(1999, 2000, 2001, 2002, 2003) 등을 통해 많은 연구가 이루어졌다.

송민(1999)은 청말(淸末) 지식인이었던 정관응(鄭觀應)의 저술『易言』과 그
諺解本인『이언』의 對照분석을 통하여 漢文本 원문에 나타나는 新生漢
字語가 언해본에 어떻게 수용되었는지를 살펴봄으로써 개화초기의 한
국어에 수용된 중국식 新生漢字語의 성격을 정리하였다. 송민(2000)은 開
化期 이후 밀려드는 서양의 문화와 문명을 수용하는 과정에서 한국어
의 전통적 漢字語는 특히 意味면에서 다양한 개신과 변화를 겪는데 새
로운 개념과 지식을 받아들이는 과정에서 일어날 수밖에 없는 意味개
신은 한국어에 많은 신문명어(新文明語)가 새로 생겨나게 했다고 보고 주

---

7) 심재기(1982:35-49), 이 책에 수록된 內容은 본래 金亨奎博士 頌壽紀念論叢 353-370면에 실린
심재기(1971)가 다시 실린 것이다.
8) 박영섭(1995)은 1986년에 이루어진 박사학위 논문이다.

로 意味의 개신을 거쳐 新文明語가 된 전통적 漢字語의 사례를 통하여 그들이 겪은 意味개신의 성격과 방향을 살펴보았다.

송민(2013)은 한국어에 2음절 漢字語가 증가된 시기를 開化期 전과 후로 나누어 고찰하였다. 開化期 이전에는 주로 漢文에 쓰인 2음절어가 수용되었는데 12세기 중엽의 『三國史記』에도 2음절 漢字語가 쓰였고 15세기 말의 『杜詩諺解 初刊本』에서 '記→記錄', '論→議論' 등과 같이 "漢詩에 쓰인 단일한자가 諺解文에서는 자주 2음절 漢字語로 대치"되는 현상을 볼 수 있다고 하였다. 그리고 開化期 이후로는 주로 일본을 통해 新生漢字語가 借用되었다고 하였다.

중세 한국어 諺解 文獻의 정확한 해독을 위해서는 중국 古代漢字語, 즉 중국 典籍을 통하여 수용된 漢字語에 대한 연구가 이루어져야 한다. 한국어 漢字語와 중국어의 比較 내지 對照 연구는 2음절 漢字語와 사자성어를 대상으로 한국어 漢字語와 중국어 어휘의 변천과정 및 사용현황을 논한 程崇義(1987)를 비롯하여 한국 漢字語와 중국어 어휘를 1음절에서 4음절까지 음절별로 분류하고 각 음절에 해당되는 어휘들의 품사, 形態와 意味를 比較 연구한 王克全(1994), 임지룡(1991)의 "국어의 기초어휘에 대한 연구"에서 추출된 漢字語 558개를 다섯 가지 유형으로 나누고, 매 유형을 다시 아홉 가지 분야로 나누어 한·중·일 어휘 比較를 통하여 한국 漢字語의 특성을 고찰한 李美香(1999), 박영섭(1997)의 『開化期 국어 어휘 자료집』에서 추출한 開化期 신어와 신용어 총 5,466개를 중심으로 정치·경제·인문·과학·교육·통신·체신·법률·행정·군사·경찰·종교·직업·관직·인륜·시령·처소 등으로 분류하여 한·중·일 漢字語를 比較 분석한 노해임(2000), 漢字語 意味 연구로 중국어의 어휘와 한국어의 漢字語가 形態가 같고 意味가 다른 어휘들의 比較 연구로 탕화봉(2009), 박혜진(2011), 장선우(2013), 장은영(2016), 제진(2017), 한

지현(2019) 등 유학생들에 의한 연구가 활발히 진행되고 있다. 그러나 대부분 연구는 현대 한국어 漢字語와 현대 중국어 어휘의 比較에 국한되어 있다는 문제점이 없지 않아있다.

송기중(1993)은 한국어 어휘를 크게 漢字語와 非漢字語로 나누어 구분하고, 漢字語 중에서 '감기(感氣), 복덕방(福德房), 사주팔자(四柱八字), 삼촌(三寸), 신열(身熱)'과 같이 한국에서 합성된 단어들과 '대지(垈地), 시가(媤家), 수답(水畓)'과 같이 한국에서 만들어진 漢字로 합성된 단어들이 있는데 이들을 고유漢字語라고 하였다. 한국어 漢字語에서 고유한자어가 차지하는 비율은 극히 낮고 대부분이 중국이나 일본에서 도입된 '외래한자어'들인데 외래한자어들은 고대로부터 19세기 중엽까지는 중국어에서, 그 후 현재까지는 일본어에서 도입된 것이 많다고 하고 외래한자어들이 도입되어 한국어 漢字語로 정착되는 과정은 현대 언어학적 관점에서 명료하게 설명되지 않는다고 했다. 또한 이와 같은 신 어휘 생성 방식이 서구에서는 흔히 볼 수 없기 때문일 것이라고 하고, 한국어 漢字語의 특수한 借用과 정착과정에 대하여 간략하게 언급하였다.

노명희(2006)는 漢字語를 분석하여 가장 많이 쓰이는 意味를 중심으로 漢字語 교육이 재검토되어야 함을 논의하면서 漢字語 形態素의 확인에 관한 문제를 부각하였다. 이에 따르면 그동안 '생일(生日), 생신(生辰)' 등에서 '날 생'의 意味로 대표되던 '生'은 실제 용법에서 '유학생(留學生), 신입생(新入生)' 등에서의 '사람'의 용법이나 '생물(生物), 생명(生命), 생활(生活)' 등에서의 '살 생'의 意味로 더 많이 사용되고 있다고 보고 있다.

조남호(2001)에서는 현재 전하는 『杜詩諺解』初刊本 중 16권을 자료로 삼아 漢字語 어근을 유형별로 나누고 원문과 諺解文의 대응 양상의 실상을 밝혔다. 또한 부록으로 『杜詩諺解』初刊本에 나오는 고유명사 목록과 3,871개의 漢字語 어근을 정리하여 제시하고, 정리한 단어의 용례를 쉽게 찾아 볼 수 있도록 杜詩諺解 初刊本 語彙索引을 CD파일로 만들었다. 본고에서는 조남호(2001)의 어휘색인 CD에 제시된 용례를 기반으로 예문에 나타나는 원문 구절의 출처 등을 보충하여 이용하고, 원문과 諺解文의 대응 유형도 조남호(2001)의 일곱 가지 분류를 기반으로 본고의 특징에 맞게 재정리하여 이용하고자 한다.

노해임(2011)은, 지금까지 어휘의 역사 연구를 살피면 漢字語에 대한 역사는 거의 다루어지지 않고 있으며, 특히 漢字語의 생성과 소멸에 관한 연구는 전혀 없다고 보고, 文獻을 통한 통시적 연구로 15세기부터 19세기까지의 2음절, 3음절 漢字語를 意味場의 원리에 따라 18개 항목으로 나누어 시대별 변천 內容을 통계적으로 살펴본 것이다. 文獻에서 漢字語가 처음으로 나타난 시기와 사용 기간, 그리고 한 어휘가 文獻에서 사라진 시기를 밝혀 자료를 제시하고, 실제 文獻에 쓰였으나 국어사전에 오르지 못한 漢字語를 찾아서 국어사전의 올림말 자료를 제공하였다. 그리고 한국어 漢字語의 통시적인 연구는 아직 활발하게 이루어지지 않았고, 중세와 근대 漢字語도 한국어 語彙體系의 일부분임을 강조하는 연구도 거의 없는 편이어서 연구가 이루어지면 한국어사 가운데 중요한 분야인 語彙史의 한 분야를 채우게 될 것이라고 하였다.

허철(2010)은 漢字語는 어떤 영역이더라도 그 사용 빈도가 높음을 조사하고, 漢字語 교육의 중요성을 강조하면서 교육용 漢字 선정을 위한 기초자료를 제시하였다.

송민(2013)은 漢字形態素의 경우 사형과 意味는 밀접하게 결합되어 있기 때문에 漢字語彙史를 위하여 우선적으로 자형에 대한 파악이 있어야 한다고 보고 漢字와 이체자의 관계, 漢字形態素의 '形', '音', '義'의 관계를 통한 漢字語의 淵源을 살폈다. 漢字語의 경우 漢字語의 형태론적 특성으로부터 양적으로 방대하고, 의미상으로 투명하고 안정적인 2

음절 漢字語가 漢字語의 주축임을 설명하고, 漢字語의 정착, 수용 과정을 살펴보고, 漢字와 漢字語가 한국어에서 무시되어서는 안 되는 이유를 밝히면서 또 다시 語彙文化史에 대한 필요성을 제기하였다.

이기문(1991)은 체계적인 語彙史를 위한 기초적인 연구라고 할 수 있는데 전 편은 語彙史·어원·借用語·고대어 등 네 부분으로 구성되어 있다. 借用語 부분에 '근세중국어 借用語'와 '한국어와 중국어의 접촉에 대하여'라는 두 편의 소논문이 실려 있는데 이 연구는 語彙史 뿐만 아니라 음운사의 관점에서도 중요하다. 崔昌烈(1998)은 한국 어원학의 전망으로부터 구체적인 예를 들면서 意味론이 어원학의 개발에 기여할 수 있는 방법을 시도한 연구로 평가를 받고 있다.

강헌규(1988)은 한국어의 어원사에 큰 공헌을 한 저서인데 기존에 나와 있는 어원에 관한 모든 연구 성과들을 정리하였다. 책 앞부분에서 어원의 정의·연구방법을 제시하고 동양의 어원설과 서양의 어원설을 比較하여 논술함으로써 어원을 이해하는데 큰 도움을 주었다.

『표준국어대사전』(1999)에 '낮잡아 이르는 말'로 풀이된 '비어'가 1,150개, '속되게 이르는 말'로 풀이된 '속어'가 1,152개나 실려 있다는 통계가 나와 있다. 조항범(2019)은 사전에 올라 있는 '욕설'은 그렇게 많지 않지만 실제 사용 되는 욕설은 이보다 훨씬 많다고 지적하고, 저자가 준비 중인 『국어어원사전』에서 '卑語', '俗語', '辱說'에 해당하는 어휘(표현)만을 따로 뽑아 그 하나하나의 어원을 역사적 기술 방식에 따라 해석한 연구이다.

이에 따라 본고에서 다루고자 하는 방향도 漢字語 語彙史의 일부분으로서, 공시적인 측면과 통시적인 측면에서 漢字語의 意味가 문맥에 따라 어떻게 실현되는지 그 양상을 분석·정리하게 될 것이다.

1.3 연구 대상과 연구 방법

본고는 漢字語의 정착과정[9]에서 開化期 이후 주로 日本語와 접촉을 통하여 이루어진 新生漢字語를 배제하기 위하여 1차적으로 15세기 諺解文獻인『杜詩諺解』初刊本의 漢字語 중 조남호(2001)에서 검토된 1,398개 漢字語를 연구 대상으로 삼는다.

『杜詩諺解』는 중국 원(元)나라 때 편찬된『찬주분류두시(纂註分類杜詩)』를 원본으로 삼아 杜甫의 詩[10] 1,647편 전부와 다른 사람의 시 16편을 52부로 분류하여 諺解한 시집(詩集)으로 初刊本과 중간본(重刊本)이 있다. 初刊本『杜詩諺解』는 1443년(세종 25)에 착수하여, 38년 만인 1481년(성종 12)에 비로소 간행된 한국의 첫 역시집(譯詩集)이다. 初刊本은 활자본으로 전체 25권을 간행하였으나 임진왜란으로 권1, 권2, 권3, 권4, 권11, 권12, 권13, 권14를 제외한 17권이 전하는 것으로 알려져 있다. 初刊本은 왕명에 따라 유윤겸(柳允謙), 유휴복(柳休復), 조위(曺偉) 등 문신들과 승려 의침(義砧)을 비롯하여 당시 杜詩에 통달한 사람은 신분과 상관없이 종사하게 한 대대적인 번역 사업이었다고 한다. 1632년(인조 10)에는 初刊本을 바탕으로 하여 그대로 옮긴 중간본이 간행되었다. 중간본은 목판본으로 25권이 모두가 전하는데 경상 감사 오숙이 대구 부사 김상복(金尙宓)에게 시켜 관하 각 읍에서 분간하게 한 것으로 알려졌다.

---

9) 송민(2013)은 어휘사적 관점에서 漢字語가 한국어에 土着化한 과정에는 적어도 두 번의 커다란 물결이 있었다고 보았다. 첫 번째의 물결은 韓國語와 漢字 내지 漢文의 접촉과 더불어 시작된 漢字語의 借用 내지 轉用이고, 두 번째 물결은 開化期 이후 주로 日本語와 접촉을 통하여 이루어진 新生漢字語의 借用으로 보고 있다. 그밖에도 한국漢字語 중에는 '삼촌(三寸)'과 같이 한국에서 합성된 漢字語가 있는가 하면, '시가(媤家)'의 '媤'처럼 한국에서 만들어진 漢字로 이루어진 漢字語도 적지 않다.

10) 두시는 朝鮮時代의 국시(國是)와도 합치되는 작품들이어서 당시의 과제(科題)로도 자주 출제되었다.

체재는 두보의 시 전편인 1,647편과 다른 사람의 시 16편을 52부로 분류하였다. 그 內容을 보면 권1은 기행 상(紀行 上), 권2는 기행 하(紀行 下)와 술회 상(述懷 上), 권3은 술회 하(述懷 下)와 질병(疾病) · 회고(懷古), 권4 는 시사 상(時事 上), 권5는 시사 하(時事 下)와 변새(邊塞) · 장수(將帥) · 군려 (軍旅), 권6은 궁전(宮殿)과 가지(賈至) · 왕유(王維) · 잠삼(岑參)의 궁사(宮詞) · 성수(省守) · 능묘(陵廟)와 거실 상(居室 上), 권7은 거실 하(居室 下)와 제인거 벽(題人居壁) · 전원(田園), 권8은 황족(皇族) · 세주(世冑) · 종족(宗族) · 외족(外族) · 혼인(婚姻), 권9는 선도(仙道) · 은일(隱逸) · 석노(釋老) · 사관(寺觀), 권10은 사 시(四時)와 하(夏) · 추(秋) · 동(冬), 권11은 절서(節序) · 주야(晝夜) · 몽(夢), 권12 는 월(月) · 강(江) · 우(雨) · 청(晴) · 설(雪) · 뇌(雷) · 운(雲) 등이고, 권13은 산 악(山嶽) · 강하(江河) · 도읍(都邑), 권14는 누각(樓閣) · 조망(眺望) · 정사(亭榭), 권15는 원림(園林) · 지소(池沼) · 주즙(舟楫) · 교량(橋梁) · 연음(燕飮), 권16은 문장(文章) · 서화(書畵) · 음악(音樂) · 기용(器用) · 식물(食物), 권17은 조(鳥) · 수 (獸) · 충(蟲) · 어(魚), 권18은 화(花) · 초(草) · 죽(竹) · 목(木), 권19는 수증(授贈) 과 기간 상(寄簡 上), 권20은 기간 중(寄簡 中), 권21은 기간 하(寄簡 下)와 회 구(懷舊), 권22는 회구(懷舊) · 수기(酬寄) · 혜황(惠貺)과 송별 상(送別 上), 권23 은 송별 하(送別 下), 권24는 경하(慶賀) · 상도(傷悼), 권25는 잡부(雜賦)로 되 어 있다.11)

『杜詩諺解』初刊本은 조남호(2001)에서 지적한 바와 같이, 중세한국어 시기 대부분의 언해 文獻이 佛經과 관련된 文獻인 데 비해 詩, 즉 문학 작품을 최초로 언해한 언해 문학의 백미(白眉)이고, 분량에서도 다른 文 獻에 결코 뒤지지 않는 특징이 있다. 또한 『杜詩諺解』의 문체는 『老乞 大諺解』, 『朴通事諺解』와 比較할 때 구어체가 아닌 문어체라는 특징도

---

11) 권수가 많은 탓인지 체제에 있어 통일되지 못한 곳이 없지 않아있다. 그러나 다양한 소재 의 두보의 시를 전부 번역했다는 점에서 그 의의가 두드러진다고 본다.

있다.

조남호(2001)는 현재 전하는 『杜詩諺解』初刊本 중 弘文閣에서 영인된 15권[12]과 영인에 포함되지 않은 권19를 포함, 총 16권을 대상으로 삼아 序에 딸린 諺解文과 注釋文을 제외한 후 原詩에 딸린 諺解文만을 자료로 삼아, 거기에 나타나는 漢字語의 원문과 諺解文의 대응 양상을 밝힌 것이다. 이 검토에 나타나는 漢字語는 고유명사를 포함, 모두 14,962회이다. 그 중 고유명사를 제외하면 漢字語의 출현 횟수는 12,294회인데, 이를 다시 단어별로 살피면 4,142개가 된다. 단어별 숫자는 漢字語 어근에 고유어 성분이 연결된 단어를 각각 계산한 숫자이다. 고유어 성분을 제외한 漢字語 어근만[13]을 계산하면 3,872개이다. 諺解文의 漢字語가 원문에 어떻게 대응되는가에 따라 3,871개 漢字語 어근을 일치 유형, 부분일치 유형, 불일치 유형으로 나누었는데 1)일치 유형은 원문의 漢字語가 그대로 諺解文에 수용된 경우로서, 예를 들면 원문의 '故鄕'을 諺解文에서 '故鄕'으로 언해한 경우나 '檢察'을 '檢察ᄒ-'로 언해한 경우이다. 2)부분일치 유형은 원문과 일부 일치하는 漢字語를 사용한 경우로서, 예를 들면 원문의 '故'를 諺解文에서 '故鄕'으로 언해한 경우나 '檢'을 諺解文의 '檢察ᄒ-'로 언해한 경우이다. 3)불일치 유형은 원문에는 諺解文의 漢字語에 대응되는 어휘가 없는 경우로서, 예를 들면 원문의 '生涯'를 諺解文에서 '人生'으로 언해한 경우, '報'를 '對答ᄒ-'로 언해한 경우, '劬勞'를 '父母의 잇비 기르던'으로 언해한 경우처럼 諺解文의 '父母'에 대응되는 단어가 원문에 없는 경우이다. 이러한 유형에 따라

---

12) 『杜詩諺解』初刊本 중 弘文閣에서 영인한 15권에는 권6, 7, 8, 10, 11, 14, 15, 16, 17, 20, 21, 22, 23, 24, 25가 포함된다. 그 중에서 상태가 좋지 않은 17:1b, 17:22ab, 19:10b, 19:11a, 19:25b, 19:26a의 일부, 23:24ab, 25:30ab를 제외하였다.

13) 예를 들면 諺解文에 '經營', '經營ᄒ-'와 '經營히-'가 나오는데 단어별로 보면 두 개 단어이고, 어근만 보면 한 개 어근인 것이다.

漢字語를 분류한 표를 옮겨보면 아래와 같다.

〈표 I-1〉 조남호(2001)에서 제시한 **漢字語** 유형별 분포

유형	A	B	C	D	E	F	G	전체
개수	28	38	62	30	256	985	2,473	3,872
비율 (%)	0.7	1.0	1.6	0.8	6.6	25.4	63.9	100.0

A 유형: 불일치 · 부분일치 · 일치   B 유형: 불일치 · 부분일치
C 유형: 불일치 · 일치   D 유형: 불일치
E 유형: 부분일치 · 일치   F 유형: 부분일치
G 유형: 일치

위의 표에 제시된 전체 3,872개 漢字語 중 1)일치유형(G형)으로만 나타나는 2,473개 漢字語를 제외하면, 2)불일치 · 부분일치 · 일치유형[14](A형)에 속하는 漢字語 28개, 3)불일치 · 부분일치유형(B형)에 속하는 漢字語 38개, 4)불일치 · 일치유형(C형)에 속하는 漢字語 62개, 5)불일치유형 30개, 6)부분일치 · 일치유형 256개, 7)부분일치유형 984개로 모두 1,398개 漢字語가 남는다. 본고에서는 이 1,398개 漢字語를 1차적인 검토 대상으로 삼는다. 여기에 추가하여 허철(2010)에서 검토한 818개 핵심영역 어휘 중 569개 핵심영역 漢字語를 2차적인 검토 대상으로 삼는다.

허철(2010)은 2002년과 2005년에 국립국어원에서 조사한 『현대 국어 사용 빈도 조사 1, 2』를 기본 자료로 삼아 누적백분율을 중심으로 어휘를 핵심 영역, 고빈도 영역, 중빈도 영역, 저빈도 영역으로 나눈 바 있

---

14) 諺解文에 나타나는 漢字語 '人生'을 예로 들면 원문의 '生涯'을 '人生'으로 언해한 경우는 불일치유형, 원문의 '生'을 '人生'으로 언해한 경우는 부분일치유형, 원문의 '人生'을 '人生'으로 언해한 경우는 일치유형에 속한다. 따라서 '人生'은 불일치 · 부분일치 · 일치유형에 속하는 漢字語이다.

다. 핵심 영역은 그 사용 언중이 가장 기본적으로 사용하는 어휘로, 이는 학력이나 연령 등에 관계없이 사용되는 어휘를 말한다. 고빈도 영역과 중빈도 영역까지는 일반적인 기본교육을 받은 사람이 학습하여 사용하는 어휘를 말하며, 특히 저빈도 영역은 전문적으로 학습을 통하여 학습하게 되는 어휘를 말한다. 핵심영역에 속하는 어휘 수는 고유어 213개, 漢字語 569개, 외래어 26개, 고유어와 漢字語의 결합으로 된 어휘 10개 모두 818개 이다. 본고에서는 818개 핵심영역 어휘 중 漢字語 569개만을 검토 대상으로 삼는다.

허철(2010)은 漢字語가 가지는 비율을 조사하고, 그러한 漢字語를 이루고 있는 개별 漢字가 얼마나 사용되는가를 측정하였다. 기존의 어휘 조사에서는 어휘와 漢字의 빈도에 따른 10%, 20% 등 누적증가율에 따른 방법을 써 왔으나, 허철(2010)에서는 누적백분율을 중심으로 어휘를 핵심영역, 고빈도 영역, 중빈도 영역, 저빈도 영역으로 나누었다는데 의의가 있다고 본다. 핵심 영역 어휘는 학력이나 연령 등에 관계없이 누구나 쉽게 사용할 수 있는 어휘로 현재 실생활에서 가장 많이 쓰이는 어휘라는데도 그 의의가 있을 것이다.

본고에서는 조남호(2001)에서 추출된 漢字語 1,398개와 허철(2010)에서 추출된 핵심 영역 漢字語 569개가 겹치는 부분을 최종적인 연구 대상으로 삼고자 한다.

이에 따라 겹치는 부분인 漢字語 어근을 빈도수[15] 順으로 정리하면 '時代, 關係, 政治, 世上, 當時, 變化, 産業, 精神, 制度, 門, 音樂, 兄, 時節, 飮食, 老人, 思想, 子息, 人生, 法, 父母, 故鄕, 知識, 決定, 記憶, 經營, 檢察, 數, 主人, 盞, 半, 相對, 種類, 要求, 病, 財産, 性, 軍, 判斷, 利益, 歲月,

---

15) 허철(2010)은 『현대 국어 사용 빈도 조사 1, 2』에서 나타나는 빈도수를 합하여 핵심영역에 속하는 漢字語의 빈도수를 계산하였다.

費用, 特別, 對答, 罪, 安定, 文章, 秘密, 學問, 地位' 등 49개가 남는다. 1
차적인 검토 대상인 1,398개 漢字語 중에는 동식물의 명칭, 봉건사회의
제도, 문물 등과 관련된 어휘로서, 현대사회에서는 쓰이지 않는 단어가
많이 포함되어 있다. 따라서 이러한 단어들을 제외하고 현대 한국 漢字
語와의 연관성을 고려하여 1차 검토 대상과 2차 검토 대상이 겹치는 부
분만을 본고의 연구 대상으로 삼고자 하는 것이다.

그러나 위와 같은 漢字語 49개 중에는 1음절 漢字語가 포함되어 있
다. '門, 兄, 法, 數, 盞, 半, 病, 性, 軍, 罪' 등 10개가 그것이다. 이에 본
고는 이들을 제외한 2음절 漢字語 39개를 최종적인 연구 대상으로 삼는다.

漢字語를 구성하고 있는 形態素 하나하나는 본래 고대중국어에서 단
어의 기능을 유지했으나 한국어에 들어와 그 본래의 기능인 단어로서
의 자립성을 잃고 어근의 자격밖에 가지지 못하는 경우가 많다. 송민
(2013:14)의 설명을 빌리면 現代韓國語에 쓰이고 있는 漢字語의 기본구성
은 形態論的으로 1음절형, 2음절형, 3음절형의 세 가지 유형으로 구분
된다. 다만, 이들 세 가지 유형 가운데 1음절형은 2음절형이나 3음절형
에 비하여 單語로서의 自立性이 약할 뿐만 아니라 機能負擔量 또한 현
저히 떨어진다. 외래적 言語資財인 漢字形態素는 한국어에 借用되어 土
着化하는 과정에서 고유의 문법적 기능이었던 自立性을 대부분 잃고
말았기 때문에 거의 依存 形態素라는 역할에 한정되기에 이른 것이라
고 했다.

본고에서 제외한 1음절 漢字語 '門, 兄, 法, 數, 盞, 半, 病, 性, 軍, 罪'
는 모두 自立形式에 속하지만 대부분이 '法', '病'과 같이 文化的 借用
語16)나 '오래/門', '맏/兄'과 같이 代替借用에 국한되어 있다. 결국 現代

---

16) 송민(2013)에서는 자립형 단어로 쓰일 수 있는 1음절형 漢字形態素로는 '金, 銀, 房, 窓, 冊,
詩'나 '病, 藥' 또는 '東, 西, 南, 北'이나 '數, 性' 그리고 '氣, 德, 福, 善, 惡, 神, 罪, 罰, 法'과

韓國語에 나타나는 漢字語의 主流[17]는 2음절어라고 할 수 있으므로 본 고는 이들을 연구 대상으로 삼은 것이다.

본고는 앞에서 언급한 조남호(2001)의 漢字語 유형별 검토인 <표Ⅰ-1>에 따라 연구 대상을 분류한다. 다만 조남호(2001)에서는 불일치 유형, 부분일치 유형, 일치 유형 순으로 원문의 단어와 諺解文 漢字語의 대응 양상을 살폈지만, 본고에서는 일치 유형부터 시작하여 부분일치 유형, 불일치 유형 순으로 그 대응 양상을 검토할 것이다.

제2장에서는 한국어 어휘 어종 분류에서 漢字語의 분류와 한자어의 개념을 정리하고, 漢字와 漢文이 流入된 시기와 漢字語의 생성 과정을 임신서기석, 이두, 구결, 훈민정음 창제, 개화기 번역도서로 구분하여 살펴본다. 다음 한국 漢字語를 그 기원에 따라 중국 文語系 漢字語, 佛教語系 漢字語, 중국 白話系 漢字語, 日本語系 漢字語, 한국 漢字語 등 다섯 종류로 나누어 한국어 어휘체계에서 漢字語의 생성 과정을 짚어 본다.

제3장에서는 먼저 諺解文의 漢字語를 명사로 쓰인 경우, 동사로 쓰인 경우, 명사와 동사 이외의 漢字語로 쓰인 경우로 나누어 杜詩 원문 단어와의 대응 양상을 살펴본다. 그 과정에서 杜詩 원문의 정확한 해석을

같은 사례가 있는데, 이들은 文化的 借用語로서 한국어고유의 語彙體系에 잠재하고 있던 세부개념의 空白이 借用으로 채워진 결과에 속한다고 하였다. 표면상 이와 비슷한 문화적 借用語로서는 '江, 山'이나 '百, 千' 또는 '城'이나 '龍, 羊'과 같은 漢字語가 있으나 이들은 고유어의 소멸에 따른 代替借用이라는 점에서 前者와 다르다고 하였다. 곧, 본래는 그 자리에 각기 'ᄀᆞ람/江, 뫼/山, 온/百, 즈믄/千, 잣/城, 미르/龍, 염/羊'처럼 대응되는 고유어가 있었으나 漢字語와의 경쟁으로 한국어가 소멸의 길을 걷게 되자 그 공백에 새로 漢字語가 채워진 결과라고 하였다.

17) 박영섭(1995)에서 중국 古典에서 流入・借用된 漢字語는 한국어 어휘 전반에 걸쳐 영향을 주었지만 그중 일반어가 절반 이상을 차지하고 있으며 流入된 어휘는 2음절 漢字語가 총 2563개 중 2515개로 가장 많고 3음절어는 12개에 지나지 않는다고 하여 역시 2음절 漢字語가 주류임을 확인해 준다.

위하여 詩의 창작 연대를 밝히고, 시대 배경이나 창작 배경을 간단히 제시한다. 諺解文의 漢字語와 대응되는 杜詩 원문 단어의 문맥적 意味를 찾고자 원문의 內容을 정리하고, 중국어 사전인『漢典』과 한국어 사전인『표준』의 뜻풀이를 기반으로 諺解文에 나타나는 漢字語의 意味를 분석·정리하게 될 것이다.

이러한 분석·정리를 통하여 제4장에서는『杜詩諺解』에 쓰인 漢字語의 意味 변화를 고찰한다. 意味 변화의 양상에서 意味 변화의 원인을 언어적 원인, 역사적 원인, 사회적 원인, 심리적 원인으로 나누어 3장에서 검토한 한자어들의 의미 변화의 원인을 살펴본다. 意味 변화의 유형에 관한 이론은 의미의 확대, 의미의 축소, 의미의 전이로 나누어 살펴보고 이런 意味 변화의 양상이 연구 대상 漢字語에서 어떻게 나타나는지를 고찰한다. 그리고 언해문에 나타나는 한자어의 문맥적 의미가『표준국어대사전』에 등재되어 있는지를 확인하고 표제항에 없는 한자어와 사전에 등재되지 않은 뜻풀이를 보완하는 방안을 제시하고자 한다.

제5장에서는 지금까지의 논의를 정리하여 결론을 제시하고 미진한 점을 밝힌다.

제 2 장

|

한국 漢字語 개설

2.1 한국어 어휘의 어종과 漢字語

한국어 어휘 중 본래부터 있던 말이나 그것에 기초하여 새로 만들어진 어휘를 고유어라 하고 체계가 다른 언어체계의 어휘에서 빌려온 단어가 한국어 일원으로 된 것을 차용어(借用語 loan word)라 한다. 借用語에는 외래 요소인 漢字語와 외래어가 포함된다. 借用語와 외래어를 동일한 뜻으로 사용하여 漢字語를 외래어의 일종으로 다루기도 하지만 본고는 漢字語를 외래어와 구별하여 양자가 함께 借用語의 하위 부류가 되는 것으로 본다. 동일하게 중국에서 차용한 말이라도 '국가(國家), 학교(學校), 공부(工夫)'와 같이 漢字로 표기되며 한국 漢字音으로 읽히는 것은 '漢字語'라 부르고, '라조기(辣子雞), 자장(炸醬), 쿵푸(功夫)'와 같이 원어의 발음을 그대로 借用한 말은 '외래어'로 보기로 한다. 둘 다 借用한 말이긴 하나 전자는 오래 전에 중국 古典를 통해 한국에 流入되어 한국 漢字音으로 읽히므로 우리는 이를 구별하여 漢字語라고 부른다. 반면 '라

조기, 자장' 등은 한국 漢字音이 아니 원어의 발음을 들여온 것이므로
서구 언어에서 借用된 어휘들과 마찬가지로 '외래어'에 포함시킬 수 있
다. 그리하여 일반적으로 한국어 어휘의 어종 구성을 말할 때 고유어,
한자어, 외래어의 삼종 체계로 파악한다.

모든 漢字語가 다 借用된 것은 아니다. 한국 漢字語 중에는 중국이나
일본에서 들어온 것 외에 한국에서 만들어 쓰는 漢字語도 있다. 예를
들면 '감기(感氣), 삼촌(三寸)'과 같은 단어는 한국에서 합성된 단어들이고,
한자 '대(垈), 시(媤), 답(畓)'은 글자 자체가 한국에서 만들어진 漢字인데
이런 한자로 이루어진 단어 '대지(垈地), 시가(媤家), 전답(田畓)'도 한국에서
만들어진 漢字語들이다. 학자에 따라서는 이들을 구별하여 '固有漢字
語'라 부르고 다른 나라에서 들어온 漢字語를 '外來漢字語'라 하기도 하
지만 본고에서는 이들을 구별하지 않고 포괄적으로 漢字語로 부르기로
한다. 이 점에서 漢字語는 그 기원에 관계없이 漢字로 표기되며 한국 漢
字音으로 발음되는 말을 포괄적으로 가리킨다.[1]

2.2 漢字・漢文의 流入과 漢字語의 생성

韓半島와 中國 사이의 많은 교류는 역사가 유구하다. 서로 다른 민족
의 교류는 자연적으로 그 민족의 언어와 문자, 문화의 전파가 개입된다.
중국학계에서 많은 학자들은 기자(箕子)가 朝鮮에 와서 왕이 되었다는
복생(伏生)의 『상서대전(尙書大傳)』, 사마천(司馬遷)의 『사기(史記)・송미자세
가(宋微子世家)』, 班固의 『漢書・地理志』, 김부식(金富軾)의 『삼국사기(三國史
記)』 등 여러 역사서 기록에 근거하여 韓半島가 중국어와 漢字를 접촉한

---

1) 한국어 어휘의 어종과 한자어의 정의는 심재기 외 6인(2011)을 참고로 해서 정리하였다.

시기를 상나라 말, 주나라 초기인 기원전 11세기로 거슬러 올라갈 수 있다고 본다. 반면 한국학계를 본다면 고려의 일부 유학자들이나 朝鮮시대의 사대부들은 箕子가 동쪽으로 왔다는 '기자동래설(箕子東來說)'을 믿어 箕子朝鮮의 실체를 인정하였지만, 현대에는 이를 부정하는 견해가 지배적이다.

우선 중국의 고대 文獻의 기록을 보면 『尙書大傳』에 의하면 "武王勝殷 繼公子祿父 釋箕子之囚 箕子不忍爲周之釋 走之朝鮮 武王聞之 因以朝鮮封之 箕子受之封 不得無臣禮 故於十三紀來朝 武王因其朝問'洪範' 주(周)의 무왕이 은나라를 멸망시키고 승리하였다. 공자 녹부에 이어 감옥에 갇힌 箕子를 석방하였다. 그는 이를 탐탁지 않게 여겨 朝鮮으로 건너갔다. 무왕이 이 소식을 듣고 朝鮮王으로 봉하였다. 周의 책봉(冊封)을 받은 箕子는 부득이 신하의 예를 차려야 하였으므로 BC 1100년경(武王 13)에 周나라에 가서 무왕을 만났다. 무왕은 그에게 홍범에 대해서 물었다."라고 기록되어 있다. 『史記·宋微子世家』의 기록은 『尙書大傳』과 선후 순서가 다를 뿐 대체로 같다. 周나라 武王이 먼저 箕子를 찾아서 선정(善政)의 방법에 대해 묻자, 箕子는 洪範을 교시하였고, 武王은 箕子를 朝鮮王으로 봉하였다고 기록되어 있다. 『漢書·地理志』에 따르면 "殷道衰 箕子去之朝鮮 敎民以禮義 田蠶織作 樂浪朝鮮民犯禁八條 相殺以當時償殺 相傷 以穀償 相盜者 男沒入爲其家奴 女子爲婢 欲自贖者 人五十萬 은나라의 도가 쇠해지자 箕子가 朝鮮으로 가서 그 백성에게 예의와 농사, 양잠, 베짜기 기술을 가르쳤다. 낙랑조선(樂浪朝鮮) 사회에서는 팔조금법(八條禁法)란 법금(法禁)이 행해졌다. 즉 살인을 하면 즉시 사형에 처하고, 남을 다치게 한 자는 곡식으로 보상한다. 도둑질한 자는 남자는 집의 노예로 삼고, 여자는 노비로 삼으며 면죄를 받으려면 일인당 50만 전(냥)을 내야 한다."라고 기록되어 있다.

유사한 전설의 기록은 한국의 역사서에서도 찾아볼 수 있다.『三國史記・年表(上)』에 의하면 "海東有國家久矣 自箕子受封于周室 衛滿僭号于漢初 年代綿邈 文字疏略 固莫得而詳焉 해동에 국가가 있은 지 오래되었는데 箕子가 주황실로부터 冊封을 받았고, 위만이 한나라 초에 분수에 넘치게 스스로를 임금이라 불렀다. 연대가 요원하며 문자가 소홀하니 상서롭지 아니했다."라고 기록되어 있다. 箕子는 상나라 걸왕(傑王)의 숙부로 관직이 태사였다. 傑王이 무도(無道)하여 箕子가 여러 차례 간언을 하다 傑王에게 연금되었다. 周武王이 상을 멸망시키고 箕子를 석방했다. 箕子는 오천 명을 이끌고 朝鮮으로 가서 도읍을 정하였다. 역사에서는 '箕子朝鮮'이라 부른다. 만약 이 전설이 믿을 만한 것이라면 서주(西周)초기 고대중국어와 고대한국어는 이미 접촉하기 시작했을 것이다.

衛滿朝鮮시기에는 이런 접촉이 더욱 많아졌다.『史記・조선열전(朝鮮列傳)』에 의하면 "朝鮮王滿者 故燕人也 …… 傳子至孫右渠 所誘漢亡人滋多 조선의 왕 위만은 원래 연나라 사람이다. …… 朝鮮의 왕위는 위만에게서 그 손자 우거에게 전해지고, 그 동안 한나라에서 도망쳐 나온 사람들을 불러 살게 하니 그 수가 많았다."라고 한다. 秦나라의 폭정으로 중원 한족들은 힘든 노역을 피하거나 봉기를 피하여 동쪽 나라로 도망간 사람이 많았다고 한다. 이와 같이 한족이 동쪽의 나라로 간 인원이 많아지고, 그 곳에서 거주하는 기간이 길어지면서 중국어와 한국어는 많은 접촉이 있었을 것이고, 이로 인하여 두 언어가 서로 융합되는 현상이 야기됐을 것이다.

漢字가 韓半島에 流入된 시기는 정확하게 밝혀진 바 없는 듯하다. 그러나 山脈과 水脈을 같이 하는 古朝鮮과 中國 사이에는 기원전부터 부단한 접촉과 교류가 있었고, 중국어와 한국어는 기원전부터 부단한 접촉과 융합이 있었을 것이다. 이러한 사실은 기원전 3세기경 韓半島 북부 지방에 流入된 鐵器文化와 같은 많은 考古 유적, 유물과 文獻들로 확인되고 있다. 중국의 학자들은 韓半島 북부에서 기원전 4~3세기에 해당하는 중국 전국(戰國)시대 화폐인 명도전(明刀錢)이 대량으로 출토된데 근거하여 漢字가 韓半島에 流入된 시기를 일반적으로 기원전 3~2세기인 중국의 戰國시대로 추정한다. 한국의 학자들은 일반적으로 漢字·漢文의 정식 流入시기를 衛滿朝鮮이 건립된 기원전 195년 전후로 추정한다. 학자들마다 조금씩 차이는 있지만 漢字가 韓半島에 流入된 시기는 늦어도 기원전 108년(漢武帝 元封 3), 漢武帝가 衛滿朝鮮을 멸망시키고 그 땅을 다스리기 위해 낙랑군(樂浪郡), 진번군(眞番郡), 임둔군(臨屯郡)을 설치하고, 기원전 107년(元封 4년)에 현도군(玄菟郡) 등 漢四郡을 설치하여 韓半島 서북부를 완전히 漢나라 정권의 통치 하에 두고자 한 때로 잡을 수 있을 것이다. 당시의 韓半島는 문자가 없었다. 漢四郡을 설치한 이후 한나라는 漢四郡에 대한 효과적인 관리를 위하여 漢字·漢文의 권위적인 지위를 확립하려고 노력했을 것으로 이 시기 漢字가 통용문자 즉 공용문자(公用文字)가 되었을 것이다. 따라서 漢字를 숙달한 자가 권력을 가질 수 있었고, 韓半島의 상류층들은 있는 힘을 다해 漢字와 漢文을 학습하기 시작했다. 중국문화가 한반도에 전파될수록 한자는 광범위하게 응용되었을 것이다.

이런 배경 하에 古代朝鮮의 문인들은 익숙하게 漢字를 사용했을 뿐만 아니라 정통 漢文과 漢詩를 써낼 수 있었다. 이러한 사실은 아래와 같은 상고시가(上古詩歌)에서 입증되고 있다. 이 시기의 시가에는 주술, 제의와 관련된 시가, 생업(주로 수렵과 漁撈 및 농사)과 관련된 시가, 전쟁과 관련된 시가, 사랑과 관련된 시가, 고대국가 형성과 관련된 시가 등이 있었겠으나 역사적 특수성으로 인해 현재 "공무도하가(公無渡河歌)", "황조가(黃鳥歌)", "구지가(龜旨歌)"가 전해질 뿐이므로 중국의 古文獻에 나타난 단편적 기록과 조형 예술을 통해 그 윤곽을 추정할 수밖에 없다.

 "黃鳥歌"는 기원전 17년(瑠璃王 3), 고구려의 제2대 瑠璃明王이 지었다는 詩로, 이 詩는 4언 4구의 形態로『三國史記』고구려본기(高句麗本紀)에 漢譯됐고, 한역을 번역하면 아래와 같다.

황조가(黃鳥歌)

원문	번역문
翩翩黃鳥	펄펄 나는 꾀꼬리는,
雌雄相依	자웅이 노니는데.
念我之獨	외로운 이 내 몸은,
誰其與歸	뉘와 곰 돌아갈고.2)

 "公無渡河歌"는 기원전 3세기 이전의 작품으로 추정하는데 朝鮮의 진졸(津卒) 곽리자고(霍里子高)의 아내 여옥(麗玉)이 지은 詩로, 최초로 수록한 책은 後漢末 채옹(蔡邕)이 엮은『금조(琴操)』이지만『고금주(古今注)』가 널리 알려져 있다. 그것을 朝鮮時代 문인들이『해동역사(海東繹史)』,『대동시선(大東詩選)』,『청구시초(青丘詩抄)』,『열하일기(熱河日記)』 등에 옮겨 전하기도 한다. "公無渡河歌"는 "黃鳥歌"와 함께 最古의 서정가요로 漢詩을 번역하면 아래와 같다.

---

2) 도서출판 보고사에서 출판하고, 한국예술종합학교 명예교수 송방송이 집필한『한겨레음악대사전 세트』(2012) 전2권, 서울대학교출판사에서 출판하고 권영민이 집필한『한국현대문학대사전』(2004)을 참조함.

공무도하가(公無渡河歌)

원문	번역문
公無渡河	그대여, 물을 건너지 마오.
公竟渡河	그대 결국 물을 건너셨도다.
墮河而死	물에 빠져 죽었으니,
當奈公何	장차 임을 어이할꼬3)

"龜旨歌"는 『삼국유사(三國遺事)』 가락국기조(駕洛國記條)에 전하는 작자, 연대 미상의 고대가요로 그 신화에 대한 해석은 다양하나, 김해지방의 여러 부족집단이 구지봉에서 신군(神君)인 수로왕(首露王)을 맞이하기 위해 부른 의식적 주가(呪歌)로 보는 것이 학계의 통설이다. 원가는 전하지 않고 4구체 漢詩을 번역하면 아래와 같다.

구지가(龜旨歌)

원문	번역문
龜何龜何	거북아 거북아
首其現也	머리를 내어놓아라.
若不現也	만일 내어놓지 않으면
燔灼而喫也	구워 먹으리라.4)

『三國史記』에는 高句麗의 3대 임금(18년~44년 재위)인 대무신왕(大武神王)이 요동태수(遼東太守)에게 보낸 한 통의 편지가 수록되어 있다. 편지에는

---

3) 도서출판 하우에서 출판하고, 배규범 외 1인이 집필한 『외국인을 위한 한국고전문학사』 (2010), 한국학중앙연구원 한국민족문화대백과 http://encykorea.aks.ac.kr, 권영민(2004)을 참조함.
4) 한국학중앙연구원 한국민족문화대백과 http://encykorea.aks.ac.kr을 참조함.

"寡人愚昧 獲罪於上國 致令將軍帥百萬之軍 暴露敝境 無以將厚意 輒用薄物 致供於左右 과인이 우매하여 상국에 죄를 지었다. 장군으로 하여금 백만의 군사를 이끌고 오게 하여 황폐한 땅에서 이슬을 맞게 하였다. 장군이 베푼 두터운 인정에 보답할 방법이 없어 좌우 군영에 보잘 것 없는 물건을 보낸다."라고 쓰여 있다. 이 편지는 문장이 매끈하고 意味가 잘 통하는데 이는 이 시기 고구려인의 漢字·漢文의 이해와 응용이 일정한 정도의 수준에 이르렀음을 나타낸다. 한편, 기원 1세기 韓半島에는 이미 지명과 국명을 기록하는 漢字 '취음어(取音語)'가 출현했다. 예를 들어 '개마산중(蓋馬山中)'의 '개마' 두 글자는 바로 한국어의 '곰'의 고어(古語)인 '고마(固麻)' 음을 기록한 글자이다. 삼한시대의 '마한(馬韓)'도 모두 漢字 取音語이다. '마한(馬韓)'에서 '마'는 뱃사람의 말로, '남쪽'을 이르는 말이고, '한'은 '크다'를 이르는 말이다. 『양서(梁書)·제이전(諸夷傳)』에는 "無文字 刻木爲信 문자가 없어 나무에 새겨서 약속을 한다."라고 기록되어 있어 신라 건국 초기에는 문자가 없었다. 그러나 신라는 아주 빠른 속도로 漢字를 도입했고, 漢字를 借用하여 國號, 諡號, 年號, 관직명(官職名)을 漢字로 적기 시작했다. 예를 들면, 신라의 22대 王인 智證王(500년~514년 재위)은 나라 이름을 '서라벌'에서 '신라(新羅)'로, 왕의 호칭을 '거서간, 차차웅, 이사금, 마립간'에서 '王'으로, 즉 國號와 諡號를 漢字 표기로 바꾸었으며, 행정구역을 개편하고 주(州), 군(郡), 현(縣) 등 행정구역 이름도 漢字 명칭으로 바꾸었다. 신라의 23대 王인 法興王(514년~540년 재위)은 처음으로 건원(建元)이란 漢字 年號를 사용하기 시작했고, 이차돈(異次頓)의 순교를 계기로 마침내 불교를 공인하는 데 성공하였다. 신라 불교는 고구려와 백제에 비해 그 도입시기가 늦었지만 이는 앞으로 漢字가 민간에서 보급을 위한 바탕이 되었다. 고려왕조의 개국 군왕 완건(王建)부터 역대 제왕들은 모두 불교의 극진한 신자인데 힘입

어, 중국의 전통문화 특색을 지닌 불경이 韓半島에 널리 분포되었고, 漢
字는 불교의 전파에 따라 韓半島의 곳곳에 전파되었다.

唐나라가 중국 문화의 황금기를 이루고 그 문화가 주변 여러 나라로
퍼져 나가자 韓半島는 중국 문화를 폭넓게 받아들였다. 또한 주변 국가
에서는 많은 인재들을 중국 장안으로 유학을 보내 중국의 선진문화를
배우게 하였다. 『신당서(新唐書)・유학(儒學)상(上)』에 기록한 바에 따르면
정관(貞觀) 6년(632), "四方秀艾 挾策負素 坌集京師 文治焆然勃興 于是新羅
高昌 百濟 吐蕃 高麗等群酋長幷遣子弟入學 鼓筒踶堂者 凡八千余人 사방
에 훌륭한 선비들이 많고, 손에서 책을 떼지 않고 부지런히 공부하였다.
이들이 조정에 모여 문치의 풍조가 흥기하였다. 그리하여 신라, 고창,
백제, 토번, 고려의 통치자들은 자제들을 보내 공부시켰고, 바구니를 들
고 따르는 자가 8,000여 명에 달했다."라고 한다. 통일 신라시기에 唐나
라로 유학을 간 신라 유학생 수가 최고조에 달해 가장 많았을 때는 216
명이었다. 과거 응시합격자도 전후로 58명에 달했는데 그 중에서 가장
유명한 사람은 최치원(崔致遠)[5]이다. 이 유학생들은 능숙하게 漢文을 구
사했을 뿐만 아니라 중국에 있는 동안 수많은 漢文・漢詩를 썼고 중국
문인학사들에게 높은 평가를 받았다. 예를 들면 崔致遠의 "추야우중(秋
夜雨中)"[6]은 비가 오는 가을밤에, 자신을 알아 줄 지기(知己)가 없는 외로
움을 잘 표현한 시이다.

---

5) 崔致遠은 신라 말기의 학자이자 문장가이다. 일찍이 唐나라에 건너가 학문을 익히고 벼슬
   길에 올랐으며, 난(亂)을 일으킨 황소(黃巢)를 꾸짖는 글을 지어 이름을 떨쳤다. 신라로 돌
   아온 뒤에는 진성여왕(眞聖女王)에게 10개 항의 시무책을 담은 개혁안을 올렸으나 받아들
   여지지 않았다. 이후 그는 벼슬을 버리고 고향에 돌아가 학문을 연구하면서 산문집 『계원
   필경(桂苑筆耕)』을 남겼다.
6) 『추야우중』은 『제가야산(題伽倻山)』, 『등윤주자화사(登潤州慈和寺)』와 더불어 대표적인 작
   품으로 꼽히고 있다.

추야우중(秋夜雨中)

원문	번역문
秋風唯苦吟	가을바람에 오직 힘들여 읊고 있건만,
世路少知音	세상에 알아주는 이 적네.
窓外三更雨	창 밖에는 삼경의 비가 오는데,
燈前萬裏心	등불 앞에 만리의 마음이여.7)

崔致遠은 漢文 또한 아름답게 썼는데 그의 중국 친구 고운(顧雲)은 "十二乘船渡海來 文章感動中華國 12살에 배를 타고 바다를 건너왔다. 문장이 중화를 감동시켰다."라고 말했다. 신라 상류사회도 漢詩와 漢文의 창작을 매우 숭상했다. 진덕여왕(眞德女王 647년~654년 재위) 4년(650)에 백제를 대파하고 唐과의 교린(交隣)을 돈독히 하기 위하여 지은 漢文詩 『태평송(太平頌)』8)은 그 기백이 웅대하고 단어의 사용이 우아하며 대구가 짜임새 있어 가작으로 평가받고 있다. 전체 시는 아래와 같다.

태평송(太平頌)

원문	번역문
大唐開洪業	훌륭한 당나라가 큰 일(제업)을 여니
巍巍皇猷昌	드높은 황제의 교화가 창성하구나
止戈戎衣定	융복 입고 전쟁을 그치게 하고 천하를 평정하며

---

7) 한국학술정보(주)에서 편찬하고 원주용이 집필한 『고려시대 한시 읽기』(2009)를 참조함.
8) 『太平頌』은 통일의 대업을 앞둔 야심적인 외교문서로, 眞德女王이 이 작품을 비단에 수놓아 김법민(金法敏)으로 하여금 唐 고종(高宗)에게 바치게 했다고 하나, 신라의 외교 전문가 강수(强首)와 같은 대문장가가 지었을 것으로 추정하고 있다. 또 『서포만필(西浦漫筆)』에서는 당시의 상황으로 보아 이러한 시가 나올 수 없으니, 이것은 중국 사람에게 돈을 주고 짓게 한 것이라 의심하기도 한다.

修文繼百王	문(文)을 닦아 백왕을 계승하였네
統天崇雨施	천하를 통어함에 은혜 내림을 숭상하고
理物體含章	만물을 다스림에는 내면의 미덕을 체현하였네
深仁諧日月	깊은 인덕(仁德)이 일월과 조화를 이루고
撫運護時康	시운(時運)을 어루만져 태평을 지켰네
幡旗何赫赫	나부끼는 깃발은 어이 그리도 빛이 나며
鉦鼓何鍠鍠	징과 북소리는 어이 그리도 쾅쾅거리는고
外夷違命者	외지의 오랑캐로서 명을 어기는 자는
剪覆被天殃	전복되어 천벌을 받으리
淳風凝幽顯	순후한 풍속이 陰界와 陽界, 온 천하에 엉기고
遐邇競呈祥	멀리서나 가까이서 다투어 하례를 올리네
四時和玉燭	사철의 기후가 화창하여 조화롭고
七曜巡萬方	해와 달과 별들이 만방을 순행하네
維岳降宰輔	높은 산은 보필할 재상을 내리고
維帝任忠良	황제는 충량한 이에게 일을 맡기네
五三成一德	삼황과 오제의 덕을 하나로 이루었으니
昭我唐家皇	우리 당나라 황제의 가문을 밝혀준다네

이와 같이 신라시대 韓半島에는 漢字와 漢文이 광범위하게 보급되고, 사람들이 漢字를 사용하고 漢文으로 글을 쓰는 것이 상당히 높은 수준에 달했으며, 漢字와 漢文이 이미 韓半島에 깊이 뿌리내려 韓民族 문화에 빼놓을 수 없는 구성성분이 되었다.

바로 이런 접촉과 교류 속에서 漢字는 자연스럽게 韓半島에 流入되었을 것이고, 또한 이런 역사적 배경 하에서 漢字는 韓半島 통치자가 통치에 사용한 문화적 도구가 되었을 뿐만 아니라, 점차 일반 백성들의 일상생활에도 빠지면 안 되는 교제 수단이 되었다. 따라서 수많은 漢字語가 문어체에서 구어체로 쓰이기 시작하면서 점차 한국어의 語彙體系에 자리를 잡게 되었다.

그러나 언어 유형론(類型論) 분류에 따라 교착어(膠着語 Agglutinative language)에 속하는 한국어와 고립어(孤立語 Isolating language)에 속하는 중국어는 서로 다른 종류의 언어로, 중국어를 기록하는데 있어 자유자재인 漢字가 수많은 조사와 어미변화가 있는 한국어를 기록할 때는 오히려 뜻대로 되지 않았다. 이와 같이 언어와 문자가 서로 통일되지 않는 언문불일치(言文不一致) 모순을 해결하기 위하여 漢字의 소리와 뜻을 빌어 한국어를 표기하는 방식인 차자표기법(借字表記法)이 나타났다. 다시 말하여 漢字의 음(音)과 훈(訓)을 빌려서 한국어를 기록하는 방식으로, 意味部는 漢字의 훈을 빌리고 形態部는 음을 취하여 한국어의 곡용이나 활용을 하는 조사나 어미를 표기하였다. 임신서기석, 이두, 구결, 훈민정음 창제, 개화기의 번역도서로 구분하여 설명하면 아래와 같다.

2.2.1 임신서기석(壬申誓記石)

한국어와 중국어 사이의 근본적 차이의 하나로 어순을 들 수 있다. 韓半島에서는 言文不一致 현상을 극복하기 위하여 우선 먼저 중국어의 '주어＋서술어＋목적어' 어순을 한국어의 '주어＋목적어＋서술어' 어순으로 바꾸는 시도를 했을 것이다. 이는 1934년경 경상북도 경주시 현곡면 금장리 석장사(石丈寺)터 부근에서 발견된 壬申誓記石에서 찾아 볼 수 있다. 비문(碑文)은 아래와 같다.

壬申誓記石 비문과 중국어 어순 문장 比較

임신서기석 비문	중국어 어순 문장
壬申年六月十六日	壬申年六月十六日
二人幷誓記	二人幷記誓
天前誓	誓(於)天前
今自三年以後	今自三年以後
忠道執持	執持忠道
過失无誓	誓无過失
若此事失	若失此事
天大罪得誓	誓得大罪(於)天
若國不安大亂世	若國不安大亂世
可容行誓之	誓之可容行
又別先辛未年	又別先辛未年
七月卄二日大誓	七月卄二日大誓
詩尙書禮傳倫得誓三年9)	誓三年得倫詩·尙書·禮·傳

위의 碑文에서 왼쪽은 한국어의 어순에 따라 적은 문장이고, 오른쪽은 중국어 어순에 따라 적은 문장인데 그 意味는 다음과 같다. "임신년10) 6월 16일에 두 사람이 함께 맹세해 기록한다. 하늘 앞에 맹세한다.

---

9) 한국학중앙연구원 한국민족문화대백과 http://encykorea.aks.ac.kr을 참조함.

10) 비문의 제작 연대에 관하여 비문에 보이는 임신년은 확실히 알 수 없으나, 일부 학자들은 비문內容 중에『詩經』·『상서』·『예기』등 신라 국학의 주요한 교과목의 습득을 맹세한 점으로 보아, 651년(진덕여왕 5년) 국학이 설치되고 한층 체제를 갖춘 682년(신문왕 2년) 이후의 어느 임신, 아마도 732년(성덕왕 31)일 것으로 보는 견해가 있다. 또 일부 학자들은 국학이 생겨나기 이전부터 유교경전이 신라에 수용되었을 것이라는 점, 특히 비문內容 중에 충도(忠道)를 실천할 것을 맹세한 점, 나아가 이것이 화랑도의 근본정신인 점을 고려해 화랑도가 융성했던 중고(中古) 후반의 어느 임신년, 즉 552년(진흥왕 13) 또는 612년(진

지금부터 3년 이후에 반드시 충성을 견지하고 절대 잘못을 해서는 안 된다. 만약 이 서약을 어기면 하늘이 큰 죄를 내릴 것을 맹세한다. 만약 나라가 편안하지 않고 크게 세상이 어지러워지면 맹세를 잠시 유예할 수 있다. 앞서 신미년 7월 22일에 크게 맹세하였다. 즉, 시(詩)·상서(尙書)·예기(禮記)·전(傳)을 차례로 습득하기를 맹세하되 3년으로 하였다."

壬申誓記石의 비문과 같은 차자표기법의 출현은 韓半島 사람들이 한국어와 중국어의 어순 차이에 대해 분명히 인식하고 있음을 나타낸다. 사실상 이러한 인식은 漢字를 막 접했을 때 이미 형성되었을 것이다. 장기간 漢字·漢文과의 접촉은 일부 韓半島 사람들은 이미 두 가지 언어를 숙달하고 그들은 언어 소통을 할 때는 한국어를 사용하고 공식 문서에서는 漢字·漢文을 사용했다. 다시 말하면 그들의 머릿속에서는 두 가지 언어가 서로 전환되어야 하는 어려움이 커서 많은 백성들은 문자를 사용할 수 없었다. 이러한 言文不一致의 불편함을 극복하기 위하여 韓半島에서는 漢字를 이용하여 한국어 문장을 적는 시도를 끊임없이 해 온 증거 중의 하나가 壬申誓記石에 쓰인 碑文이다.

2.2.2 이두(吏讀)

앞에서 본 壬申誓記石은 漢字를 한국어 어순에 따라 배열한 形式이라면 吏讀는 壬申誓記石의 방법에 문법 形態素를 추가한 것으로 이해하면 된다. 즉 壬申誓記石 어순에 漢字의 음과 훈을 이용하여 문법 形態素인 조사와 어미를 추가하여 한국어 구문 구조에 맞는 하나의 완성된 문장

평왕 34)의 어느 한 해일 것으로 보는 견해가 있다. 본고는 진흥왕 13년 또는 진평왕 34년의 어느 한 해로 보는 견해가 보다 유력하다고 생각된다. 이는 또 신라 융성기에 청소년들의 강렬한 유교도덕 실천사상을 엿볼 수 있는 귀중한 자료이다.

을 만든 것이다.

삼국시대 설총(薛聰)에 의해 처음 만들어졌다고[11] 전해지는 吏讀는 1287년(충렬왕 13) 고려 시대 문신 이승휴(李承休)가 7언 시와 5언 시로 지은 역사책『제왕운기(帝王韻記)』에서는 '이서(吏書)'라 하였다. 원간본은 전하지 않지만 원간 연대를 발문의 연대인 1395년(태조 4)으로 추정하는『대명률직해(大明律直解)』는 중국 명나라의 형률서인『大明律』을 吏讀으로 번역한 책인데 이 책에서는 '이도(吏道)'라 하였다. 또 발문에는 "我本朝 三韓時 薛聰所制方言文字謂之吏道 삼한시대에 薛聰이 방언문자를 지었는데 이를 이도(吏道)라고 한다."라고 기록되어 있다. 이외『訓民正音』의 정인지(鄭麟趾) 서문과『세종실록(世宗實錄)』에서는 '吏頭'라 불렸으며, 그 뒤에도『선조실록(宣祖實錄)』에는 '이도(吏刀)', 吏讀文을 읽는 법, 쓰는 법 및 주석 작례(作例) 등을 수록한 서식용례집(書式用例集)인『유서필지(儒胥必知)』에서는 '吏頭', 1481년(성종 12)에 노사신(盧思愼) 등이 각 도의 지리, 풍속 등을 기록한 지리지인『동국여지승람(東國輿地勝覽)』에서는 '이찰(吏札)', 朝鮮후기 문신 구윤명(具允明)이 각종 법률서와 법령을 통합하기 위하여 1786년에 편찬한 법제서『전률통보(典律通補)』에서는 '이문(吏文)' 등의 명칭이 쓰였다. 이 가운데 가장 널리 쓰여 온 것이 현재 쓰고 있는 '吏讀'인데, 이 말은 글자만이 다를 뿐 吏道, 吏刀, 吏頭, 吏吐와 같은 말이다.

吏讀은 전부 漢字를 사용했지만 만약 문자의 표면상의 뜻으로만 이해한다면 사람을 오리무중으로 빠져들게 한다. 이는 그 중 일부 漢字는 한국어의 漢字語가 되고, 그 외 일부 漢字는 한국어의 조사와 어미의 변화를 표기했기 때문이다. 다시 말하면 어휘부에 속하는 漢字語는 漢

---

11) 吏讀은 薛聰이 만든 것이라는 기록이 일찍부터 있어 왔다. 이 견해는『제왕운기』이래『대명률직해』등의 여러 서적에서 확인된다. 그러나『제왕운기』보다 앞서는 시기의 기록에서는 薛聰이 吏讀을 지었다는 사실을 직접적으로 말하고 있지 않아, 실상 吏讀라는 차자표기법을 어느 한 개인이 창작하였다고 보기는 어려울 것이다.

字의 意味를 借用했고, 형태부에 속하는 조사와 어미의 변화를 나타내는 漢字는 漢字의 소리를 借用하여 기록한 것이다. 『大明律直解』의 吏讀文을 예로 들면 아래와 같다.

예문:
(1) 중국 『大明律』 원문
凡妻無應出及義絶之狀而出之者 杖八十 雖娶犯七出 有三不去 而出之者 減二等 還完 娶

(2) 한국 『大明律直解』 吏讀文
凡妻亦 可黜可絶之事 無去乙 黜送爲去乙良 杖八十齊 必于 七出乙 犯爲去乃 三不出有去乙 黜送爲去乙良 減二等遣 婦女還送本夫齊

(3) 어휘부는 漢字로 形態부는 한글로 적은 문장
凡妻이 可黜可絶之事 업거늘 黜送하거으란 杖八十제 비록 七出을 犯하거나 三不出잇거늘 黜送하거으란 減二等코 婦女還送本夫제

(4) 현대 한국어 문장
무릇, 처가 내쫓을 만하거나 인연을 끊을 만한 일이 없는데도 내쫓거들랑 장 80대를 친다. 비록 칠거지악을 범하였지만, 삼불거에 해당하는 일이 있는데도 내쫓으려 한다면, 두 등급을 감하고 (부녀자는) 원래대로 돌려보낸다.

위의 예문(1)과 (2)에서 예문(2) 吏讀문 중의 '亦'는 한국어 중의 주격조사, '乙'은 목적격조사이고, '爲去乙良', '去乙', '爲去乙良', '齊', '爲去乃', '爲去乙良', '遣' 등은 모두 어미의 변화를 표시한다.

『大明律直解』는 이조(李朝) 초기의 작품으로 초기의 吏讀과 比較해 크게 개선되었다. 吏讀의 전신은 신라에서 널리 사용되다가 고려 초에 사

라진 '향찰(鄕札)'이다. 鄕札은 漢字를 借用해 한국어를 기록하는 방법으로 6세기에 발전하기 시작하여 신라의 향가를 기록하기 위한 표기법이다. 아래 문장은 신라 진평왕(579년~631년 재위) 시기에 유행한 "서동요(薯童謠)"를 鄕札로 표기한 것이다.

서동요(薯童謠)

원문	번역문
善化公主主隱	선화공주님은
他 密只 嫁良 置古	남 몰래 사귀어(통정하여 두고)
薯童房乙	맛둥[薯童]도련님을
夜矣 卯乙 抱遺 去如	밤에 몰래 안고 잠든다[2]

鄕札은 壬申誓記石의 차자표기보다 한국어 문장에 더 가까운 표기 形式이고, 吏讀는 鄕札을 기초로 하여 완비된 차자표기법이다. 吏讀文은 한국어의 어순에 따라 원문에 대해 교정을 진행할 수 있을 뿐만 아니라 한국어에는 있고 중국어에는 없는 곡용과 활용을 보충할 수 있어 漢字로 한국어를 적을 때 장벽을 없앨 수 있다는 것을 알 수 있다. 따라서 吏讀의 창제는 韓半島 언어문자 역사에 있어 큰 사건일 수밖에 없다. 吏讀文은 漢文 원전을 번역할 때 사용하기도 하고 원전과 상관없이 한국어를 적을 때 사용하기도 했다. 韓半島 문자 창제 이전시대의 구두 문학은 대부분 모두 吏讀에 의지해 세상에 존재할 수 있었다. 예를 들면 『三國遺史』 권2 "처용랑망해사(處容郎望海寺)"에 실려 전하는 "처용가(處容

---

12) 도서출판 하우에서 출판하고, 배규범 외 1인이 집필한 『외국인을 위한 한국古典문학사』(2010)를 참조함.

歌”는 吏讀으로 신라 헌강왕(憲康王) 때 처용이 지운 8구체 향가이다.

예문:
(1) 『三國遺史』 원문13)
東京明期月良 夜入伊遊行如可 入良沙寢矣見昆 脚烏伊四是良羅
二肹隱吾下於叱古 二肹隱誰支下焉 古本矣吾下是如馬於隱
奪叱良乙何如爲理古.

(2) 중국어 문장
徐伐明月夜 夜遊遲遲歸 入室手一探 赫然四條腿 兩條屬內人
兩條又屬誰 本應是吾腿 奈何奪吾位

(3) 한국어 문장
서라벌 밝은 달밤에, 밤늦도록 놀고 다니다가, 들어와 자리를 보니
다리가 넷이로구나. 둘은 내 아내의 것인데, 둘은 누구의 것인고?
본디 내 것이었지마는, 빼앗긴 것을 어찌하리오.

吏讀가 광범위하게 사용됨에 따라 사람들은 한국어에만 있는 독자적인 漢字를 창조하여 '古有漢字'라 부르며 漢字로는 표현할 수 방법이 없는 한국어 조사와 일부 바꿔 쓰기 어려운 한국어 단어에 사용되었다. 古有漢字 수에 관하여 학계에서는 의견이 일치하지 않는데 김종훈(金鍾塤)은 500여개가 있다고 주장한다.

吏讀의 출현은 두 가지를 설명한다. 하나는 漢字가 韓半島에 전해진 후 어휘부를 漢字語로 적는 과정에서 수많은 중국어 어휘가 한국어의 漢字語로 流入되었고, 한국어 중의 일부 고유어도 漢字語에 대치되면서 漢字語가 점차 강력한 지위를 얻은 것이다. 다른 하나는 壬申誓記石 비

---

13) 『三國遺史』에 무분절로 기재되어 있음.

문과 같이 漢字를 이용하여 한국어 어순에 따라 漢字를 나열하던 단계에서 漢字를 借用하여 조사와 어미의 변화까지 반영하는 한국어 구문구조에 맞는 하나의 완성된 문장을 만들었다. 따라서 吏讀은 비교적 완벽하게 한국어 문장을 기록할 수 있었기 때문에 강한 생명력을 보였으나 訓民正音 창제 이후 朝鮮말기에 가서 사멸되었다.

2.2.3 구결(口訣)

口訣은 주로 漢字의 音을 이용하여 표기하였다는 점에서 吏讀와 비슷하나, 그 사용 목적 및 內容에 있어서 吏讀와는 확연히 구별된다. 口訣이란 용어는 朝鮮 세조 때의 文獻에 비로소 보이나 『세종실록』에도 세종 10년(1428) 윤(閏) 4월 기해조(己亥條)에 권근(權近)이 태종(太宗)의 명을 받아 마지못하여 『시경(詩經)』, 『서경(書經)』, 『역경(易經)』 등에 토를 지었다는 기록이 있고, 그 주(註)에 漢文을 읽을 때 한국어를 구절에 달아 읽는 것을 토라 한다고 하였다. 『문헌촬요(文獻撮要)』에는 口訣 또는 석의(釋義)가 정몽주(鄭夢周)와 權近에 의하여 이룩되었음을 밝히고 있으나 아마도 韓民族이 漢文을 배우기 시작한 고대부터 형성되기 시작하여 고려시대에는 그것이 확립된 것으로 추측된다.

口訣은 한문원전(漢文原典)을 읽을 때 그 뜻 및 독송(讀誦)의 편의를 위하여 각 구절 아래 달아 쓰는 문법적 요소의 총칭인데 현토(懸吐), 토(吐), 釋義라고도 한다. 소위 口訣은 漢文 원문의 어순을 바꾸지 않고 단지 漢文 단어 뒤나 끊어 읽는 부분에 특정한 漢字 부호를 첨가하여 한국어의 어순 및 문법구조를 제시함으로써 한국인이 쉽게 漢文 문장을 읽고 이해할 수 있도록 하였다.

朝鮮 중종 때 학자 박세무(朴世茂)가 저술한 교재 『동몽선습(童蒙先習)』14)
의 口訣 문장 한 단락을 보면 아래와 같다.

예문:
(1) 漢文 원문
天地之間 萬物之中 爲人最貴 所貴乎人者 以其有五倫也 是故孟子曰 父子
有親 君臣有義 夫婦有別 長幼有序 朋友有信 人而不知五常 則其違禽獸不遠矣

(2) 口訣 문장
天地之間 萬物之中厓 爲人伊最貴爲尼 所貴乎人者隱 以其有五倫也也羅 是
故孟子伊曰 父子有親爲尼 君臣有義爲尼 夫婦有別爲尼 長幼有序爲尼 朋友有
信是羅爲時尼 人而不知五常 則其違禽獸伊不遠矣里羅

아래 예문은 『大明律直解』에서 가져온 문장이다. 口訣 문장과 吏讀
문장 모두 제시하여 같은 점과 다른 점을 比較하고자 한다.

예문:
(1) 漢文 원문
凡奴姦良人婦女者 加犯姦罪一等 良人姦他人婢者 減一等 奴婢相姦者以犯
姦論

(2) 吏讀 문장
凡奴子亦 良人矣婦女乙 犯姦爲在乙良 犯姦罪良中 加一等齊 良人亦 他矣
婢子乙 行姦爲在乙良 減一等齊 奴婢亦 相姦爲在乙良 犯姦例以論爲乎事

---

14) 『童蒙先習』은 『천자문(千字文)』을 익히고 난 후 학동들이 배우는 초급교재로, 먼저 부자유
친(父子有親), 군신유의(君臣有義), 부부유별(夫婦有別), 장유유서(長幼有序), 붕우유신(朋友有
信)의 오륜(五倫)을 설명하였다. 이어 중국의 삼황오제(三皇五帝)에서부터 명나라까지의 역
대사실(歷代史實)과 한국의 단군에서부터 朝鮮시대까지의 역사를 약술하였다.

(3) 口訣 문장

凡奴姦良人婦女者<u>厓</u> 加犯姦罪一等<u>爲告</u> 良人姦他人婢者<u>面</u> 減一等<u>爲告</u> 奴婢相姦者<u>面</u> 以犯姦論<u>爲羅</u>

위에 인용된 口訣 문장에서 밑줄 그은 漢字는 모두 音訓漢字로 한국어의 조사와 어미변화를 나타내며 뜻을 借用한 것이 아니라 음을 借用한 것이다. 그 중 '厓'는 처격조사, '伊'와 '隱'은 주격조사, '面'은 가설을 나타내는 접속어미, '爲尼', '也羅', '里羅', '爲尼' 등은 모두 동사나 형용사의 어미변화를 나타내는 표지이다. 이런 경우 모두 漢字이므로 어느 漢字가 음을 나타내고, 어느 漢字가 뜻을 나타내는지 표면상으로는 구분하기 어려웠다. 이런 口訣 문장의 부족함을 보충하기 위하여 形態部에 속하는 차자표기를 주격조사 隱(은/는)과 伊(이), 부사격조사 乙奴(으로)와 厓(애/에), 목적격조사 乙(을), 연결어미 是面(이면)·里五(리요)·是於焉(이거든) 등과 같이 쓰기도 했지만 이를 약체화(略體化)하여 '隱'은 글자의 좌변을 취하여 'ㅏ'로, '厓'는 글자의 윗변을 취하여 'ㄏ'로, '羅'의 반자(半字) 'ㅉ'의 아랫부분을 취하여 'ㅅ'로, '是'는 글자의 아랫부분을 취하여 'ㅅ'로, '尼'는 글자의 아랫부분을 취하여 'ㄴ'로, '爲'자는 글자의 윗부분을 취하여 'ㅈ', '去'자도 글자의 윗부분을 취하여 'ㅗ' 등으로 漢字의 한 부분을 떼어내어 쓰는 것이 관례였다.

口訣 문장이 표기방면에서 우세가 있었기 때문에 광범위하게 응용되었다. 일찍이 고려왕조 말기에 유가경전인 '사서삼경(四書三經)'은 이미 口訣 문장으로 나타났고, 朝鮮王朝는 '사대모화(事大慕華)'를 기본 국책으로 삼아 유가경전의 거의 전부를 口訣 문장으로 바꾸었다. 李朝時代 하급관리의 공문·상소문·고소장·계약 및 기타 증명문서는 吏讀을 이용했고, 성균관·향교·서원·사숙의 학자계층들은 口訣을 통용했는데

그들은 口訣을 빌어 漢文을 학습했기 때문이다. 韓半島가 漢字文化圈의 일원이 될 수 있고 유가문화가 보급되고 주류문화가 될 수 있었던 데는 口訣이 보좌한 공로를 무시할 수 없다는 것을 알 수 있지만 역시 口訣도 吏讀와 마찬가지로 訓民正音이 창제되고 사용되면서부터는 점차 쓰이지 않게 되었다.

앞에서 검토한 바와 같이 韓半島에서는 壬申誓記石 비문, 鄕札, 吏讀, 口訣 등과 같이 漢字를 이용하여 한국어 문장을 적는 차자표기법을 위하여 수많은 노력을 했음을 알 수 있다. 그러나 당시의 언어는 중국의 음을 연구하는 과정에서 왔기 때문에 말과 글이 서로 일치하지 않는 상태 즉 言文不一致의 상황은 개선하지 못했고, 이런 표기법은 어디까지나 일반 백성이 알기에는 어려움이 있었다. 또한 朝鮮 초기에는 행정구역을 군현제(郡縣制)로 개편하여 왕명이 전국의 집집마다 도달할 수 있도록 하였다. 또한 『경국대전(經國大典)』 등의 법률을 다시 편찬하는 등 유교를 중심으로 하는 사상적 교화를 이루고자 많은 노력을 기울였다. 그러나 법전은 물론이고 기본 교양서(教養書)와 수신서(修身書)마저 漢文으로 기록되어 있었기 때문에 대다수 백성들은 유교의 교리와 가르침을 직접 받는 것이 거의 불가능했다. 그리고 이는 곧 정부에서 의도하였던 효과적인 통치를 어렵게 만드는 요인이 되기도 하였다. 때문에 世宗大王은 당시 漢字를 몰랐던 백성들에게 문자를 창제하여 배우게 함으로써 백성들이 말하고자 하는 것을 한글(문자)을 이용하여 그 뜻을 나타낼 수 있도록 돕고자 했던 것이다.

2.2.4 훈민정음 창제

世宗大王은 한국어를 적는 문자를 만듦으로써 백성을 교화하고 나아가 통치에 편의를 도모하기 위하여 1443년(세종 25)에 집현전(集賢殿)의 정인지(鄭麟趾), 박팽년(朴彭年), 신숙주(申叔舟), 성삼문(成三問), 최항(崔恒), 강희안(姜希顔), 이개(李塏), 이선로(李善老) 등 학자들과 함께 새로운 문자인 '訓民正音'을 창제하였다. '訓民正音' 즉 한글이 처음 창제되었을 때는 양반을 비롯한 일부 지배층들은 한글을 상스러운 글자를 뜻하는 언문(諺文)·언서(諺書)·언자(諺字), 또는 소리를 나타내는 방법이 절반 밖에 안됨을 뜻하는 '반절(反切)' 등으로 부르면서 '訓民正音'을 인정하지 않았고, 아주 오랜 기간 동안 관부의 정식문서와 문인의 각종 창작들은 여전히 漢字·漢文으로 이루어졌다. 이처럼 '訓民正音' 창제 후에도 漢字는 거의 모든 문자생활의 지배적인 수단이 되어 왔다. 한편 궁궐과 양반집 여자들이 맨 처음으로 '訓民正音'을 쓰기 시작했고, 배우기 쉬운 한글은 일반 백성들의 많은 환영을 받았다. 오늘날에 와서는 '바르다, 크다, 하나, 으뜸'이라는 뜻에서 '한글'이라 이름을 고쳐 부르고 있다.

　訓民正音 창제 이후 집현전 부제학 최만리(崔萬理) 등이 중심이 되어 문자 창제를 반대하는 여론이 크게 일어난 것은 당연한 일이라 할 수 있다. 이러한 분위기에서 세종은 한글을 정식으로 공표하지도 못한 채, 낮은 관리인 아전들에게 비공개리에 한글 강습을 시키고, 각자공(刻字工)을 불러 활자를 만들고, 언해15) 사업을 벌였다. 동시에 왕조 시대에 왕권의 정당성을 옹호하기 위한 저술인 『용비어천가(龍飛御天歌)』를 한글로 발간하게 했고, 漢字사전인 『동국정운(東國正韻)』을 펴내면서 漢字의 발음을 한글로 표기하게 했다. 한편 1446년 한글 전담 기구인 諺文廳이 설치되었지만 두드러진 활동은 없고, 문종 때인 1450년 『小學』을 인쇄했다는 기록이 있는 정도다.

---

15) 언해란 漢文으로 된 원전을 언문 곧 한글로 번역한 것을 말하고, 언해한 책을 언해본이라 불렀다.

언해 사업 초기에 가장 많은 번역이 이루어진 것은 첫째로 불교 서적이었다. 朝鮮 왕조가 유교를 국시로 했지만 유교 관련 서적의 언해사업은 부진했다. 언해사업 초기에 가장 많은 번역이 이루어진 것은 오히려 불교 서적이었다. 1447년 세종 시대에 수양대군은 최초의 불교서 언해인 『석보상절(釋譜詳節)』을 펴냈고, 이후에도 왕실이나 종친을 중심으로 불교서 언해가 활발하게 이루어졌다. 세조 시대에는 간경도감(刊經都監)까지 설치해 불경 언해에 힘을 쏟았다. 이것은 朝鮮朝의 이념이나 당시의 시대 상황과 배치되는 일이었다. 그런데도 불경 언해에 왕실이 정성을 쏟은 이유를 김무봉(2015)은 이렇게 설명한다.

"초기에 표면에 내세운 불경 언해의 이유는 돌아간 母后의 명복을 비는 이른바 추천 불사(追薦佛事)였다. 그 결과는 언해라는 방식을 통한 한글 文獻의 간행이라는 새로운 시도로 귀결되었다. 儒臣들에게 외면당하던 국문자를 정착·보급시킬 수 있는 전기를 마련한 것일 수도 있다. 관료 조직인 사대부들의 생각과 달리, 왕실에서는 일반 백성들의 뿌리 깊은 불심에 기대어 불교 관련 언해서들을 간행해 낼 수 있었다. 이를 토대로 해 한글의 정착·보급이 이루어졌던 것으로 보인다. 이러한 일련의 과정이 우리 문자에 의한 출판물 간행이라는 새로운 문화 모형의 창출로 이어졌다."

이때 나온 불교 관련 언해본으로는 『釋譜詳節』 외에도 『월인석보(月印釋譜)』, 『능엄경언해(楞嚴經諺解)』, 『법화경언해(法華經諺解)』, 『선종영가집언해(禪宗永嘉集諺解)』, 『아미타경언해(阿彌陀經諺解)』, 『금강경언해(金剛經諺解)』, 『반야심경언해(般若心經諺解)』 등이 있다. 이 중에서 朝鮮 초기 불교문화의 정수로 일컬어지는 『月印釋譜』의 출판에 주목할 필요가 있다. 『月印釋譜』의 편찬 동기는 세조가 왕세자였던 도원군(桃源君)이 죽자 어머니 소헌왕후(昭憲王后) 심씨(沈氏)와 함께 아들의 명복을 빌기 위함이었다. 그 편찬 과정은 다음과 같다(윤형두, 2003).

　　"수양대군은 김수온 등의 도움을 받아 아버지인 世宗大王의 명에 의
해 석가여래의 일생을 한글로 옮긴 『釋譜詳節』을 1447년(세종 29)에 완
성해 부왕(父王)에게 바쳤다. 그것을 읽고 세종이 '월인천강지곡(月印千
江之曲)'이라는 찬불(讚佛) 장편 서사시를 지었다. 그 후 수양대군은 왕
이 된 다음 유신(儒臣)들의 반대를 무릅쓰고 숭불정책을 펴 세종이 지은
"월인천강지곡"을 본문으로 하고 그에 맞는 內容의 『釋譜詳節』을 주석
으로 붙이고 거기에다 대폭적으로 증편을 해 1459년(세조 5)에 『月印釋譜』
를 간행했다."

이 외에도 많은 불전 언해가 간행되어, 불교 전파에 기여했을 뿐만
아니라 한국 한자어의 생성에도 박차를 가했고, 한국어의 발전에도 큰
힘이 되었다.

불교서 외에, 백성 교화는 訓民正音 창제의 주요한 목적이기도 했기
때문에 둘째로 교화용 서적의 언해 작업도 일찍부터 시작되었다. (안병
희, 1985)에 따르면 朝鮮 전기에 나온 교화서의 언해본은 15세기의 언해
본으로는 『내훈(內訓)』과 『삼강행실도언해(三綱行實圖諺解)』가 있고, 16세기
에는 『속(續)三綱行實圖』와 『이륜행실도(二倫行實圖)』, 『여씨향약언해(呂氏鄕
約諺解)』, 『정속(正俗)諺解』 등이 있다. 이 언해본 중에서도 『三綱行實圖諺
解』의 출판은 그 역사적 배경을 알 필요가 있다. 『조선왕조실록』의 기
록에 따르면, 세종 즉위 후 갖가지 범죄와 살인 사건이 많았다. 법을 엄
정하게 집행해도 소용이 없었는데, 세종 10년(1428) 경상도에서 자기 아
버지를 살해한 범죄가 일어났다. 이 사건으로 어전회의가 소집되어 나
온 대책이 바로 국민 교화서를 만들어 보급하자는 것이었다. 이렇게 해
서 그림을 곁들인 『三綱行實圖』가 출간되었다. 그 內容은 모범으로 삼

을 만한 충신, 효녀, 열녀들의 걸출한 사례들을 수록한 것이다. 그러나 교화서는 漢文으로 되어 있어, 일반 백성들은 그 內容을 이해할 수 없었다. 여기에서 누구나 쉽게 배울 수 있는 訓民正音의 창제가 구상된 것이다.

그런데『三綱行實圖』의 언해본이 나온 것은 1481년 성종 때였다. 그 것은『三綱行實圖』의 방대한 분량을 인쇄하기가 어려웠기 때문이었다. 결국, 성종 시대에 와서야 축소본을 만들고 세종 시대에 끝내지 못한 언해도 완성한 것이다. 성종시대의 언해본 간행 이후부터는 지속적으로 이 책의 간행과 반사가 이루어졌다(주영하, 2008).

특히 중종시대에는 양적으로 많은 부수가 간행되었는데, 재위 기간 중인 중종 5년, 6년과 10년에 세 번의 인출 기록이 있고 중종 9년(1514)에 『續三綱行實圖』까지 간행되었다.『조선왕조실록』에 따르면, 그 가운데 중종 6년(1511)에는 근래 풍속이 불미스럽다 해『三綱行實圖』를 많이 인쇄해서 중외(中外)에 반포하게 했는데 그 수가 무려 2940질이나 되었다. 당시로서는 엄청난 발행부수인데, 이 책의 비중과 기능을 알게 해준다. 『三綱行實圖』의 간행은 직접적으로 효자, 열녀, 충신의 배출에 기여했고, 간접적으로는 朝鮮 사회가 불교의 영향력에서 벗어나 유교 사회로 변화하는 데 크게 영향을 끼쳤다고 할 수 있다(주영하, 2008).

셋째는 문학 분야 언해 작업이다. 하나는 朝鮮 선조 18년(1585)에 왕명에 따라 교정청(校正廳)을 설치하고, '칠서언해(七書諺解)', 곧 '四書'와 '三經'을 한글로 풀이한 책인『대학율곡언해(大學栗谷諺解)』,『중용율곡언해(中庸栗谷諺解)』,『논어율곡언해(論語栗谷諺解)』,『맹자율곡언해(孟子栗谷諺解)』,『주역언해(周易諺解)』,『詩經諺解』,『서전언해(書傳諺解)』 및 『소학언해(小學諺解)』,『효경언해(孝經諺解)』 등의 경전 언해본이다. 다른 하나는『杜詩諺解』와『황산곡시집언해(黃山谷詩集諺解)』 등과 같은 번역문학서가 잇따라

나타났다. 특히 이 시기를 통하여 성현 등이 『악학궤범(樂學軌範)』을 편찬
하는 가운데 이때까지 口傳에만 의존해오던 "동동(動動)", "정읍사(井邑
詞)" 등 여러 고가(古歌)를 비로소 文獻에 정착시켰다.

이와 같이 15세기에 訓民正音이 창제된 이후, 수많은 直譯에 의한 언
해문은 漢字語의 유입과 생성을 가속화시켰을 것이다.

2.2.5 開化期의 번역도서

開化期 韓半島는 중국 淸나라와 일본 양쪽으로 서양 유래 용어들을
수입하였으나,[16] 일본이 明治維新을 통해 아세아에서 제일 먼저 경제적
으로는 자본주의를 성립하고, 정치적으로는 입헌정치를 개시했으며, 사
회·문화적으로는 근대화를 추진하게 되자, 점차 일본 번역어가 우세를
차지하게 되었고, 식민지 이후로는 완전히 일본 한쪽으로만 漢字語를
수입하게 되었다.

開化期에 서구 문물을 받아들이는 데 번역은 결정적인 역할을 담당
했다. 서구 文物이 주로 일본을 통해서 들어왔기 때문에 번역 작업에서
도 일본어가 중심이 될 수밖에 없었다. 대부분의 서양 서적조차 일본어
를 통한 중역을 통해서 들어왔다. 이희재(2009)의 지적처럼 같은 번역이
라도 일본이 일찍부터 영국, 독일, 프랑스, 러시아의 책을 직접 번역하
는 직거래 방식으로 제 문화의 틀을 세웠다면, 한국은 일본이라는 중간
상을 거쳐서 서양 문화를 간접적으로 받아들인 것이다. 그리하여 한국
은 '민주주의' 같은 근대 어휘는 말할 것도 없거니와 정치, 경제, 교육,
사법 제도의 틀을 대부분 일본을 따르게 되었다는 것이다.

---

16) 開化期 文獻을 시간 순으로 훑어보면 '산소(酸素)'란 단어가 일본의 번역 '산소'와 중국의
　　번역어 '양기(氧氣)' 등이 뒤섞여 쓰이다가 점차 '산소'로 통일되어 갔음을 알 수 있다.

開化期에 나온 번역서는 그 종류도 광범위하고 많았다. 고샐리영(2009)은 開化期에 나왔던 192종의 번역서를 다음과 같이 분석했다. 첫째, 역사서나 위인전 등 인문학 서적의 번역이 제일 많았다. 이 책들은 주로 특정 국가의 흥망성쇠와 영웅담을 주제로 한 것이다.『미국독립사』,『월남망국사』,『비율빈전사(戰事)』,『이태리건국 삼걸전』등이 대표적인 예다. 둘째, 문학서의 비중이 컸다. 최초의 번역 문학은『아라비안나이트』를 옮긴『유옥역전』과 존 번연의『천로역정』이다. 이후 다양한 서구 작품들이 번역되어 들어오기 시작했다. 예를 들면, 빌헬름 텔의 영웅담을 그린『서사건국지(瑞士建國誌)』,『엄마 찾아 삼만리』를 번역한『이태리소년』,『걸리버 유람기』,『15소호걸(十五小豪傑)』의 제목으로 소개된『15소년 표류기』,『쥘 베른(Jules Verne)』의『인도 왕비의 5억 프랑』을 번안한『철세계(鐵世界)』,『로빈슨 크루소』를 번역한『절세기담 라빈손표류기(絶世奇談 羅貧孫漂流記)』등이 있다. 셋째, 종교 서적들이 많이 번역되었다.『천로역정』등 순한글로 나온 기독교 서적과 전도용 책자 등은 복음 전파는 물론 한글 보급에도 크게 기여했다. 넷째, 자연과학 번역서가 다양하게 나왔다. 서구의 서적을 번역함으로써 근대 자연과학의 관점과 지식을 소개했다. 자연과학 번역서의 예를 들면,『물리학교과서』,『생리학교과서』,『신식광물학』,『박물학』,『천문학』등이다. 다섯째, 지리학 분야의 번역서를 들 수 있다. 開化期의 지리 번역서는 중국 중심의 세계관이나 전통 체계와 전혀 다른 서구의 지식 체계를 도입해 朝鮮 사회에 소개했다고 할 수 있다. 또한 지역도 아시아의 경계를 넘어서 유럽, 아메리카, 아프리카, 오세아니아 등 5대륙에 대한 지식을 모두 포함하게 되었다.

開化期 번역서 외 19세기 말에는 정치가이자 개화사상가인 유길준(兪吉濬)이 근대 한국의 첫 번째 서양 소개서인『서유견문(西遊見聞)』을 국한문혼용체(國漢文混用體)로 집필하여 임금 고종에게 바쳤다. 기존의 공문서

들이 모두 漢文으로 기록되었고, 종래 지식인들의 문체인 순한문(純漢文) 체와 比較해본다면 『西遊見聞』의 이러한 문체는 새로운 문체의 장을 열었고, 開化期의 중요한 언어 표기방식이 되었다.

앞에서 검토한 바와 같이 漢字가 韓半島에 流入된 이후 智證王 4년 (503)에 國號를 '新羅'로 정하고, 처음으로 '王'이라는 칭호를 사용하였다. 智證王 5년에는 중국식 喪服法을 제정하고, 智證王 6년에는 州·郡·縣 의 이름을 정하였다. 法興王 1년(514)에 지증의 諡號를 증(贈)하였다. 法興 王 7년에는 율령이 반포되고, 法興王 14년에 異次頓의 죽음을 계기로 불교가 공식적으로 허용되었다. 또, 法興王 23년에는 '건원(建元)'이라는 年號를 사용하였으며 기타 국가의 제도를 마련하는 과정에서 漢字의 사용범위는 더욱 확대되었는데 이것이 漢字語 생성의 실마리가 되면서, 訓民正音 창제 이전의 鄕札·吏讀·口訣과 같은 차자표기법은 수많은 중국 어휘가 한국어의 漢字語로 정착되는 기반이 되었고, 15세기에 訓 民正音이 창제된 이후, 수많은 直譯에 의한 諺解文과 國漢文混用體는 漢字語의 流入과 생성을 가속화시켰을 것이다. 기원전부터 開化期까지 지속된 한국어와 漢字·漢文의 오랜 기간에 걸친 접촉은 한국어의 語彙 體系에 수많은 漢字語가 자연스럽게 借用되거나 轉用되는 결과로 이어 졌고, 그들은 고유어와 함께 새로운 차원의 語彙體系를 이루게 되었다.

2.3 漢字語의 기원

한국어는 漢字語를 흡수하는데 기나긴 과정을 거쳤다. 기원전부터 19 세기 말까지 즉 삼국시대로부터 朝鮮시대까지 지속되었고 이 천년의 시간을 거쳐 漢字語는 끊임없이 한국어 語彙體系에 스며들었다. 이 기간 동안 중국어 어휘도 상고(上古)·중고(中古)·근대(近代) 세 발전 단계를 거쳤으며, 새로운 단어가 끊임없이 생겨나고 끊임없이 쇠퇴하며 그 과정에서 문어체에 쓰이는 어휘와 구어체에 쓰이는 어휘의 차이는 점차 더 커졌다. 그러나 한국어에 流入된 漢字語는 이러한 낡은 것이 없어지고 새로운 어휘가 생겨나는 과정을 거치지 않고 문어체와 구어체를 모두 받아들였다. 따라서 한국어 語彙體系 속의 漢字語는 중국 古典을 통해 流入된 문어체 어휘도 있고 입말을 통해 流入된 白話文 어휘도 있으며 불경의 전파를 통해 유래된 어휘도 있다. 그리고 開化期에는 주로 일본을 통하여 流入된 漢字語도 있다. 박영섭(1995)은 漢字·漢文의 傳來 시기, 漢字語의 생성 과정에 따라 한국 漢字語를 중국 文語系 漢字語, 佛敎語系 漢字語, 중국 白話系 漢字語, 日本語系 漢字語, 한국 漢字語 등 다섯 종류로 나누었는데 본고에서도 이 분류에 따라 한국 漢字語의 유래에 대해 짚어보겠다.

2.3.1 중국 文語系 漢字語

한국어에 가장 먼저 들어온 漢字語는 당연히 중국 고대의 전적에서 온 어휘일 것이다. 앞에서 한국어와 중국어의 접촉이 기원전부터 시작되었음을 검토하였다. 언어 소통은 일반적으로 생활 범주에 속하며 사용된 어휘는 사물에 관한 어휘가 많았다. 그러나 이런 어휘 중에서 이질적인 것에 대한 저항이 가장 심한 어휘는 고유어이다. 漢四郡 지역에서는 두 가지 언어를 능숙히 구사할 수 있는 인재들과 생활과 밀접한 어휘만을 사용하는 일반 거주민들이 서로의 언어를 이해하려는 노력이 있었고 이는 중국어가 한국어에 유합되는 결과를 초래했을 것이다. 진

류(2012)에 의하면 늦어도 西漢시대 때 韓半島 서북부지역에 이미 중국어
와 한국어가 섞인 상황이 출현하였고 漢字語는 이미 流入되기 시작했
다고 하였다. 그 중요한 증거로 韓半島에 유행했던 漢字語가 남아있는
西漢시대의 학자 양웅(揚雄 기원전 53년~기원 18년)이 쓴『방언(方言)』을 예로
들었다. 그 분석에 따르면『方言』에 기록된 26개 '朝鮮'과 관련된 단어
는 대부분 漢字語로 그 중 일부는 널리 유행한 雅言이고 일부는 연북지
역에 유행한 어휘들이다. 漢字語 외 일부 소수의 어휘만이 古朝鮮의 고
유어라고 했다.

　중국 고대 文獻은 유학이 동쪽으로 이동하면서 韓半島에 들어왔다.
漢나라 때에는 유학 저술을 많이 존중하여 유학 연구가 전에 없이 번영
하였고 유학의 영향력도 전에 없이 커졌다. 그러나 유학이 정확하게 어
느 때에 韓半島에 들어왔는지는 아직까지 논쟁이 끊이지 않고 있다. 일
부 학자들은 일찍이 春秋戰國시대 전에 이미 자연스럽게 흘러들어왔다
고 여기고, 일부 학자들은 春秋戰國시대에서 秦나라 말 중원 사람들의
이민에 따라 들어왔다고 여기며, 또 일부 학자들은 통일신라시기에 들
어왔다고 여긴다. 본고는 유학이 韓半島에 流入되려면 엄격하고 정연하
며 심오한 현학으로 정립되어 외부로 전파될 영향력을 가지고 있어야
한다는 전제하에 漢武帝가 漢四郡을 설치한 때로 보고자 한다. 진류
(2012)에서는 그 이유를 첫째, 유학은 공자가 창제한 것으로 春秋戰國시
대 이전에 流入된 설은 상식에 맞지 않는다. 둘째, 春秋戰國시대에서 秦
나라 말 중원의 이민설도 설득력이 없다. 그 원인은 당시의 이민은 수
요하게 전쟁 난민이 많았기 때문에 고향을 떠나 목숨을 부지하기에 급
급했고 유학을 전파해야한다는 사명감은 없었을 것이다. 셋째, 일찍이
삼국시대에 漢字・漢文은 이미 韓半島에 진입했고, 4세기 백제인 왕인
(王仁)[17]은 일본열도에 유학을 전파하기 시작했으므로 통일신라 설도 이

치에 맞지 않는다고 하였다. 漢武帝 때 유학의 지위와 영향력이 전에 없이 높아졌을 뿐만 아니라 유학의 광범위한 전파에 확실한 뒷받침이 되기 위해 漢四郡은 유가적 정치 제도를 실행했다. 유학은 아주 빠르게 韓半島 서북부에 퍼졌다. 楊昭全(2004)는 유학이 朝鮮에 전해진 시기는 제기(祭器)·목제기(木祭器)·조복(朝服)·의복과 두건·북과 피리 등의 유학 문물과 사군을 세우고 다섯 제후를 봉하는 등 유학 사상을 구현하는 정치·예의 제도가 漢四郡에 건립되고 출현한 것에 알 수 있다고 하였다. 따라서 본고는 유학이 韓半島에 전파된 시기를 漢四郡 시기로 보고 논의를 진행한다.

지리적 원인 때문에 중국의 유학은 가장 먼저 고구려에 전해졌다. 소수림왕(小獸林王)이 371년~383년 재위시기 이미 태학이 설립되어 정식으로 유학교육이 실시되었다. 고구려의 427년 평양 천도(遷都) 이후 유학은 더욱 보급되었다. 『北史·高句麗傳』에 의하면 고구려에는 "書有五經三史 三國志 晉陽秋 오경삼서, 삼국지, 진양추가 있다." 五經은 『尙書』, 『易經』, 『詩經』, 『禮記』와 『春秋』이고 三史 『史記』, 『漢書』, 『後漢書』이며 『三國志』(陳壽)와 『晉陽秋』(孫盛)는 모두 晉나라 사람이 쓴 역사서이다. 이러한 문화적 배경 아래 유가의 정치사상은 고구려의 정치 이념에 깊은 영향을 끼쳤을 것이다.

유학은 고구려를 거쳐 백제로 전해진 이후 다시 신라로 전해졌다. 중국 역사서의 기록에 의하면 고구려와 백제는 모두 '부여(扶餘)의 별종(別種)'이나, 신라는 '弁韓의 후예'이다. 백제는 韓半島의 서남부에 위치하

---

17) 王仁은 일본의 고대 역사서인 『고사기(古事記)』와 『일본서기(日本書紀)』, 그리고 『속일본기(續日本紀)』에만 적혀져 전해 내려오는 백제의 학자이다. 일본에 가서 漢字와 유교를 전했다. 『日本書紀』에는 와니(王仁), 『古事記』에는 와니기시(わにきし)라고 표기되어 있다. 그러나 진정 실제했던 인물인지, 가공의 존재인지 논란이 적지 않다. 최근 한국에서는 그의 탄생지로 불리는 전남 영암을 중심으로 연구와 현창사업이 활발하다.

며 그 북쪽은 고구려와 인접하고 서남쪽은 중국과 바다를 사이에 두고 서로 바라보고 있어 중국과 직접적으로 왕래할 수 없었다. 삼국시대 백제의 항해 기술은 한계가 있어 대부분 고구려를 거쳐 중국과 왕래했고 유학도 고구려를 통해 백제에 전해졌다.『舊唐書·東夷傳』의 기록에 따르면 백제 건국초기 "其書籍有五經子史 又表疏幷依中華之法 오경과 제자·역사가 널리 읽혔고 표와 소는 모두 중화의 법에 의하여 작성하였다."라고 하고『新唐書·東夷傳』에 따르면 "有文集 紀時月如華人 서적이 많으며 년과 월을 기록하는 것이 중국인과 같다."라고 기재되어 있다. 늦어도 서기 6세기 중엽, 백제에는 이미 유가 경전을 전문적으로 연구하는 '박사(博士)'라는 직책이 있었다. 백제에 유학의 기풍이 먼저 세워졌기 때문에 백제는 다른 지역으로 유학을 전파하는 임무를 자각하고 맡았다. 712년에 출판한 일본의 고대 역사서인『古事記』와『日本書紀』에 따르면 백제의 왕실은 현인 화이길사(和邇吉師) 王仁을 일본으로 파견하였고 이에 王仁은『論語』10권,『千字文』1권을 가지고 일본에 건너가 토도치랑자의 스승이 되었다고 전하며, 경서에 통달하였으므로 왕의 요청에 의해 군신들에게 경사(經史)를 가르쳤다고 한다.

유학은 신라에 가장 늦게 전해졌으나 유학을 받아들이는 폭과 깊이뿐만 아니라 그 속도는 고구려와 백제를 훨씬 추월했다.『三國史記』기록에 의하면 智證王 3년(502) 봄, 이미 법령으로 순장을 금지하였다. 이는 분명히 공자가 사람의 순장을 취소할 것을 주장한 유가 사상의 영향을 받은 것이다. 이외 진흥왕(眞興王 540년 ~575년 재위)은 '화랑도'를 세우고 더 나아가 '화랑정신'을 정련해냈다. '화랑정신'은 원효대사가 세운 것으로 '융이불일(融二不一)'의 사유 방식을 취해 중국에서 전해진 유교, 불교, 도교를 함께 융합하여 화랑의 수련에 도덕규범을 제공하였다. 그 구체적 목표는 '사군이충(事君以忠)·사친이효(事親以孝)·교우이신(交友以信)·

임전무퇴(臨戰無退)·살생유택(殺生有擇)'이다. '화랑정신'은 일종의 자아를 위주로 대내외 사상을 유합한 것으로 당나라 '삼교합류(三敎合流)'의 간접적인 영향을 받은 것이다. 신라의 저명한 학자 최치원은 "國有玄妙之道 曰風流 設敎之源 備詳仙史 實內包含三敎 接化群生 且如入則孝於家 出則忠於國 魯司寇之旨 處無爲之事 行不言之敎 周柱史之宗也 諸惡莫作 諸善奉行 竺乾太子之化也 나라에 현묘한 도가 있으니 이를 '풍류'라 한다. 가르침을 베푸는 근원은 선사에 상세히 기록되어 있거니와, 실로 삼교를 포함하여 접하는 모든 생명을 감화시키는 것이 있다. 예를 들어 보면, 이는 곧 집으로 들어와서는 부모에게 효도하고 밖으로 나가서는 나라에 충성하는 것은 공자가 가르쳤던 뜻이요, 매사에 무위로 대하고 말 없는 가르침을 행함은 노자의 가르침이며, 악한 일을 하지 말고 모든 착한 일을 받들어 행하라는 것은 석가모니의 교화니라."라고 지적했었다.

위에서 서술한 바와 같이 유학이 韓半島에 전해진 데는 점진적인 과정이 있었다. 고구려에서 백제로, 백제에서 신라로 점차 전국으로 퍼졌다. 유가 경전은 늦어도 漢武帝가 漢四郡을 설치할 때 이미 전해졌고 漢字·漢文은 일부 문인들이 능통하여 문서로 교제하는 도구로 사용되었다. 漢字와 漢文이 보급됨에 따라 여기에 통달한 문인들이 생겨났을 뿐만 아니라 古典에서 나온 대량의 어휘들이 한국어에 들어와 漢字語로 남았다.

2.3.2 중국 佛敎語系 漢字語

불교는 인도에서 기원하여 兩漢 시기에 중국에 전해졌고, 東漢 시기에는 한역불전의 하나인 『사십이장경(四十二章經)』[18]이 있었음을 알 수

---

18) 『四十二章經』은 한 명제 때, 가섭마등(迦葉摩騰)과 축법란(竺法蘭)이 낙양 백마사(白馬寺)에 머무르면서 칙령에 의해서 번역한 중국불교 최초의 경전이다.

있다. 현재 볼 수 있는 사료에 의하면 늦어도 東漢 말기에 불교는 이미 사회에 널리 전파되기 시작했다.

위진 남북조 시대(魏晉南北朝時代)는 불교가 번성했던 시기이다. 서진(西晉)시기 낙양(洛陽)과 장안(長安) 두 수도에 이미 180여개의 사원이 있었고, 동진(東晉)시기에는 1,768개로 늘었으며 승려는 이미 2만 명이 넘었다. 남조(南朝)시기 양(梁)나라 전국의 사원은 2,846개에 달했고 南北朝시기 사원의 수도 상당했다.

수(隋)나라와 唐나라도 중국 불교가 번성했던 시기로 두 나라 통치자가 불교를 충실이 믿었고 불교와 인연이 깊었다. 唐나라의 '삼교합일(三敎合一)'은 신도의 수를 분산시키지 못하고 오히려 통치자의 창도와 당시 외래문화에 대한 관용이 사람들의 불교에 대한 동경을 불러일으켰다. 唐나라 때 사원이 이미 만여 개에 달했고 승려는 30만 명에 달했다. 비록 항상 '영불'과 '척불'의 논쟁이 있었지만 불교는 중국에서 확실히 발전을 이룩했다.

불교가 중국에서 발전하려면 반드시 불경의 보급과 전파가 뒤따라야 하고, 불경 번역 사업이 번성을 이루어야 한다. 중국에서는 漢나라에서 宋나라 때까지 천여 년의 시간 동안 130여 명의 저명한 불경 번역가가 배출되었는데 안세고(安世高), 축법란(竺法蘭), 구마라집(鳩摩羅什), 담무참(曇無讖), 불공(不空) 등이 있다. 이들이 번역하여 완성한 불교전적은 漢文으로 된 『대장경(大藏經)』으로 1,502부 5,620권이 현존한다. 불교 경전을 통달하고, 범어에 능통한 唐나라 고승 현장(玄奘) 또한 위대한 번역가로 17년 동안 5만 리의 역정을 거쳐 인도에서 657부의 불경을 가져왔다. 그는 예전의 번역 방법과 달리 번역을 할 때 구술하여 중국어로 번역하는 방법을 채택하여 20여 년 동안 57부 1,335권의 불경을 번역하였다. 중국어 번역 불경이 생긴 후 불경의 전파 속도는 한층 더 빨라졌다. 불경의 전파 과정 중에는 의역 혹은 음역된 불경 단어가 고착화되어 광범위하게 사회에 流入되었다.

일찍이 東晉시기 불교는 이미 고구려에 流入되었다. 『양고승전(梁高僧傳)』의 기록에 의하면 東晉의 명승 지둔(支遁 314년~366년)이 고구려 승려에게 편지를 썼는데 이는 3~4세기 고구려에 이미 불교가 전파되었음을 설명한다. 372년 전진(前秦)의 왕 부견(符堅)이 고구려로 파견한 외교 사신단 중에 승려 순도(順道)가 있었다. 사신단은 당시 고구려 소수림왕의 극진한 대접을 받았고 이에 불경과 불상을 선물했다. 392년 고구려는 평양에 9개의 사원을 건립하여 불교를 더욱 널리 전파하기 위한 기초를 다졌다. 일부 고구려의 불교 신도들은 불경을 공부하기 위해 먼 길을 마다않고 중원으로 불법을 구하러 갔다. 南朝시기 고구려 승려 도랑(道朗)은 돈황(燉煌)으로 『삼론(三論)』을 공부하러 갔는데 그가 공부한 것은 당연히 중국어번역 불경이었다.

백제에서 불교는 침류왕(枕流王)이 한산(漢山)에 불사를 지음으로써 불교는 백제에 널리 유포되었다. 541년, 백제 성왕은 특별히 사신을 南朝로 보내 양무제에게 『열반(涅槃)』 등의 경서를 부탁하였고, 전문적으로 화공과 장인을 초빙하여 불상을 만들고 불사를 지어 불교가 백제에 전파되는데 필요한 조건들을 충족시켰다. 당시 백제에는 승려와 비구니, 절과 탑이 아주 많았고 신도 수가 고구려에 뒤지지 않았으니 불경에 대한 요구를 가히 짐작할 수 있다.

불교가 중원에서 신라로 流入되는 과정은 아주 험난하였다. 처음에는 고구려를 거쳐 流入되었으나 신라 통치자가 '배불' 정책을 폈기 때문에 한동안 승려를 도륙하는 종교적 비극이 나타났다. 法興王이 즉위 이후 배불정책을 바꾸어 불교 신봉을 윤허하였다. 668년 통일신라 시기에는 唐나라로 가서 불법을 구하려는 순례자가 끊이지 않았다. 통계에 의하면 唐나라로 가서 불법을 구하려한 신라 승려는 법호를 남긴 사람만 법랑(法朗), 도의(道義), 혜철(惠哲), 무염(無染) 등 130여 명이나 된다. 불교는 비록 신라에 가장 늦게 流入되었지만 신라와 중국의 불교 교류는 고구려와 백제보다 빈번하였다. 한국 역사서에 따르면 정관(貞觀)년간에서 대중(大中)년간까지 唐나라 황실은 세 차례에 걸쳐 신라에 불경 300여 권을 증정하였다. 특히 자장법사(慈藏法師)가 唐 태종 정관 10년(636)에 60세의 고령으로 불법을 구하러 唐나라로 가서 연이어 오대산·종남산 등지에서 불경을 연구하고 수련한 것은 칭송할 만 한 일이다. 7년 후 『大藏經』한 부와 당번(幢幡)·화개(華蓋) 등을 가지고 돌아왔는데 이것이 『대장경』의 韓半島 流入의 시작이었다.

불교가 韓半島에 流入될 때 이미 중국 승려들의 개량을 거쳤고, 중국의 전통문화가 유합되어 있었다. 이 때문에 漢文化의 영향을 받은 韓半島는 불교를 더 쉽게 받아들였고 더 쉽게 전파하였다. 특히 통일신라 이후 불교는 국교가 되었고 '오교구산(五敎九山)'을 형성하여 세력이 날로 광대해지고 영향력이 날로 깊어졌다. 신라왕조는 중국을 통하여 치국의 이념과 사회 윤리 모범의 기반을 다졌다. 통일신라는 짧은 시기였으나 불교는 통일신라가 멸망했다고 쇠퇴하지는 않았다. 이어서 세워진 고려 왕조는 불교에 더 열중하였다. 역대 국왕들이 모두 불교를 독실하게 믿었을 뿐만 아니라 승려를 선발하는 승과(僧科)[19] 시험제도를 세웠고, 많은 유명한 승려들이 왕사, 국사로 추존되었으며 불교는 전성기에 달했다. 그 지표 중 하나가 바로 지금까지 전해져 내려오는 고려 팔만대장경(八萬大藏經)이다.

한역 불경이 韓半島에서 광범위하게 전파됨으로써 漢字·漢文이 날

---

19) 승과는 고려 광종 4년(953)에 교종선(敎宗選)과 선종선(禪宗選)의 두 과를 두어 합격자에게 대선(大選)이라는 초급 법계를 주었는데, 조선 중종 때 없앴다가 명종 초에 다시 두었다.

로 사람들의 마음속에 깊이 전해져 신속하게 보급되었다. 승려들과 신도들은 불경을 낭송할 수 있을 뿐만 아니라 漢字·漢文에도 익숙하여 많은 한역 불경에서 온 漢字語도 韓半島 文獻에 들어가기 시작했다. 일부 漢字語는 심지어 향가에도 쓰여 한국어에서 상용(常用) 어휘가 되었고 일연 스님이 쓴『三國遺事』에서도 많은 불교 어휘를 찾을 수 있다.

불교가 韓半島에 전파됨에 있어 똑같이 한역 불경의 힘을 빌렸다. 음역이든 의역이든 불교 용어는 여전히 원래의 모습을 유지하고 있었고, 중국어 일반 어휘에 流入된 불교 어휘들은 또한 거의 한국어의 일반 어휘에 流入되었다. 비록 이러한 단어들이 한역 불경에서 직접 일반인들의 말에 流入된 것은 아니지만 중국 고대 文獻을 통해 옮겨진 것은 분명하다.

불교가 韓半島에 전해질 때 아직 韓民族은 문자가 없었고 불교가 신라시기와 고려시기에 전에 없이 널리 보급되었기 때문에 대량의 한역 불경 불교어휘가 고대 한국어에 진입한 것은 자연스러운 일이다. 박영섭(1995)는 일찍이『三國史記』·『三國遺事』·『고려사』를 조사한 적이 있었는데 그 중 한역불경 漢字語가 생각했던 것만큼 많지 않다는 사실을 발견하였다. 그 이유를 '한글'이 아직 창제되지 않았고 漢字 또한 대중에게 보급되지 않았으며 이 밖에 朝鮮朝가 유교를 중시하여 불교를 억압하였고 한글을 보급하기 위해 다수의 한역불경을 '언해'하였으므로 불경에서 온 漢字語가 한국어에 流入되는데 제한을 받은 것으로 보았다. 하지만 진류(2012)는 위의 관점을 단편적이라고 보았는데 그 이유로 첫째,『三國史記』·『三國遺事』·『고려사』중에 모두 대량의 불교어휘가 사용되고 있지만 이러한 어휘들은 대부분 고유명사에 집중되어 있다는 것이다. 이는 이 책들이 모두 역사적 사실과 인물·사건 기록 위주의 史書로서 자연히 방대한 불교이론과 불교의궤는 언급하지 않았기 때문이라고 했다. 둘째, 朝鮮朝가 유교를 숭배하고 불교를 배척하였고, 한글을 보급하기 위하여 많은 한역불경을 언해하였다고 한 관점에 대해서는 언해 불경은 단지 표기 부호를 바꾼 것일 뿐 대량의 漢字語는 여전히 언해 불경 속에 그대로 있었다고 하였다. 또한 여기서 말하는 불경에서 한국어에 流入된 대량의 漢字語는 주로 문어체를 가리키는 것으로 구어체만을 말하는 것은 아니다. 다시 말해 체제 풍격 때문에 불경에서 온 漢字語와 중국 古典에서 온 漢字語는 똑같이 농후한 문어체의 색채를 띠고 있어 민족 언어의 가장 핵심인 일상생활용어에 진입하는데 반드시 제한을 받았을 것이라는 해석이다. 본고도 '부처(佛), 석가모니(釋迦摩尼), 인간(人間), 평등(平等), 결과(結果)' 등 많은 불경 漢字語가 여전히 오늘날 한국인의 구어체에 많이 사용되고 있다는 점에 근거하여 진류(2012)의 견해를 따르고자 한다.

2.3.3 중국 白話系 漢字語

漢나라 이후 중국어는 문어체와 구어체의 차이가 점점 커져 문언과 백화 두 종류의 서로 다른 체계가 형성되는 결과로 이어졌다. 문언과 백화는 장기간 공존하였고 서로 필연적으로 영향을 끼칠 수밖에 없다. 『史記』와 『漢書』의 체제는 많은 차이를 보인다. 『사기』는 그 시기 많은 구어를 받아들였고, 『漢書』는 선명한 문어체 색채를 유지하고 있어 마건충(馬建忠)[20]은 "總觀兩書 『史記』之文紆餘 『漢書』之文卓犖[21] 『사기』의

---

20) 마건충은 청나라 말기 학자이자 외교관으로 『마씨문통(馬氏文通)』의 저자이다. 이홍장(李鴻章)의 특사로 세 차례 조선을 방문했는데 『동행초록(東行初錄)』, 『동행속록(東行續錄)』, 『동행삼록(東行三錄)』을 썼다.

21) 여숙상(呂叔湘)·왕해분(王海棻)의 『馬氏文通讀本』 290쪽에서 재인용.

문장은 생동감 있고 감칠맛이 나고, 『한서』의 문장은 장엄하고 호방하다."라고 하였다.

한국어 중 중국 고대 白話文에서 온 漢字語는 주로 근대 중국어의 구어체 어휘에서 온 것이고 구어체 어휘는 일반적으로 일상 담화에만 사용된다. 중국어 구어체 어휘의 대량의 출현과 광범위한 사용은 중국어의 어휘 形式 즉 단음절어 위주에서 복음절 위주로, 意味 조어법에서 문법 조어법으로 발전하여 중국어 어휘의 면모를 새롭게 하는 중대한 변화가 발생하게 되었다. 이와 동시에 중국어 어휘의 이러한 변화는 주변 국가에 영향을 끼쳤고 근대 중국어에서 생성된 대량의 白話文 어휘는 점차 漢字 어휘 중 명확하게 우세를 차지하였다. 그럼 이런 白話文의 어휘는 어떻게 해동에 전해졌는지에 대해 진류(2012)에서는 아래와 같은 세 가지 경로로 보고 있다.

첫째, 역대 대륙에서 온 이민자들이다. 만약 신빙성이 있다면 周나라 초기 箕子 등이 최초의 중국 이민자로 본다. 그 후 중원 거주민들은 전란이나 흉년을 피해 목숨을 걸고 이민 길에 올라 韓半島로 들어왔다. 이민자들은 대대로 타향살이를 하며 자손이 繁昌하여 점차 큰 가족을 형성하고 현지인들과 융화되었다. 李朝 건립 후 많은 이민 후예들이 조정에서 관직을 맡았는데 이러한 이민자들 가운데는 공로가 혁혁한 집안도 적지 않았다. 예를 들어 창원 공씨(孔氏)의 시조 공소(孔紹)는 공자의 52대 손으로 원순제(元順帝) 치정 7년(1349) 해동으로 옮겨 와 살았다. 신안 주씨(朱氏)의 시조 주잠(朱潛)은 주희(朱熹)의 증손자로 宋나라 영종 가정 17년(1224) 국난을 피해 고려로 옮겨왔다. 장기간의 공존으로 대륙 이민은 점차 현지인과 융화되었다. '문화의 근원이 같은(文化同源)' 두 나라가 이렇게 된다는 것은 어려운 일이 아니었다. 문화의 융합은 반드시 상호 간의 언어에 영향을 끼친다. 공동으로 생활하는 과정 속에서 언어 교제가 빈번해 짐에 따라 이민들의 구어에서 온 漢字語가 점차 한국어에 流入되었다.

둘째, 韓半島 상인을 통해서이다. 일찍이 春秋戰國時代부터 대륙과 韓半島는 경제 무역 왕래가 이미 시작되었다. 최초의 기록으로 제(齊)나라는 당시 朝鮮에서 '文皮(호랑이 가죽)'을 수입했다는 기록이 있다. 이후로 韓半島와 대륙은 시종 긴밀한 경제 무역 왕래를 유지하였고 양쪽 상인들의 왕래가 잇달아 끊이지 않았으며 요동의 이러한 광경은 사람들의 눈길을 끌었다. 이 외에 압록강 일대에서 활발하던 변방무역 또한 구어의 접촉을 한층 증강시켰다. 이 일대는 원래 漢四郡 지역으로 두 종류 언어가 있었고 빈번한 무역 활동으로 인해 언어 소통이 날로 중요해지고 한국어가 중국어의 구어 단어를 흡수하는 조건을 제공하였다. 고려 시기 가장 영향력이 있는 중국어 구어 교재『노걸대(老乞大)』와『박통사(朴通事)』모두 장사와 무역을 주요 內容으로 하고 있다. 상업무역 회화를 공부하는 것은 이미 해동 상인의 필수 과목이 되었으니 그 보급 정도를 가히 짐작할 수 있다. 이러한 배경 하에서 본다면 구어에서 온 생활 상용단어가 한국어에 流入된 것은 자연스러운 일이다.

셋째, 중국 白話文 작품을 통해서이다. 중국 봉건 사회에서 白話文 작품은 고상한 지위에 오르지 못하고 주류 문화에서 배척당해 민간에서만 널리 전해졌다. 고대 白話文 작품은 소설이 많았는데 양소전의 통계에 의하면 모두 375부 정도이고 明·淸소설이 많으며『세설신어(世說新語)』,『태평광기(太平廣記)』,『전능신화(剪燈新話)』,『삼국연의(三國演義)』,『동주열국지(東周列國志)』,『서동한연의(西東漢演義)』,『수호전(水滸傳)』,『서유기(西遊記)』,『금고기관(今古奇觀)』,『홍루몽(紅樓夢)』등 10부의 작품이 가장 환영받았다고 하였다. 이는 중국 고대소설들은 李朝時代 문인들이 창작한 漢文 소설의 모델이 되었다. 체재와 제재 방면은 물론 形式, 內容 방면에서도 중국 고대소설의 여향을 깊이 받았음을 발견할 수 있다. 특히 漢文소설의 언어에서 단어를 借用하고 문장을 모방하는 것이 일종의 유행이 되었다. 중국 고대소설과 李朝 漢文소설이 광범위하게 전파됨에 따라 중국어 白話文 중의 일부 단어들은 쉽게 한국어에 흡수되었다.

　실용성을 중시한 고려와 朝鮮時代에는 중국어 교육에서 말과 글을 함께 중시했다. 지리적 편리성 때문에 양국 간의 언어 소통 문제가 빈번하게 전개되었으며 朝鮮의 통치자는 '사대숭유(事大崇儒)'의 기본 국책을 실행하기 위해 반드시 나라 간의 우호관계를 유지함과 동시에 전면적으로 민간의 왕래를 강화하여 대륙과의 관계를 공고히 했다. 이는 유가의 '경세치용(經世致用)' 사상의 영향을 반영하였고 朝鮮후기 실학사상 흥기의 발단이 되었다. 朝鮮의 중국어 교육기관과 한학자(漢學者)들은 중국어 구어 교재의 연속성을 유지하였고 또한 극히 진귀한 근대중국어 언어자료를 보존하였다. 『老乞大』와 『朴通事』는 중국 元나라 연도(燕都) 지방의 백화를 기록하였고, 『훈세평화(訓世評話)』는 明나라시기 중국 북방 백화를 기록하였으며, 『노걸대신역(老乞大新譯)』(1761년 출판)과 『박통사신역(朴通事新譯)』(1765년 출판)은 淸나라 북방 백화를 반영하였다. 이렇듯 14세기에서 18세기까지 근대 중국어 발전의 전개가 매우 왕성하여 韓半島의 중국어 구어 교재는 하나의 시리즈를 이루었다. 현대 한국어에서는 지금도 여전히 근대 중국어 구어의 백화 단어를 보존·사용하고 있는데 이는 漢字문화권 국가 중에서도 매우 두드러진 특징이다.

2.3.4 日本語系 漢字語

현대 한국 漢字語는 開化期를 경계로, 크게 기원전부터 중국과의 접

촉에서 유입된 漢字語와 근대 일본어에서 온 일본식 漢字語 두 가지로
나눌 수 있다. 開化期 이전에는 동북아 삼국 중 중국의 문호가 제일 먼
저 개방되었고 서양 학문을 도입하는데 있어 한걸음 앞서 나갔다. 開化
期 이후 서양 학문의 동양 도입이 점차 규모를 갖추게 되고 이에 끊임
없이 나타나는 신 개념을 표현할 수 있도록 중국어에 상응하는 신조어
의 등장을 간절히 원했다. 일본은 막부 말기와 메이지유신 기간 동안
중국을 통해 배운 서양 문화를 제외하고 직접 네덜란드, 영국, 프랑스,
독일 등 나라에서 신문화를 들여왔으며 이에 상응하는 대량의 신조어
가 생겨났다. 일본인들은 신조어를 만들 때 그들에게 익숙한 漢字 자원
을 충분히 이용하였다. 하나는 國家, 經濟, 文學, 社會, 解放, 供給, 宿舍,
關系 등과 같은 어휘들인데 이런 漢字語는 중국 古典에 나타나는 단어
를 借用하여 원래의 의미에 새로운 의미를 추가하여 서양 학문의 개념
을 번역하였다. 다른 하나는 人格, 人權, 法人, 企業, 景氣, 手續, 範疇, 學
位, 課程, 義務, 場合 등인데 중국어 形態素를 이용하여 일본식 漢字語
를 만든 것이다. 이런 단어들은 비록 漢字로 기록되어 있지만 중국어의
고유 단어가 아니다. 이런 점은 漢字가 形態素 문자의 조어 기능을 한
다는 것을 나타내준다.

갑오전쟁 이후 중국의 일부 지식인들은 국가를 멸망의 위기로부터
구하고 부국강병(富國強兵)을 할 수 있는 유일한 방법은 자신의 적수를
보고 배우는 것, 즉 '오랑캐의 기술을 배워 오랑캐를 다스리는 것'이라
인식하였다. 이런 배경 하에서 대규모의 일본 유학 바람이 조금씩 불기
시작하였고 동시에 서양인과 중국인이 번역한 서양 학문 서적이 그 수
량과 속도에서 이미 신문화에 대한 중국인의 갈구를 충족시킬 수 없었
다. 中・日 양국이 같은 문자를 사용하는 편리함 때문에 번역의 속도는
크게 빨라졌고 번역서의 수량도 급속히 증가하였으며 일본인이 창제한

漢字語도 바로 이 시기에 규모를 갖추어 대량으로 중국어의 어휘 속에
流入되었다. 1919년 5 · 4운동 이후 중국어는 새로운 단어를 만들어내고
받아들이는데 점차 규칙을 만들기 시작했다. 첫째, 가급적 의역을 채용
하여 중국인의 언어문화 심리에 적합하게 한다. 둘째, 가급적 일본어의
번역단어를 이용하여 새로운 단어의 形態의 정형화와 전파의 효율을
제고시킨다. 중국어가 받아들인 일본 번역단어는 주로 서양의 哲學, 政
治, 經濟, 科學, 社會, 文化 등 방면의 명사 용어로 이런 명사 용어는 서
양 문학의 조류와 함께 벌떼처럼 쇄도해 중국어의 어휘의 수량을 크게
충실하게 하였다. 당시 일본에서 온 번역단어와 중국어의 번역단어가
일부 공존하였으나 아주 빠르게 전자가 후자를 대체하게 되었고 또한
신속히 퍼져나갔다. 양계초(梁啓超) 『음빙실문집유편(飮冰室文集類編)』에서
"일본은 유신 30년 이래 지식인들이 세계에서 서양의 지식을 광범위하
게 찾아다녔다. 서양인들이 쓴 책 가운데 유용한 책이 천 여 종에 달했
는데 정치학, 자생학(資生學), 지학(智學), 군학(群學)[22] 등의 책이 가장 많았
다."라고 하였다. 梁啓超는 또한 이 책에서 중국과 일본의 다른 번역단
어를 언급하였다. 예를 들면 物理와 化學은 소리, 빛, 열, 역학을 겸하고
있고, 博物은 광물학과 동식물학을 말하며, 富國學之書는 경제학 서적
을 말한다. 工群問題는 일본에서는 노동문제 혹은 사회문제라고 한다.
計學은 일본에서 경제와 재정이라 칭하는 모든 학문을 말한다. 총보(叢
報)는 순보, 월보, 계보 등을 가리키며 일본에서는 잡지라고 한다. 物競
天擇, 優勝劣汰 이 둘은 사회학에서 통용되는 어휘로 엄복(嚴複)은 物競
天擇, 適者生存으로 번역하였고, 일본은 生存競爭, 優勝劣汰로 번역하였
으며 둘은 함께 사용하되 명사로 보기도 한다.

---

22) 일본에서는 資生學을 경제학, 智學을 철학, 群學을 사회학이라 칭함.

 이와 같이 일본 번역단어가 중국 번역단어를 대신할 수 있었던 것은 첫째, 원래 意味에 더 적합하여 글자를 보고 대충 뜻을 짐작할 수 있기 때문이다. 둘째, 더 체계화 되어 중국어가 받아들이기 편하기 때문이다. 셋째, 중국인들이 일본 유신의 성과를 흠모하여 일본 번역단어를 거부할 수 없었기 때문이다.

 한국어가 일본어의 漢字語를 대량으로 받아들인 것 또한 1894년 淸日전쟁이 시작되면서부터였고 한국어 어휘의 창고 문이 서쪽에서 동쪽으로 방향을 바뀌게 된 데도 깊은 역사, 문화적 배경이 있다. 19세기 이전 동남아와 서태평양 지역에는 중국 봉건왕조 중심의 국제질서가 존재했다. 朝鮮은 장기간 중국의 영향에 있었을 뿐만 아니라 줄곧 대륙 문화를 일본에 전파하는 교량 역할을 했다. 19세기 이후 이러한 국면에 변화가 발생했다. 朝鮮의 이웃에 위치한 일본은 일찍부터 韓半島를 호시탐탐 넘보고 있었으며 메이지유신 이후 朝鮮에 대한 침략을 강화했다. 1875년 9월 일본은 군함 운양호를 파견하여 강화도(江華島)로 침입해 江華島사건을 일으켰다. 이듬 해인 1876년 2월 일본은 무력으로 朝鮮왕조를 협박해 불평등한 "한일수호조규(朝日修好條規 이른바 병자수호조약 또는 江華島條約)"을 체결하여 朝鮮에서의 자유로운 무역, 경제활동과 치외 법권(治外法權) 등 일련의 특권을 얻고 朝鮮의 문을 개방하였다. 朝鮮의 문이 열리자 다른 열강들이 차례로 끊임없이 계속 들어왔고 朝鮮 왕실은 미국(1882년), 영국(1882년), 독일(1882년), 러시아(1884년), 이탈리아(1884년), 프랑스(1887년)에 잇달아 불평등 조약을 맺게 되었고 朝鮮은 반식민지의 깊은 수렁으로 빠져들게 되었다. 일본은 이를 달가워하지 않았고 경쟁상대가 朝鮮에 끼치는 영향력을 약화시켜 韓半島를 독점하려는 야심을 위해 중일갑오전쟁(1894년)과 러일전쟁(1904년)을 잇달아 일으켰고 중국 淸나라 정부와 러시아 세력을 점차 韓半島에서 내쫓았다. 1910년 8월 일본 신임 통감 데라우치 마사타케(寺內正毅)는 당시 朝鮮 왕실의 총리대신 이완용(李完用) 등과 결탁하여 비밀리에 "한일합방조약(韓日倂合條約)"을 체결하였다. 이로서 韓半島는 완전히 일본에 병탄되어 일본의 식민지로 전락했다. 일본이 韓半島를 통치한 이후 식민지화 교육을 대대적으로 펼쳐 학생들에게 일본어 배우기를 강요하였다. 그리하여 대량의 일본식 漢字語가 끊임없이 한국어에 流入하게 되었다. 특히 서양 학문을 번역한 일부 신조어들은 단지 漢字의 발음을 고유의 漢字 발음으로 바꾸었을 뿐 한국어에 거의 그대로 받아들여졌다. 박영섭(1995)은 『국어한자어휘론』에서 "현재 현대 한국어에 통용되는 漢字語의 90% 이상이 일본어에서 온 것이다."라고 했다. 그 수가 아직 정확하지 않지만 한국어에 미친 영향은 엄청나다. 이렇게 근대 중국어, 한국어, 일본어 중에는 공통적으로 사용되는 신조어가 출현하는데 이러한 단어들은 대부분 일본인의 창작에서 온 것이다.

이처럼 開化期 초기까지는 한국에 전해진 新生漢字語의 원천은 중국이었다. 그러나 朝日修好條規에서 비롯된 대외의 개방정책이 확대되고 일본과의 접촉이 잦아지면서 사정은 크게 달라졌다. 수신사(修信使)를 비롯한 당시의 지식인들은 물론 일반 상인과 기술자에 이르기까지 일본 출입이 잦아졌다. 그들은 개화가 상당히 진행된 일본의 문물제도를 통하여 간접적으로나마 서양 문물을 경험하고 돌아 왔다. 자연히 그들이 일본에서 알게 된 新生漢字語도 사람을 따라 한국에 流入되었다.

일본어가 朝鮮어에 流入되는 것에 대해 朝鮮왕조는 처음에는 경각심을 가지고 억제하였다. 『선조대왕실록』 권4의 기록에 따르면 1593년 10월 임진왜란 기간 동안 조정은 왜어(일본어) 금지령을 내렸다. 朝鮮말기에 이르러서는 국력이 크게 약해졌기 때문에 朝鮮은 이미 일본어의 힘을 막을 수 없었다. 1905년 일본이 朝鮮에 총감을 설립한 후 朝鮮에서

는 거센 '국어운동'이 일어나 '국어순화'의 구호를 내세웠다. 1948년 한
국정부는 '국어회복' 정책을 제정하여 공포·실행함으로써 漢字語의 사
용에 대해 일본식 漢字語를 버리고 이전의 고유한 漢字語를 사용하라는
엄격한 규정을 적용하였다. 한국 정부의 이러한 방침 아래 확실히 일부
일본식 漢字를 한국어에서 제거하고 새로운 단어로 대체했지만 일본어
잔재를 숙청하려는 목적에는 도달할 수 없었다. 일본에서 온 漢字語의
수량이 너무 많은데다가 이미 한국인의 일상 언어생활 속에 깊이 들어
와 전부를 없애기는 역부족이었다.

2.3.5 韓國 漢字語

장기간 漢字·漢文을 학습하고 사용하는 과정 속에서 한민족은 이역
에서 온 언어문자를 낯설어 하지 않았다. 특히 한국어 속의 漢字語와
사용되고 있는 한자는 이미 외래에서 온 요소로 여겨지지 않았다. 오히
려 漢字의 音·形·義가 숙지된 상태에서 의식적으로 이를 사용해 새
로운 단어를 만들어 한국어의 표현력을 증대시키고 한국어의 어휘량을
풍부하게 했다. 漢字는 표의문자로서 막강한 기록기능과 조어능력을 가
지고 있다. 王力(2000)은 중국어 어음의 간략화와 외국어의 영향이 중국
어 속의 복음화의 동력이라 하였다. 秦漢에서부터 중국어 속의 복음절
단어는 점차 증가하여 마침내 근대 중국어에서는 절대적 우세를 차지
했다. 복음절 단어의 절대 다수는 합성어이다. 합성어는 2개 혹은 3개의
어근이 조합하여 이루어진 것으로 2개의 단음절 단어가 일정한 문법수
단에 의거하여 조합하기만 하면 새로운 단어가 되었다. 이렇게 간편하
고 효율성이 높은 조어법은 어휘 창고의 문을 가볍게 열 수 있게 하였

다. 한국인은 이미 일본어와 중국어에서 들어온 복음절 단어에 만족하지 않고 중국어의 조어법을 이용해 스스로 새로운 단어를 만들기 시작했다. 김형규(1995)가 지적했듯이 한국어의 어휘가 장형화의 추세를 나타내는 것은 종종 하나의 단음절 단어가 여러 가지 뜻을 가지고 있어 불안정하지만 복음절 단어는 이 점을 보완하기 때문이라고 했다.

한국은 유입된 한자와 한자어를 이용하여 고유의 문화와 생활 방면의 뜻을 표현하기 위하여 취사선택하는 과정을 거쳐 현대 한국어의 漢字語 중에는 상당 수량의 한국 漢字語가 존재한다. 이는 한국어가 漢字語를 받아들이는 과정에 있어 여전히 일본과 거리를 두고 있음을 설명한다. 예를 들어 物件(물건), 冊(책), 登記(등기), 片紙(편지), 換錢(환전), 子息(자식), 麥酒(맥주), 三寸(삼촌), 始作(시작), 眼目(안목), 感氣(감기), 當身(당신), 後進(후진), 別莊(별장) 등 단어들은 모두 한·일 관계의 갈등이 比較적 첨예한 시기에 나타났다고 본다.

한국은 장기간 漢字를 사용하는 과정에서 한민족 고유의 감정과 생활 체험을 반영하기 위해 漢字의 조자 체계에 의거하여 새로운 漢字를 만들어냈다. 한국 학자들은 이를 '固有漢字'라 부르는데 固有漢字의 구체적 수량은 아직까지 정확한 통계가 없지만 김종훈(2014)은 500여 개가 넘을 것으로 추정하고 있다. 한국에서 固有漢字에 대한 연구는 20세기 초 지석영(池錫永)의 『자전석요(字典釋要)』(1909년)에서 시작하였고 이후 최남선의 『신자전(新字典)』(1915년), 일본 아유가이 후사노신(鮎貝房之進)의 『속자고(俗字考)』(1931년) 등에서 기초연구가 이루어졌다. 80년대 김종훈의 『한국 固有漢字 연구』(1983년) 등에서 한걸음 더 나아가 깊이 있는 연구가 추진되었다. 90년대에는 단국대학교 동양학 연구소에서 『한국漢字語사전』(1997년)을 편찬하여 한국 한자어에 대한 종합적인 연구를 진행하였다. 연구 성과로는 먼저 固有漢字를 분류하여 '國字'·'國音字'·'國義

字’로 나눈 것이다. 다음은 固有漢字의 조자 구조를 분석하여 상형(예: ㅣ
ㅣ), 회의(예: 畓), 형성(예: 垈), 합음(예: 乭)과 변체(예: 阝→陽, ㇏→爲) 등 5가지
표기 방식이 있다고 하였다. 그 중 형성자와 합음자가 가장 많았고, 그
다음은 훈독과 음독의 결합을 固有漢字의 주된 방식으로 여겼는데, 이
런 방식을 ‘반절식(半切式)’이라 불렀다. ‘半切式’이란 뜻과 음을 반반씩
빌린 것을 말하며 중국어와 한국어의 음절 구조가 불일치하는 문제를
비교적 잘 해결하게 했다. 특히 폐쇄음(閉塞音)의 표기 문제를 잘 해결했
다. 이런 固有漢字는 성씨, 인명, 지명 등 고유명사를 표기한 것이 가장
많았다. 固有漢字는 한국어의 특색을 가장 많이 지니고 있는 단어를 기
록하기 위해 만들어졌고 한민족 사유 방식과 언어 관념을 반영하고 있
으며 漢字語에 대한 일종의 보충 역할을 한다. 특히 漢字에 새로운 뜻
을 부여하는 ‘新義字’는 한국적인 느낌을 더욱 분명히 지니고 있다. 예
를 들어 ‘木’은 면포(綿布)를 뜻하고, ‘太’는 대두(大豆)를, ‘寸’은 혈연관계
를 나타내는 등등의 漢字 사용의 이질화를 초래하였다. 15세기에 訓民
正音이 창제되어 韓민족은 마침내 자신의 문자를 가지게 되었다.

이상의 분석을 통해 우리는 한국 漢字語의 어원을 중국에서 기원한
漢字語, 일본에서 기원한 漢字語, 한국에서 기원한 漢字語 크게 세 종류
로 나눌 수 있다. 중국에서 기원한 漢字語를 다시 중국 古典에서 유입
된 漢字語, 불경에서 온 漢字語와 중국 白話文에서 수용된 漢字語로 나
눌 수 있는데 중국 古典에서 온 漢字語는 일반적인 어휘가 주를 이루고,
불경에서 온 漢字語는 정신적 측면의 관념적인 성격을 띤 어휘들이 주
를 이루며, 白話文에서 온 漢字語는 한국어에 큰 영향을 끼쳤지만 일본
식민지시기에 점차 축소되어 지금은 법률용어만 일부 남아 있다. 일본
에서 온 漢字語는 전문용어나 학술용어가 주를 이루고, 한국에서 만든
漢字語는 물질 층면의 어휘들이 주를 이룬다. 한국어가 역사적으로 漢

字에 의지하고 漢字로 된 어휘를 광범위하게 받아들였기 때문에 한국
어 어휘체계에서 漢字語는 줄곧 큰 비중을 차지하게 되었다.

제 3 장

|

漢字語의 品詞別 分類와 意味 分析

본장에서는 앞에서 최종적으로 정리된 39개의 연구 대상 漢字語를 명사로 쓰인 경우, 동사로 쓰인 경우, 명사와 동사 이외의 품사로 쓰인 경우로 구분하여 살펴보기로 한다. 품사에 따른 분류는 다시 諺解文의 漢字語와 원문 단어의 比較 내지 對照를 통하여, 諺解文에 나타나는 漢字語가 원문에 어떻게 대응되는가를 검토한다. 동시에 諺解文의 漢字語 意味는 원문의 문맥적 意味에 따라 결정된다고 할 수 있으므로, 杜詩 원문의 해석과 『漢典』, 『표준』의 뜻풀이를 바탕으로 諺解文에 나타난 漢字語의 意味를 분석 · 정리할 것이다.

3.1 명사로 쓰인 경우

諺解文에 명사로 쓰인 漢字語는 '故鄕, 老人, 當時, 文章, 父母, 産業, 世上, 歲月, 時代, 時節, 飮食, 音樂, 人生, 子息, 財産, 精神, 政治, 制度,

種類, 主人, 知識, 地位, 學問' 등 23개가 있다. 諺解文에 나타나는 이들 漢字語를 원문의 단어와 對照하면 그 대응 양상은 아래와 같은 여섯 가지 유형으로 나타난다. 조남호(2001)에서 검토된 일곱 가지 유형 중 일치 유형을 제외한 1)일치·부분일치·불일치 유형 漢字語, 2)일치·부분일치 유형 漢字語, 3)일치·불일치 유형 漢字語, 4)부분일치·불일치 유형 漢字語, 5)부분일치 유형 漢字語, 6)불일치 유형 漢字語 등이 그것이다.

3.1.1 일치·부분일치·불일치 유형 漢字語

諺解文의 漢字語가 원문의 단어에 어떻게 대응되는가에 따라 '人生'과 같이 원문의 '人生'을 동일한 漢字語 '人生'으로 언해한 경우는 일치 유형에 속하고, 원문의 '生'을 '人生'으로 언해한 경우는 부분일치 유형에 속하며, 원문의 '生涯'를 諺解文의 '人生'으로 언해한 경우나 원문에는 諺解文의 '人生'에 대응되는 단어가 없는 경우는 불일치 유형에 속한다. 따라서 '人生'은 일치·부분일치·불일치 유형인데, '文章, 時節'도 이 유형에 속한다.

[1] 문장(文章)

諺解文에서 '文章'은 스물세 번의 용례를 보이고 있는데 명사 '文章'뿐만 아니라 현대한국어에서는 나타나지 않는 동사 '文章ᄒ-'도 두 번의 용례를 보이고 있다.[1] 諺解文에 나타나는 漢字語 '文章'을 원문과 對照하면 원문의 '文章'을 '文章'으로 언해한 경우, '文章'을 '文章ᄒ-'로

---

1) 漢字語 어근 '文章'과 같이 명사로도 나타나고 동사로도 나타나는 경우는 명사에 포함시키고 논의를 진행한다. 이와 같은 경우는 '文章' 외에 '政治'가 있다.

언해한 경우, '章'을 '文章'으로 언해한 경우, 원문에는 諺解文의 '文章'
에 대응되는 단어가 없는 경우로 나눌 수 있다.

가. 원문의 '文章'을 '文章'으로 언해한 경우

원문의 '文章'을 諺解文에서 동일한 漢字語 '文章'으로 언해한 경우는
열아홉 번의 용례를 보인다.

(1) 豪俊人誰在 文章掃地無 24_58b ≪哭台州鄭司戶蘇少監≫
　　들여쓰기(豪俊)혼 :사ᄅᆞ·미 ·뉘 ·잇ᄂᆞ·뇨 ((文章)·이} ·싸홀 ·쁘론 ·ᄃ
　　시 :업도·다

위의 예문(1)에서 원문의 '文章掃地無(문장소지무)'를 '文章이 싸홀 쁘론
ᄃ시 업도다'로 언해하여 '文章'과 '文章', '掃地'와 '싸홀 쁘론ᄃ시',
'無'와 '업도다'가 대응된다.

≪哭台州鄭司戶蘇少監≫[2]은 鄭司戶와 蘇少監이 세상을 떠난 764년(廣
德二年)의 작품으로 보인다. 예문(1)의 원문은 "재주와 지혜가 뛰어난 사
람으로 누가 있는가? 文章은 땅을 빗자루로 쓸어 내듯이 없어졌다."라
는 內容이다. 이때 '文章'은 『漢典』의 두 번째 뜻풀이인 '禮樂制度(예악제
도)'로 해석된다. 『표준』에 등재된 '文章'의 두 번째 뜻풀이인 '한 나라
의 문명을 이룬 禮樂과 제도, 또는 그것을 적어 놓은 글'과 같은 意味로
쓰인 것이다.

(2) 文章日自負 掾吏亦累踐 24_33a ≪八哀詩・故秘書少監武功蘇公源明≫
　　들여쓰기((文章)·을} ·날로 :제 ·져 잇·고 (掾吏)·롤 ·ᄯᅩ ·콜포 볼·
　　오니·라

---

2) 앞으로 杜詩 원문의 창작 연대는 仇兆鼇(1979)를 따른다.

≪八哀詩3)・故秘書少監武功蘇公源明≫은 杜甫가 開元年間에 齊(제), 趙(조)를 만유하면서 사귄 친구 蘇源明을 애도하는 詩이다. 예문(2)의 원문은 "그때로부터 蘇源明의 文章 실력은 날로 뛰어났다. 이런 문장에 힘입어 관직에서도 여러 차례 승진하였다."라는 內容이다. 이때 '文章'은 詩나 賦4)를 뜻한다. 『漢典』의 다섯 번째 뜻풀이인 '文辭或獨立成篇的文字(독립적이고, 완결된 內容을 나타내는 문자)'로 해석된다. 한국어에서 '생각이나 일 따위의 內容을 글자로 나타낸 기록'을 뜻하는 '한 편의 글'과 같은 意味로 쓰였다고 할 수 있다. 이러한 意味는 『표준』에는 등재되어 있지 않은 意味로 여겨진다.

(3) ㄱ. 文章千古事 得失寸心知 16_08a ≪偶題≫
{(文章)·은} (千古)·앳 :이리·니 (得)거·나 (失)·호문 제 모ᅀᆞ·매 :아·ᄂᆞ·니라

ㄴ. 庚信文章老更成 凌雲健筆意縱橫 16_11a ≪戲爲六絶句≫
(庚信)·의 {(文章)·이} 늘·거 가·식야 ·이니 ·구루·믈 (凌犯)·ᄒᆞᄂᆞᆫ (健壯)ᄒᆞᆫ 부·데 ·ᄠᅳ디 (縱橫)·ᄒᆞ도·다

≪偶題≫는 766년(大曆元年), 夔州에서 지은 詩이다. 예문(ㄱ)의 원문은 "文章은 천고에 전하는 불후의 盛事이다. 古今에 뜻을 가진 사람들의

---

3) ≪八哀詩≫는 두보가 王思禮, 李光弼, 嚴武, 汝陽王李璡, 李邕, 蘇源明, 鄭虔, 張九齡 등 8人의 성현(聖賢)들을 애도하면서 쓴 五言古詩이다. 仇兆鰲(1979)는 시의 內容에 근거하여 추정하면 시 8首는 한 시기에 쓴 것이 아니지만 시의 서문에 따라 현재 모두 한 시기에 聖賢들을 추억하면서 쓴 작품으로 본다.

4) 賦는 ≪詩經≫과 ≪초사(楚辭)≫의 뒤를 잇는 중국 고대 문체 중의 하나이다. 漢魏六朝(西漢과 東漢, 曹操의 魏나라, 六朝는 孫吳, 東晋, 宋, 齊, 梁, 陳을 가리킨다)시기에 성행한 韻文과 散文의 혼합체이다. 辭와 賦를 합쳐서 辭賦로 부르기도 하는데 후세 산문시와 비슷하다. 산문시에 대한 『표준』의 뜻풀이를 빌리면 "산문 形式으로 된 詩로 시행을 나누지 않고 리듬의 단위를 문장 또는 문단에 둔다. 산문과는 달리 서정적으로 시화하여 묘사한다는 데 특징이 있다"라고 하였다.

이해득실을 내 마음은 조금이나마 알고 있다."라는 內容이다. 이때 文章도 詩나 賦를 가리킨다.

≪戲爲六絶句≫는 762년(寶應元年), 成都에서 지은 詩이다. 예문(ㄴ)의 원문은 "老年이 되어 庾信[5]의 문장은 더욱 成熟되었다. 필력이 강건하고, 구상(뜻)에 재치가 있다."라는 內容이다. 이때 '文章'도 詩나 賦를 뜻한다. 杜甫의 다른 詩 ≪詠懷古蹟・其一≫에 나오는 "庾信生平最蕭瑟, 暮年詩賦動江關(庾信의 일생은 적막하고 쓸쓸했지만 晚年에 쓴 詩賦는 세상을 흔들었다)"의 구절을 통하여 이때의 '文章'이 詩와 賦를 말함을 다시 한 번 확인할 수 있다.

(4) 文章憎命達 魑魅喜人過 21_44a ≪天末怀李白≫
{(文章)·이} (命)·의 (通達)·호믈 믜ᄂᆞ·니 귓거·슨 :사ᄅᆞ·미 :디나·
가몰 깃·놋다

≪天末怀李白≫은 759년(乾元二年), 杜甫가 관직을 버리고 秦州에 머물 때 지은 詩이다. 예문(4)의 원문은 "文章은 입신출세하는 운명을 미워하고, 사람을 잡아먹는 도깨비는 사람이 지나가는 것을 기뻐한다."라는 內容이다. 이때 '文章'은 『漢典』의 일곱 번째 뜻풀이인 '才學(재학)', '才能과 學問이 있는 사람'으로 해석된다. 『표준』에 등재된 '文章'의 첫 번째 뜻풀이인 '문장가'와 같은 意味로 쓰였다.

---

5) 庾信은 南北朝 시기 문학을 집대성한 者로 梁나라 詩人이다. 梁나라 명을 받아 사신으로 西魏로 갔을 때 西魏가 梁나라를 멸망시켜 돌아오지 못하고 북방에 남게 되었다. 높은 지위에서 대접을 받는 삶을 살았지만 자유를 잃고 고국을 그리워하는 마음과 敵의 나라에서 벼슬을 하는 부끄러움에 늘 분노하였다고 한다. 庾信과 관련된 詩가 여러 편 있는데 이것은 두보가 자신의 처지가 庾信을 닮았다고 여겼기 때문인 것 같다.

나. 원문의 '文章'을 '文章ᄒ-'로 언해한 경우

원문의 '文章'을 諺解文에서 동사 '文章ᄒ-'로 언해한 경우는 두 번의
용례를 보인다.

(5) ㄱ. 時見文章士 欣然淡情素 22_40a ≪送高司直尋封閬州≫
　　　·이 ·뼥 {(文章)· ᄒᄂᆞᆫ} :사ᄅᆞ·ᄆᆞᆯ :보니 깃·거·ᄒᄂᆞᆫ ᄆᆞᆯ·ᄀᆞᆫ ·ᄠᅳ디
　　　로·다
　　ㄴ. 枚乘文章老 河間禮樂存 08_11b ≪奉漢中王手札≫
　　　(枚乘)·의 {(文章)· ᄒᆞ요·매} 늘근 ·ᄃᆞᆺ·ᄒᆞ니 (河間王)·의 (禮樂)·
　　　이 잇ᄂᆞᆫ· ᄃᆞᆺ·ᄒᆞ도다

위의 예문(5)에서 (ㄱ)은 원문의 '文章士'를 '文章ᄒᄂᆞᆫ 사름'으로 언해
하고, 예문(ㄴ)은 원문의 '文章老'를 '文章ᄒᆞ요매 늘근'으로 언해하여 원
문의 '文章'과 諺解文의 '文章ᄒ-'가 대응된다.

≪送高司直尋封閬州≫는 767년(大曆二年), 夔州에서 지은 詩이다. 예문
(ㄱ)의 원문은 "이 때 문장을 잘 쓰는 선비들을 보면 욕심이 없고 마음
이 깨끗하여 명예와 이익을 쫓지 않았다."라는 內容이다. ≪奉漢中王手
札≫은 766년(大曆元年), 夔州에서 지은 詩이다.[6] 예문(ㄴ)의 원문은 "枚乘
은 문장을 씀에 있어서 老鍊하고, 河間王은 禮法과 音樂이 몸에 배어있
다."라는 內容이다. 위의 원문 '文章'에서 동사로 쓰인 '文'은 『漢典』의
네 번째 뜻풀이인 '撰寫文章(찬사문장)'으로 '(문장)을 쓰다, 짓다, 저술하
다'로 해석된다. 명사로 쓰인 '章'은 『漢典』의 세 번째 뜻풀이인 '文章'
으로 해석되어 '詩나 賦'를 뜻한다. 원문의 '文章士와 文章老'를 언해하
는 과정에 한국어의 표현 방식에 따르면 동사를 필요로 한다. 諺解文에

---

6) 仇兆鰲(1979), 鶴注에 漢中王貶蓬州刺史, 今出峽將歸京, 作書報公, 而公復之以詩. 舊編在永泰元
　年, 今依朱氏入在大曆元年夔州.

서는 필요한 동사를 따로 사용하지 않고 명사 뒤에 직접 접미사 '-ᄒᆞ-'
를 붙여 동사나 형용사를 만드는 한국어 동사형성 방식을 이용한 결과
라고 하겠다.7)

다. 원문의 '章'을 '文章'으로 언해한 경우

원문의 '章'을 諺解文에서 '文章'으로 언해한 경우는 한 번의 용례를
보인다.

> (6) 雕章五色筆 紫殿九華燈 20_22a ≪寄劉峽州伯華使君四十韻≫
> {(文章)} (彫刻)·호맨 다·삿 비·쳇 ·부디·오 블·근 (殿)·엔 (九華燈)
> :현 딛돈·니도·다

위의 예문(6)에서 원문의 '雕章(조장)'을 '文章 彫刻호맨'으로 언해하여
'雕'와 '雕刻', '章'과 '文章'이 대응됨을 확인할 수 있다.

≪寄劉峽州伯華使君四十韻≫은 767년(大曆二年), 漢西에서 지은 詩이다.
예문(6)에서 '雕章'은 '美文(미문)'으로 '좋은 詩나 賦'를 가리킨다. 이때
명사로 쓰인 '章'은 『漢典』의 세 번째 뜻풀이인 '文章'으로 해석되어 원
문의 '章'과 대응되는 諺解文의 '文章'도 '詩나 賦'의 뜻으로 예문(2)과
같게 쓰였다.

---

7) 심재기(2000)는 새로운 動詞性 어휘를 생성하기 위하여 '-하다'라는 動詞化 접미사를 활용
  하는데, 그 앞에는 어떠한 어근이건 그것이 동사성 意味를 지닐 수만 있다면 '-하다'와 결
  합하여 새로운 동사 어휘를 생성한다고 하였다. 그러한 어근 가운데에는 '멈칫-', '딸랑딸
  랑-'과 같은 擬聲·擬態性 어근도 있고, '스마트-', '데모-'와 같은 서구외래어도 있지만 가
  장 오랜 연륜을 지닌 것으로는 漢字를 손꼽을 수 있다고 했다.

라. 원문에는 諺解文의 '文章'에 대응되는 단어가 없는 경우

　　(7) 前輩飛騰入 餘波綺麗爲 16_08b ≪偶題≫
　　　　알·핏 ·무리 ᄂ·라 {(文章)·애} ·드니 (餘波)애 ·빗:나미 ᄃ외·니라

　　위의 예문(7)에서 원문의 '前輩飛騰入(전배비등입)'을 '알핏 무리 ᄂ라 文章애 드니'로 언해하여 '前輩'와 '앞핏 무리', '飛騰'과 'ᄂ라', '入'과 '드니'가 대응되어 원문에는 諺解文의 '文章'에 대응되는 어휘가 없다. 　　예문(7)의 원문은 "漢末에 민간에서 전해오던 五言詩나 樂府詩가 문인들에 의하여 채용되기 시작하여 諸公들이 文壇에 올랐다. 남북조시기 문학은 形式上의 화려함이 많다."라는 內容이다. '문단에 오르다'의 意味로 쓰인 원문의 '入'은 諺解文의 '文章에 드니'와 대응된다. 이때 '文章'도 '詩 혹은 賦'를 가리키는데 원문에 諺解文의 '文章'에 대응되는 단어가 없는 것이 아니라 원문에 내포되어 있는 意味를 한국어로 언해하는 과정에서 한국어 표현의 필요에 따라 나타난 것으로 보아야 더 타당하다고 여겨진다.

　　위의 검토에 의하면 諺解文의 '文章'은 1)예악제도, 2)詩나 賦를 가리키는 한 편의 글, 3)才學으로 재능과 학문이 있는 사람 등 세 가지 意味로 정리된다. 『표준』에는 동사 '文章ᄒ-'는 표제항으로 등재되어 있지 않고 명사 '文章'만 1)문장가, 2)한 나라의 문명을 이룬 예악과 제도, 3)<언어> 방면에서 생각이나 감정을 말과 글로 표현할 때 완결된 內容을 나타내는 최소의 단위 등 세 가지로 정리되어 있다. 諺解文에 나타나는 문맥적 意味 중 2)를 예문(2)에서 잠시 『표준』에 등재되지 않은 意味로 보았는데 이때 '文章'을 『표준』의 첫 번째 뜻풀이 '문장가'에서 '문장'과 같은 意味로 쓰였다고 보고 『표준』에 등재된 意味로 보고자 한다.

漢字語 어근 '文章'은 『杜詩諺解』 初刊本에서뿐만 아니라 국립국어연구원(1993)과 홍윤표(1995)에서 명사 '文章'과 동사 '文章ᄒ-'가 모두 용례를 보이고 있다. 반면 국립국어연구원(2002)과 김한샘(2005)[8]에서는 동사 '文章ᄒ-'가 용례를 보이지 않고 명사 '文章'만 487개 용례를 보이고 있다. 그 용례[9]들을 살펴보면 대부분 <언어> 방면의 용어로 쓰이고 있음을 확인할 수 있다. 중세·근대한국어에서 '文章'과 '文章ᄒ-'의 形態로 명사와 동사로 쓰이던 단어가 현대한국어에서는 명사 '文章'만 용례를 보이고 있어 품사의 변화를 가져와 동사로서의 쓰임이 사라졌다고 본다. 또 품사의 변화와 동시에 意味의 변화도 가져왔는데 옛 뜻에 새로운 意味가 추가된 意味 확대로 볼 수도 있고, 앞에서 언급한 바와 같이 여러 가지 意味로 쓰이던 '文章'이 대부분 용례가 <언어> 방면의 용어로 쓰이고 있어 意味 전이 현상을 보이고 있다고 할 수도 있다.

[2] 시절(時節)

諺解文에서 '時節'은 아흔한 번의 용례를 보이고 있는데 원문의 '時節'을 諺解文에서 '時節'로 언해한 경우, '時'를 '時節'로 언해한 경우, '節'을 '時節'로 언해한 경우, '辰'을 '時節'로 언해한 경우, 원문에는 諺解文의 '時節'에 대응되는 단어가 없는 경우로 나눌 수 있다.[10]

---

8) 편의상 국립국어연구원(1993)과 홍윤표(1995)를 합쳐서 앞으로 중세·근대한국어로 약칭하고, 국립국어연구원(2002)과 김한샘(2005)을 합쳐서 현대한국어로 약칭한다.

9) 빈도수는 현대한국어를 참고하고 그 사용 용례는 국립국어원 <21세기 세종계획> 形態 분석 말뭉치 http://ithub.korean.go.kr/jsp/dic/example/simplesearch.jsp를 참조한다. 수집 자료 수에 따라 현대한국어와 2007년에 완성된 <21세기 세종계획>의 빈도수는 다를 수 있다. 예를 들면 현대한국어에서 '文章'은 487번의 빈도를 보이지만 <21세기 세종계획>에서는 1233번의 빈도를 보인다.

10) 본고는 기초 작업으로 漢字語 '時節'이 나타나는 아흔한 번의 용례를 검토하여 원문과 諺解文의 대응 양상을 살펴보고, 원문 단어의 문맥적 意味에 따라 諺解文 漢字語의 意味를

가. 원문의 '時節'을 '時節'로 언해한 경우

원문의 '時節'을 諺解文에서 동일한 漢字語 '時節'로 언해한 경우는 한 번의 용례를 보인다.

(1) 正是江南好風景 落花時節又逢君 16_52b ≪江南逢李龜年≫
　　(正)·히 ·이 (江南)·애 (風景)·이 :됴ᄒᆞ·니 곳 ·디ᄂᆞᆫ {(時節)·에} ·쏘
　　너·를 맛보·과라

위의 예문(1)에서 원문의 '落花時節又逢君(낙화시절우봉군)'을 '곳 디ᄂᆞᆫ 時節에 ·쏘 너를 맛보과라'로 언해하여 '落花'와 '곳 디ᄂᆞᆫ', '時節'과 '時節', '又'와 '쏘', '逢君'과 '너를 맛보과라'가 대응된다.

≪江南逢李龜年≫은 770년(大曆五年), 潭州(담주)에서 지은 詩이다. 예문 (1)의 원문은 "강남은 지금 한창 좋은 경치인데 꽃이 지는 時節에 또 그대를 만났다."라는 內容이다. 이때 '時節'은 『漢典』의 두 번째 뜻풀이인 '季節(계절)'로 해석된다. 『표준』에 등재된 '時節'의 두 번째 뜻풀이인 '계절'과 같은 意味로 쓰였다.

나. 원문의 '時'를 '時節'로 언해한 경우

원문의 '時'를 諺解文에서 '時節'로 언해한 경우는 예순아홉 번의 용례를 보인다.

(2) 王侯第宅皆新主 文武衣冠異昔時 06_08a ≪秋興八首≫
　　(王侯)·의 지·븨ᄂᆞᆫ :다 ·새 :님자·히 오 션·빅·와 호반·과 ·읫 (衣

분석·정리하였다. 본장에서 그 용례를 모두 예문으로 제시하는 것이 아니라 대응 양상에 따라 필요한 예문만 제시하면서 논의를 진행하고자 한다.

冠)·이 :녯 ((時節)·와) 다른·도다

위의 예문(2)에서 원문의 '昔時(석시)'를 '녯 時節'로 언해하여 '昔'과 '녯', '時'와 '時節'이 대응된다.

≪秋興八首≫는 766년(大曆元年), 夔州에서 지은 詩이다. 예문(2)의 원문은 "帝王과 諸侯의 저택에 모두 새 主人이 들었다. 文官과 武官의 衣冠도 지난날과 달라졌다."라는 內容이다. 『漢典』에서 '昔時'를 '往日(지난날)'로 해석하여 이때 '時'는『漢典』의 세 번째 뜻풀이인 '時間(시간)'으로 풀이된다.『표준』에서 '時節'의 첫 번째 뜻풀이인 '일정한 시기나 때'와 같은 意味로 쓰였다.

위의 예문과 같이 원문의 '時'를 '時節'로 언해하고 '일정한 시기나 때'로 쓰인 경우는 '녯 時節'로 언해한 '古時와 先時', '니건 時節'로 언해한 '往時', '그 時節'로 언해한 '當時', '어느 時節'로 언해한 '幾時와 何時', '漢ㅅ 時節'로 언해한 '漢時', '時節을 조차'로 언해한 '隨時와 從時' 등이 있다. 그리고 '時節ㅅ 議論'으로 언해한 '時論', '時節ㅅ 사람'으로 언해한 '時人', '時節ㅅ 어딘 사람'으로 언해한 '時賢'도 이 경우에 속한다. 이외 '時節이 디나드록'으로 언해한 '過時'와 '經時', '時節이 ᄒ마 느즈니'로 언해한 '時已晚', '時節이 ᄒ마 半이로소니'로 언해한 '時已半', '씬 時節'로 언해한 '醒時'를 포함하여 모두 26개의 용례를 보이고 있다.

⑶ 慘澹風雲會 乘時各有人 06_29b ≪謁先主廟(劉昭烈廟在奉節縣東六里)≫
   슬프·다 (風雲際會)·예 ((時節)·을} :어더 제여·곰 :사르미 잇·도다

위의 예문(3)에서 원문의 '乘時各有人(승시각유인)'을 '時節을 어더 제여

곰 사르미 잇도다’로 언해하여 ‘乘’과 ‘어더’, ‘時’와 ‘時節’, ‘各’과 ‘제여곰’, ‘有’와 ‘잇도다’, ‘人’과 ‘사르미’가 대응된다.

《謁先主廟》는 766년(大曆元年), 夔州에서 작품이다. 예문(3)의 원문은 “슬프다, 풍운제회(風雲際會)[11]의 때를 얻어 제각기 사람이 있다.”라는 內容이다. 이때 원문에서 ‘時’는 『漢典』의 여섯 번째 뜻풀이인 ‘時机(시기), 机會(기회)’로 해석된다. 『표준』에는 등재되어 있지 않은 意味이다.

(4) 主憂豈濟時 身遠彌曠職 06_52b 《客堂》
　　:님그·미 시·름·커시·눌 ((時節)·을) 어·느 거·리·치리·오 ·모미
　　머·리 ·와셔 더·욱 (職任)·을 (曠廢)·ᄒ노·라

위의 예문(4)에서 원문의 ‘主憂豈濟時(주우기제시)’를 ‘님그미 시름커시눌 時節을 어느 거리치리오’로 언해하여 ‘主’와 ‘님그미’, ‘憂’와 ‘시름커시눌’, ‘豈’와 ‘어느’, ‘濟’와 ‘거리치리오’, ‘時’와 ‘時節’이 대응된다.

《客堂》은 766년(大曆元年), 夔州에서 지은 詩이다. 예문(4)의 원문은 “임금은 세상을 구제하지 못하여 걱정이 많고, 杜甫는 몸이 멀리 와 있어 직책에 소홀히 하였다.”라는 內容이다. 이때 원문에서 명사로 쓰인 ‘時’는 『漢典』의 열한 번째 뜻풀이인 ‘指時勢或時局(시세 혹은 시국을 가리키다)’로 해석되어 『표준』에 등재되어 있는 ‘時節’의 네 번째 뜻풀이인 ‘세상의 형편’과 같은 意味로 쓰였다.

(5) ㄱ. 我來屬時危 仰望嗟嘆久 06_03a 《九成宮》
　　내 :오미 ((時節)·이) 바·드라·온 제 브·트니 :울워·러 ·브라·
　　고 (嗟嘆)·호몰 오·래 ·ᄒ노·라

11) “바람과 구름이 서로 만나다”를 뜻하는 ‘風雲際會’는 『漢典』에서 ‘君臣遇合(군신 의기투합)’으로 해석하고 있는데 “영웅이 明君을 만나 재능을 발휘하다”는 뜻이다.

ㄴ. 嘆時藥力薄 爲客贏療成 25_33a ≪同元使君春陵行≫

{(時節)·을} (嗟嘆)·호·니 (藥) ·히미 :엷고 나·그내 드외·야 ·
쇼매 시·드러·운 (病)·이 이·레라

ㄷ. 臨老羈孤極 傷時會合踈 08_48a ≪得家書≫

늘구믈 (臨)·호야·셔 나·그내·로 ·외로·이 이슈미 ᄀ·장호·니
{(時節)·을} 슬·호니 (會合) 호미 드·므도·다

ㄹ. 感時花濺淚 恨別鳥驚心 10_06b ≪春望≫

{(時節)·을} (感歎)·호니 고·지 ·믌·므를 쓰·리게 ·코 여·희여 ·
슈믈 슬·후니 :새 ᄆᅀᆞᆷ:몰:놀·래ᄂᆞ·다

ㅁ. 況復煩促倦 激烈思時康 10_21a ≪夏夜嘆≫

ᄒᆞ물며 쏘 어즈러운 더위에 굿고니 ᄆᅀᆞ믈 니르와다셔 {(時節)
의} (安康)호믈 ᄉᆞ랑ᄒᆞ노라

위의 예문(5)에서 원문의 '時危(시위)'를 '時節이 바ᄃ라온', '傷時'를
'時節을 슬호니', '嘆時'를 '時節을 嗟嘆호니', '感時'를 '時節을 感歎호
니', '時康'을 '時節의 安康호믈'로 언해하여 '時'와 '時節'이 대응된다.

≪九成宮≫은 757년(至德二年), 杜甫가 긴 휴가를 받고 鄜州(부주)에 있
는 가족을 만나러 가는 길에서 지은 詩이다. 예문(ㄱ)은 "내가 찾아 온
시기가 時勢가 위태로운 때에 속하니 우러러 보고 오래도록 탄식만 한
다."라는 內容이다. ≪同元使君春陵行≫은 767년(大曆二年), 夔州에서 지
은 詩이다. 예문(ㄴ)은 "나라의 형편을 걱정하는 마음이 절실하여 약 효
를 보지 못한다. 타향에서 몸이 허약한데다가 폐병까지 얻었다."라는 內
容이다. ≪得家書≫는 757년(至德二年), 鳳翔에서 지은 詩이다. 원문의 '傷
時'를 『漢典』에서 '因時世不如所愿而哀傷(시세가 바라는 바와 같지 않아 슬프
다)'로 해석하였다. ≪春望≫은 安祿山의 亂이 2년째 되던 757년(至德二載)
3월, 長安 監獄에서 지은 詩이다. 이 詩는 叛軍의 강탈에 폐허가 된 長
安의 모습, 杜甫가 세상 형편에 대한 마음 아픔과 가족에 대한 그리움

을 잘 표현하고 있는데, 예문(ㄹ)은 "세상의 형편에 마음이 아파서 꽃도
나로 하여금 눈물을 흘리게 하고, 이별이 한스러워서 나뭇가지에 앉은
새도 내 마음을 놀라게 한다."라는 內容이다. ≪夏夜嘆≫은 759년(乾元二
年) 여름, 華州에서 지은 詩이다. 예문(ㅁ)은 "하물며 심한 더위로 초조하
고 괴롭지만 時局의 안정함을 더 간절히 바란다."라는 內容이다.

   이때 원문에서 명사로 쓰인 '時'도『漢典』의 열한 번째 뜻풀이인 '指
時勢或時局(시세 혹은 시국)'으로 해석되어 앞의 예문(4)과 같이『표준』의
네 번째 뜻풀이인 '세상의 형편'과 같은 意味이다.

   위에서와 같이 원문의 '時'를 諺解文에서 '時節'로 언해하고 '세상의
형편'으로 쓰인 경우는 '태평성세(太平盛世)'를 뜻하는 '淸時(청시) 혹은 時
淸', '편안한 세상'을 뜻하는 '安時'까지 합치면 모두 서른여섯 번의 용
례를 보인다.

   (6) 君臣重脩德 猶足見時和 10_13a ≪傷春五首(巴閬僻遠傷春罷始知春前已
      收宮闕)≫
      :님금·과 (臣下)·왜 (德) 닷·고물 (重)히 ·호시·면 ·오히·려 (足)히
      {(時節)·의} (和)·호물 보·리라

   위의 예문(6)에서 원문의 '猶足見時和(유족견시화)'를 '오히려 足히 時節
의 和호물 보리라'로 언해하여 '猶'와 '오히려', '足'과 '足히', '見'과 '보
리라', '時'와 '時節', '和'와 '和호물'이 대응된다.

   ≪傷春五首≫는 764년(廣德二年) 봄, 閬州에서 지은 詩이다. 예문(6)은
"임금과 신하가 덕을 닦는 일을 所重히 여긴다면 평화한 때를 다시 볼
수 있을 것이다."라는 內容이다. 仇兆鰲(1979)에서는 '時和'를 '時和年豊
(시화년풍)'[12]으로 해석하여 원문에서 '時'는『漢典』의 열세 번째 뜻풀이

인 '氣候(기후)'로 해석된다. 『표준』에서 '時節'의 세 번째 뜻풀이인 '철
에 따르는 날씨'와 같은 意味로 쓰였다.

다. 원문의 '節'을 '時節'로 언해한 경우

원문의 '節'을 諺解文에서 '時節'로 언해한 경우는 여덟 번의 용례를
보인다.

> (7) 喜結仁里懽 況因令節來 22_01b ≪晦日[13]尋崔戢李封≫
>
> (仁厚)훈 ᄆᆞ슬·힛 ·즐거·움 (交結)·호물 깃·노니 ·ᄒᆞ·몰·며 :됴훈
> {(時節)·을} (因)·ᄒᆞ야 (來求)·호미쓰·녀

위의 예문(7)에서 원문의 '況因令節來(황인령절래)'를 'ᄒᆞ믈며 됴훈 時節
을 因ᄒᆞ야 來求호미쓰녀'로 언해하여 원문의 '況'과 'ᄒᆞ믈며', '因'과 '因
ᄒᆞ야', '令'과 '됴훈', '節'과 '時節', '來'와 '來求호미쓰녀'가 대응된다.
≪晦日尋崔戢李封≫은 758년(乾元元年)에 지은 詩이다. 원문에서 '令節'
은 '佳節(가절)'로 '좋은 명절'이라는 뜻이다. 이때 명사로 쓰인 '節'은 『漢
典』의 세 번째 뜻풀이인 '節日(명절), 紀念日(기념일), 傳統的慶祝或祭祀的
日子(전통으로 내려온 경축일이나 제사)'로 해석된다. 따라서 원문의 '節'과
대응되는 諺解文의 '時節'도 '명절'의 뜻으로 쓰였다. 『표준』에는 등재
되어 있지 않은 意味이다.

> (8) 禮寬心有適 節爽病微瘳 10_30a ≪立秋雨院中有作≫

---

12) 時和年豊은 '四時和順(사시화순), 五穀丰收(오곡봉수)'로 "사계절의 날씨가 좋아 오곡에 풍
　　작이 들다"라는 뜻이다.
13) 唐나라에서 음력으로 정월 그믐날을 명절로 정하고 '晦節'이라 하였다. 德宗 貞元五年에는
　　음력 2월의 초하루를 '中和節'로 고쳤다.

(禮度)·호미 어·위·커 ·ᄆᅀᆞ·매 마·ᄌᆞ니 {(時節)·이} ·서늘· ᄒᆞ야
(病)·이 :져기 :됻ᄂᆞ·다

위의 예문(8)에서 원문의 '節爽'14)을 '時節이 서늘ᄒᆞ야'로 언해하여 '節'과 '時節', '爽'과 '서늘ᄒᆞ야'가 대응된다.

≪立秋雨院中有作≫은 764년(廣德二年)의 작품이다. 예문(8)은 "나에게 는 예의와 관대함이 마음에 맞다. 계절이 시원하고 상쾌하여 병도 조금 좋아지는 것 같다."라는 內容이다. 이때 원문에서 '節'은『漢典』의 다섯 번째 뜻풀이인 '節令(계절), 節气(절기)'로 해석된다. 따라서 諺解文의 '時 節'은『표준』의 두 번째 뜻풀이인 '계절'과 같은 意味로 쓰였다.

(9) 客堂序節改 具物對羈束 06_51b ≪客堂≫
　　　나·그내 지·븨 {(時節)·이} (改易)·ᄒᆞᄂᆞ·니 ᄀᆞ·존 (物)·이 내·의 나
　　　·그내얼ᄆᆡ·야 ·쇼믈 (對)·ᄒᆞ·얫도·다

위의 예문(9)에서 원문의 '序節改'를 '時節이 改易ᄒᆞᄂᆞ니'로 언해하여 '序節'과 '時節'이 대응된다. ≪客堂≫의 원문은 "객당은 계절이 바뀌고 만물은 타향에 머무는 내 마음을 대한다."라는 內容이다. 계절이 바뀐다 는 것은 계절의 순서가 바뀌는 것으로 '序'를 나타내는 '순서'는 문장 속에 내포되어 있어 '節'과 '時節'이 대응되는 것으로도 볼 수 있다.『漢 典』에는 '序節'이란 어휘는 등재되어 있지 않지만 '節序'는 하나의 어휘 로 등재되어 있고 '節令(계절), 節气(절기) 혹은 節令的順序(계절의 순서)'로 해석하고 있다. 따라서 이때 '時節'은 예문(8)과 마찬가지로 '계절'의 意

---

14) 杜詩의 원문에서는 '節爽'으로 나타나지만『漢典』에는 "하늘이 높고 맑으며 날씨가 시원 하고 상쾌한 계절을 나타내거나 또는 가을"을 가리키는 '爽節'이 등재되어 있다. 爽節은 天高气爽的季節, 指秋天(천고마비의 계절, 가을)을 뜻한다.

味로 쓰였다.

(10) 小來習性嬾 晚節慵轉劇 08_20b ≪送李校書二十六韻≫
　　　:져·근 제브·터 비·혼 (性)·이 게을·오니 늘·근 {(時節)·에} 게을·
　　　오미 ㄱ·장 (甚)·호라

위의 예문(10)에서 원문의 '晚節慵轉劇(만절용전극)'을 '늘근 時節에 게을오미 ㄱ장 甚호라'로 언해하여 '晚'과 '늘근', '節'과 '時節', '慵'과 '게을오미', '轉'과 'ㄱ장', '劇'과 '甚호라'가 대응된다.

≪送李校書二十六韻≫은 758년(乾元元年) 봄에 지은 詩이다. 예문(10)의 원문은 "어려서 게으른 습성이 노년이 되어서 더 심해졌다."라는 內容이다. 원문에서 '晚節'은 하나의 어휘로 『漢典』의 첫 번째 뜻풀이인 '晚年(만년)'으로 해석된다. 따라서 諺解文에서 '時節'은 『표준』의 '일정한 시기와 때'의 意味로 쓰였다.

라. 원문의 '辰'을 '時節'로 언해한 경우

원문의 '辰'을 諺解文에서 '時節'로 언해한 경우는 한 번의 용례를 보인다.

(11) 佳辰對群盜 愁絶更堪論 11_30a ≪九日五首≫
　　　·됴흔 {(時節)·에} ·뭀 (盜賊)·을 (對)·호니 시·르믈 다·시 (議論)·
　　　ᄒ얌·직ᄒ·니·아

위의 예문(11)에서 원문의 '佳辰對群盜(가신대군도)'를 '됴흔 時節에 뭀 盜賊을 對호니'로 언해하여 '佳'와 '됴흔', '辰'과 '時節', '對'와 '對호니', '群盜'와 '뭀 盜賊'이 대응된다.

《九日五首》은 767년(大曆二年) 음력 9월 9일 重陽節, 夔州에서 산에 오른 內容을 쓴 詩이다. 예문(11)에서 '佳辰'은 '良辰(좋은 날), 吉日(길일)'로 해석되어 이때 '辰'은 『漢典』의 세 번째 뜻풀이인 '時日(시간과 날자)'로 이해해야 한다. 따라서 '辰'에 대응되는 諺解文은 '時節'은 『표준』의 '일정한 시기나 때'와 같은 意味로 쓰였다.

마. 원문에는 '時節'에 대응되는 단어가 없는 경우

원문에는 諺解文의 漢字語 '時節'에 대응되는 단어가 없는 경우도 열두 번의 용례를 보인다.

(12) 喪亂聞吾弟 飢寒傍濟州 <08_34a> 《憶弟二首》
브스·왠 {(時節)에} 내 아·싀 :주리·며 ·치워 (濟州)·롤 바·라 ·가슈·믈 든·노라

예문(12)은 원문의 '喪亂聞吾弟(상란문오제)'를 '브스왠 時節에 내 아싀 든노라'로 언해하여 '喪亂'과 '브스왠', '聞'과 '든노라', '吾'와 '내', '弟'와 '아싀'가 대응되어, 우선 원문에는 諺解文의 '時節'에 대응되는 단어가 없다.

예문(12)의 원문은 "喪亂 때 내 아우의 소식을 들었다."라는 內容이다. 원문을 언해하는 과정에 한국어답게 표현하려면 '시간'을 나타내는 '時節'을 필요로 한다. 따라서 원문에 대응되는 단어가 없는 것이 아니라 이미 포함되어 있는 意味를 한국어로 언해하는 과정에서 한국어 표현의 필요에 따라 나타난 것으로 보아야 더 타당하겠다.

위의 검토에 의하면 諺解文의 漢字語 '時節'은 1)계절, 2)일정한 시기나 때, 3)시기와 기회, 4)세상의 형편, 5)철에 따른 날씨, 6)명절 등으로

정리된다. 원문의 '時'를 '時節'로 언해하고 문맥적 意味가 '시기나 기회'인 경우, 원문의 '節'을 '時節'로 언해하고 문맥적 意味가 '명절'인 경우는 『표준』에 등재되어 있지 않다.

漢字語 '時節'은 『杜詩諺解』初刊本에서뿐만 아니라 중세·근대한국어에서도 명사로만 나타난다. 현대한국어에서도 품사의 변화가 없이 명사로만 나타나는데 그 용례를 살펴보면 모두 『표준』에 등재된 意味로 쓰였고 대부분 '일정한 시기나 때'의 意味로 쓰였다. 따라서 漢字語 '時節'은 품사에 변화가 없지만 諺解文의 일부 意味가 『표준』에 등재되어 있지 않고, 쓰이지도 않아 意味 축소를 가져왔다고 해석된다.

[3] 인생(人生)

諺解文에서 '人生'은 스물아홉 번의 용례를 보이고 있는데 원문의 '人生'을 '人生'으로 언해한 경우, '生'을 '人生'으로 언해한 경우, '生涯'를 '人生'으로 언해한 경우, 원문에는 諺解文의 '人生'에 대응되는 어휘가 없는 경우로 나눌 수 있다.

가. 원문의 '人生'을 '人生'으로 언해한 경우

원문의 '人生'을 諺解文에서 동일한 漢字語 '人生'으로 언해한 경우는 열다섯 번의 용례를 보인다.

(1) 人生感故物 慷慨有餘悲 06_44a ≪水檻≫
　　〔(人生)·애〕 :녯 거·슬 (感傷)·ᄒᆞ·논 거·시라 (慷慨)·ᄒᆞ니 슬·푸미
　　(有餘)·ᄒᆞ도·다

위의 예문(1)에서 원문의 '人生感故物(인생감고물)'을 '人生애 녯 거슬 感傷ᄒᆞ논 거시라'로 언해하여 '人生'과 '人生', '感'과 '感傷ᄒᆞ논', '故'와 '녯', '物'과 '거슬'이 대응된다.

≪水檻≫은 764년(廣德二年), 徐知道의 亂[15])을 피해 梓州로 갔다가 草堂에 돌아와서 지은 詩이다. 예문(1)의 원문은 "인생은 옛 것에 느낌이 있는 법이다. 탄식한다, 슬픔이 그윽하다."라는 內容이다. 이때 '人生'은 『漢典』의 세 번째 뜻풀이인 '人的生存和生活(사람의 생존과 생활)'로 『표준』의 '사람이 세상을 살아가는 일'과 같은 意味로 쓰였다.

　(2) ㄱ. 人生會合不可常 庭樹雞鳴淚如線 15_46a ≪冬末以事之東都, 湖城東遇孟云卿, 復歸劉顥≫
　　　　{(人生)·애} 모·다 ·쇼미 덛덛디 아·니ᄒᆞ·니 뜰·헷 남기셔 ᄃᆞᆯ·기 :울어·늘 ·눖 므를 :실 ᄀᆞ티 흘·료라

　　　ㄴ. 人生歡會豈有極 無使霜露霑人衣 15_44b ≪陪王侍御同登東山最高頂宴姚通泉晚攜酒泛江≫
　　　　{(人生)·애} ·즐겨 (會集)·호미 어·느 그·지 이시·리오 서·리와 이·슬로 :희여 :사ᄅᆞ·미 ·오ᄉᆞᆯ 저·지게 마·롤 ·디니·라

　　　ㄷ. 人生意氣合 相與襟袂連 22_53b ≪送李十五丈別≫
　　　　{(人生)·애} ·뜯과 (氣運)·이 마·자 서르 다·뭇·ᄒᆞ야 (襟袂)·를 니ᅀᅥ 안·조라

　　　ㄹ. 人生在世間 聚散亦暫時 22_22b ≪送殿中楊監赴蜀見相公≫
　　　　{(人生)·애} (世間)·애 이·셔 모·ᄃᆞ락 흐·르락 ·호미 :ᄯᅩ 아·니한 ·ᄢᅴ로·다

---

15) 762년(寶應元年) 7월, 杜甫는 입조하는 嚴武를 綿州까지 전송하였다. 綿州에서 徐知道가 叛亂을 일으켰다는 소식을 접한 杜甫는 成都로 돌아가지 못하고 梓州에 머물게 된다. 764년 嚴武가 다시 劍南西川節度使로 부임되었고 嚴武의 추천으로 節度使의 幕僚로서 節度參謀, 檢校工部員外郞의 관직에 올랐다.

위의 예문(2ㄱ)을 예로 들면 원문은 "人生은 모였다가 헤어짐을 반복한다. 새벽닭이 울어 헤어져야 하니 혼자 눈물을 줄줄 흘린다."라는 內容이다. 이때 '人生'도 예문(1)과 마찬가지로 '사람이 세상을 살아가는 일'을 뜻한다.

(3) ㄱ. 人生半哀樂 天地有順逆 07_25b ≪白水縣崔少府十九翁高齋三十韻≫
　　　{(人生)·애} 슬프·며 ·라온 :이리 서르 (半)만 ᄒ·니 하·눌·콰 ·
　　　ᄯᅡ·쾃 스·ᅀᅵ·예 (順)ᄒ·며 거·슬쁜 :이리 잇·도다

　　ㄴ. 古往今來共一時 人生萬事無不有 25_09b ≪可嘆≫
　　　:녜 :디나가·며 ·이제 오매 다 ᄆᆞᆺ 혼 ·ᄢᅦ ᄀᆞᄐᆞ·니 {(人生)·애}
　　　(萬事)ㅣ 엇·디 아·니ᄒᆞ거·시 :업도·다

≪白水縣崔少府十九翁高齋三十韻≫은 756년(天寶十五年)에 지은 詩이다. 예문(ㄱ)은 "인생은 슬픔과 즐거움이 반반이다. 천지에는 순조로울 때도 있고 거스를 때도 있다."라는 內容이다. 예문(ㄴ)은 "예나 지금이나 세상사는 변화무쌍하다. 파란만장한 인생만사에는 없는 일이 없다"라는 內容이다. 예문(2)와 같은 意味로 쓰였다.

(4) ㄱ. 人生留滯生理難 斗水何直百憂寬 25_09a ≪引水≫
　　　{(人生)·애} 머·므러 ·슈메 (生理) 어·려우·니 혼 ·말·만 혼 ·
　　　므른 :엇뎨 ·곧 ·온 시·름미어·월 :ᄡᅳ·니리·오

　　ㄴ. 太守得之更不疑 人生反覆看亦醜 25_10a ≪可嘆≫
　　　(員)·은 어더다·가 ·쏘 (疑心) 아·니 ᄒᆞ야· 눌 {(人生)·애} 두위
　　　힐·호몰 :보니 ·쏘 :더·럽도다

　　ㄷ. 寒事今牢落 人生亦有初 16_73b ≪除架≫
　　　·치위 옛 :이리 ·이제 ·서의·여ᄒᆞ·니 {(人生)·앳} :일도 ·쏘 ·
　　　처·ᅀᅥ미 잇ᄂᆞ·니라

　　ㄹ. 卽事會賦詩 人生忽如昨 14_02b ≪西閣曝日≫

·곧 ·이젯 :이룰 모다셔 ·그를 :짓노·니 {〈人生〉·온} 믄드시 어

·제 ·곧도·다

ㅁ. 人生不再好 鬢髮白成絲 11_44a ≪薄暮≫

{〈人生〉·이} 다·시 :됴히 드외·디 :몯·ᄒᆞᄂᆞ·니 구믿·과 머·리

·왜 세·여 :시리 드외·도다

ㅂ. 人生有情淚霑臆 江水江花豈終極 11_16b ≪哀江頭≫

{〈人生〉·온} ·ᄠᅳ디 이실·ᄉᆡ ·눉 므를 가·ᄉᆞ매 저·지거·니와

ᄀᆞ·롬 ·믈와 ᄀᆞ·ᄅᆞᆺ·맷 고·존 어·느 ᄆᆞ·ᄎᆞ미 이시·리오

≪哀江頭≫는 757년(至德二年), 安祿山의 亂으로 함락된 長安에서 지은 詩이다. 원문은 "인생에 만약 아직도 정이 있다면 눈물이 가슴을 적실 것이다. 무정한 강변의 풀과 꽃들은 해마다 여전하니 언제면 끝이 보일까?"라는 內容이다. 이때 '人生'도 예문(2)와 마찬가지로 '사람이 세상을 살아가는 일'을 뜻한다.

(5) ㄱ. 酒債尋常行處有 人生七十古來稀 11_19b ≪曲江二首≫

숤 비·든 샹·녜 :간 디:마다 잇거·니와 {〈人生〉·이} 닐·흐늘 사·

로ᄆᆞᆫ : 녜로 :오매 ·드므니라

ㄴ. 人生五馬貴 莫受二毛侵 23_08a ≪送賈閣老出汝州≫

{〈人生〉애} 다·숫 ᄆᆞᆯ ·토미 (貴)ᄒᆞ니 ·두 터·리·의 (侵犯)·호ᄆᆞᆯ

·트디 :말라

≪曲江二首≫는 758년(乾元元年), 長安에서 황제의 잘못을 간(諫)하는 諫官 좌습유(左拾遺)로 있을 때 지은 詩이다. 원문은 "평소에 다녔던 곳마다 술빚이 있는 것은 일상이지만 사람의 一生에 칠십을 산다는 것은 예로부터 드문 일이다."라는 內容이다. 예문(ㄴ)은 "인생에 직위가 높고 명성과 위세가 대단한 인물이었으니 떠난다고 분한 마음을 가지면 흰머

리가 난다"라는 內容이다. 이때 '人生'은 『漢典』의 두 번째 意味, '指人
的一生(한 사람의 일생)'으로『표준』의 세 번째 뜻풀이인 '사람이 살아 있
는 기간'과 같은 意味로 쓰였다.

나. 원문의 '生'을 '人生'으로 언해한 경우

원문의 '生'을 諺解文에서 '人生'으로 언해한 경우는 모두 열두 번의
용례를 보인다.

(6) ㄱ. 江村獨歸處 寂寞養殘生 23_06b ≪奉濟驛重送嚴公四韻≫
　　ㄱ·롬 ᄆ·술·히 ᄒ오·ᅀᅡ 도·라·가는 싸·해 (寂寞)·히 (衰殘)ᄒ
　　{(人生)·올} (養)ᄒ·리로·다
ㄴ. 養生終自惜 伐數必全懲 20_25b ≪寄劉峽州伯華使君四十韻≫
　　{(人生)} (養)·호몰 ᄆ·ᄎ매·내 앗·기고 (壽數)·롤 (伐)·ᄒ·요
　　ᄆ·란 반·ᄃ기 오·ᄋ로 (懲戒)·ᄒ노·라

예문(6ㄱ)은 원문의 '寂寞養殘生(적막양잔생)'을 '寂寞히 衰殘ᄒ 人生올
養ᄒ리로다'로 언해하여 '寂寞'과 '寂寞히', '養'과 '養ᄒ리로다', '殘'과
'衰殘ᄒ', '生'과 '人生'이 대응된다.

≪奉濟驛重送嚴公四韻≫은 762년(寶應元年), 入朝하는 嚴武를 전송(餞送)
하면서 지은 詩이다. 원문은 "나는 혼자 저 강촌으로 돌아가서 쓸쓸하
게 남은 인생을 보내야 한다."라는 內容이다. 이때 원문에서 명사로 쓰
인 '生'은 『漢典』에서 첫 번째 뜻풀이인 '生命'으로 해석된다. 『표준』에
서 '人生'의 세 번째 뜻풀이인 '사람이 살아 있는 기간'과 같은 意味로
쓰였다. 예문(6ㄴ)에서 '養生'을 『漢典』에서 '保養生命(보양생명)'으로 해
석하여 이때 '生'도 '生命'을 뜻한다. 『漢典』의 뜻풀이를 따르면 '養生'
은 '維持生計(유지생계)'로 해석되기도 하는데 이때 원문의 '生'에 대응되

는 諺解文의 '人生'은 '生活'로 풀이되어 『표준』의 첫 번째 뜻풀이인 '사람이 세상을 살아가는 일'과 같은 意味로 쓰였다.

(7) ㄱ. 飮啄愧殘生 食薇不敢餘 06_40b ≪草堂≫

(衰殘)호 {(人生)·애} 마·시며 딕머구믈 붓·그·리노·니 고사·

리룰 먹·고 구·틔·여 ·녀나·믄 것 아·니·호리·라

ㄴ. 殘生逗江漢 何處狎漁樵 15_16b ≪將別巫峽, 贈南卿兄瀼西果園四十

畝≫

(衰殘)호 {(人生)·애} (江漢)·으로 ·가노니 어·듸 ·가 고·기 자·

브며 나모 ·지느·닐 (親狎)호·려뇨

예문(7)도 원문의 '殘生'을 '衰殘혼 人生'으로 언해하여 이때 '人生'도 『표준』의 '사람이 살아 있는 기간'과 같은 意味로 쓰였다.

(8) 浮生難去食 良會惜淸晨 20_30a ≪贈王二十四侍御契四十韻≫

·쁜 {(人生)·애} ·바볼 병·으·리와·도미 어·려우·니 :됴혼 (會集)·

을 물·근 아·추믈 앗·기노·라

예문(8)은 원문의 '浮生(부생)'을 '쁜 人生'으로 언해하여 '浮'와 '쁜', '生'과 '人生'이 대응된다.

≪贈王二十四侍御契四十韻≫은 徐知道의 亂을 피하여 梓州로 갔다가 764년(廣德二年), 成都로 돌아와서 지은 詩이다. 원문에서 '浮生'을 『漢典』은 '人生'으로 해석하고 『莊子·刻意』의 한 구절인 "삶을 떠도는 것이라 하면 죽음은 쉼이라 할 것이다."를 인용하였다. 사람이 세상을 산다는 건 덧없이 떠돌고 정처 없음이니 '人生'을 '浮生'이라 한다고 하였다.[16] 따라서 이때 '生'은 『漢典』에서 '生命'으로 해석되어 『표준』의 세

---

16) 『莊子·刻意』: "其生若浮, 其死若休". 以人生在世, 虛浮不定, 因稱人生爲'浮生'.

번째 뜻풀이인 '사람이 살아 있는 기간'과 같은 意味로 쓰였다.

(9) ㄱ. 事主非無祿 浮生卽有涯 07_15a ≪暮春題瀼西新賃草屋五首≫
   :님그믈 셤·기슷·오면 (祿)이 :업디 아·니·컨마·론 ·쁜 {(人生)·
   이} ·곧 혼 :ᄀᅀᅵ 잇ᄂᆞ·니라

  ㄴ. 只應與兒子 飄轉任浮生 07_12b ≪入宅三首≫
   오직 당당이 져·믄 아·ᄃᆞᆯ·와로 두루 :옮둔·뇨몰 ·쁜 {(人生)·
   올} 므던·히 너굘 ·디로·다

  ㄷ. 絶域三冬暮 浮生一病身 08_62a ≪奉送十七舅下邵桂≫
   :먼 :ᄀᆞᆺ (三冬)ㅅ 나조·히 ·쁜 {(人生)·애} 혼 (病)혼 ·모미로·라

  ㄹ. 浮生看物變 爲恨與年深 11_10b ≪又示兩兒≫
   ·쁜 {(人生)·애} (萬物)·의 (改變)·호몰 ·보노·니 슬·허·ᄒᆞ요·ᄆᆞᆫ
   ·희로 다·ᄆᆞᆺ 깁ᄂᆞ·다

  ㅁ. 自古皆悲恨 浮生有屈伸 16_24b ≪寄張十二山人彪三十韻≫
   :녜로브·터 :다 슬·허·ᄒᆞᄂᆞ·니 ·쁜 {(人生)·애} 구·브며 :펴미
   잇ᄂᆞ니라

  ㅂ. 兒童相顧盡 宇宙此生浮 24_47b ≪重題≫
   아·힛 ·쪄 서르 :돌·오던 :사ᄅᆞ·미 다ᄋᆞ·니 (宇宙)·에 이 {(人
   生)·이} ·ᄠᅳ도·다

예문(9)도 원문의 '浮生'을 '쁜 人生', '生浮'를 '人生이 ᄠᅳ도다'로 언
해하여 예문(8)과 같은 意味로 쓰였다.

(10) 勞生共幾何 離恨兼相仍 22_26b ≪陪章留后惠義寺餞嘉州崔都督赴州≫
   {(人生)·올} 잇·비 둔·뇨몬 다·뇟 :언마·만·고 여희요·맷 슬·후
   미 조·차 ·서르 ·지·즈ᄂᆞ·다

원문의 '勞生'을 『漢典』은 '辛苦勞累的生活(고되고 지친 생활)'로 해석하
였는데 이때 '生'은 『漢典』의 세 번째 뜻풀이인 '生活'로 이해할 수 있

다.『표준』의 첫 번째 뜻풀이인 '사람이 세상을 살아가는 일'과 같은 意味로 쓰였다.

다. 원문의 '生涯'를 '人生'으로 언해한 경우

원문의 단어 '生涯'를 諺解文에서 '人生'으로 언해한 경우는 한 번의 용례를 보인다.

> (11) 莫問東流水 生涯未卽抛 14_10a ≪陪諸公上白帝城宴越公堂之作(越公楊素所建)≫
>
> (東)녀그로 흘·러 ·가는 ·므를 :묻디 마·롤 ·디니 {(人生)·을} ·곧 ᄇ리디 :몯거·니ᄯ·녀

예문(11)은 원문의 '生涯未卽抛(생애미즉포)'를 '人生을 곧 ᄇ리디 몯거니ᄯ녀'로 언해하여 '生涯'와 '人生', '未'와 '몯거니ᄯ녀', '卽'과 '곧', '抛'와 'ᄇ리디'가 대응된다.

≪陪諸公上白帝城宴越公堂之作(越公楊素所建)≫은 766년(大曆元年)에 지은 詩이다. 원문에서 '生涯'를『漢典』에서는 '人生'으로 해석하고『莊子·養生主』의 한 구절인 "생명에는 끝이 있으나 깨달음에는 끝이 없다."를 인용하여 생명에 한계가 있다는 뜻으로 쓰이던 '生涯'가 '生命, 人生'을 가리키게 되었다.[17] 따라서 이때 '生涯'는『漢典』에서 '生命'으로『표준』의 '사람이 살아 있는 기간'과 같은 意味로 쓰였다.

라. 원문에는 諺解文의 '人生'에 대응되는 단어가 없는 경우

원문에는 諺解文의 '人生'에 대응되는 단어가 없는 경우로 한 번의

---

17)『莊子·養生主』: "吾生也有涯, 而知也無涯". 原謂生命有邊際, 限度. 後指生命, 人生.

용례를 보이고 있다.

(12) 百年雙白鬢 一別五秋螢 08_12b ≪戱題寄上漢中王三首≫
　　(百) (年) {(人生)·애} ·두 녁 :셴 구미·티·로소니 흔 번 여·희요·
　　매 다·숫 번 ᄀᆞᆷ ·반·되로다

예문(12)는 원문의 '百年雙白鬢(백년쌍백빈)'을 '百 年 人生애 두 녁 셴 구미티로소니'로 언해하여 諺解文의 '人生'에 대응되는 어휘가 원문에는 없다.

≪戱題寄上漢中王三首≫는 762년(寶應元年)에 梓州에서 지은 詩이다. 漢中王과 杜甫의 나이 모두 쉰 살 좌우였기에 합쳐서 百年 人生으로 언해하였다. 이때 '人生'도 역시 '사람이 살아 있는 기간'을 뜻한다.

위의 검토에 의하면 諺解文의 漢字語 '人生'은 1)사람이 세상을 살아가는 일, 2)사람이 살아 있는 기간 등으로 정리된다. '人生'에서 '生'이 동사로 해석되면 '사람이 태어나다, 인류가 탄생하다'가 기본意味가 되고, 명사로 해석되면 '사람의 생명, 사람의 생활'이 기본意味가 된다.『漢典』의 뜻풀이를 검토하면 위와 같은 기본意味만 등재되어 있는데 모두『표준』에 등재되어 있는 意味이다.

漢字語 '人生'은『杜詩諺解』初刊本에서뿐만 아니라 중세·근대한국어에서도 명사로만 나타난다. 현대한국어에서도 품사의 변화가 없이 명사로만 나타나는데 그 용례를 살펴보면 모두『표준』에 등재된 意味로 쓰였다. 따라서 漢字語 '人生'은 품사에 변화가 없고 意味에도 변화가 없다.

3.1.2 일치·부분일치 유형 漢字語

諺解文의 漢字語가 원문의 어휘에 어떻게 대응되는가에 따라 '故鄕'과 같이 원문의 '故鄕'을 동일한 漢字語 '故鄕'으로 언해한 경우는 일치 유형에 속하고, 원문의 '故'를 '故鄕'으로 언해한 경우는 부분일치 유형에 속한다. 따라서 '故鄕'은 일치·부분일치 유형인데, '老人, 當時, 世上, 歲月, 精神, 主人'도 이 유형에 속한다.

[4] 고향(故鄕)

諺解文에서 '故鄕'은 열 번의 용례를 보이고 있는데 원문의 '故鄕'을 '故鄕'으로 언해한 경우와 '故'를 '故鄕'으로 언해한 경우로 나눌 수 있다.

가. 원문의 '故鄕'을 '故鄕'으로 언해한 경우

원문의 '故鄕'을 諺解文에서 동일한 漢字語 '故鄕'으로 언해한 경우는 여덟 번의 용례를 보인다.

> (1) 嗚呼五歌兮歌正長 魂招不來歸故鄕 25_28b ≪乾元中寓居同谷縣作歌七首≫
> 슬프·다 다·숫·챗 놀·애 ·블·로매 놀·앳 소·리 (正)·히 :기니 넉·슬 블·러·도 오·디 아·니ᄒᆞ·고((故鄕)·ᄋᆞ로) ·가ᄂᆞ·다

위의 예문(1)에서 원문의 '魂招不來歸故鄕(혼초불래귀고향)'을 '넉슬 블러도 오디 아니ᄒᆞ고 故鄕ᄋᆞ로 가ᄂᆞ다'로 언해하여 '魂'과 '넉슬', '招'와 '블러도', '不來'와 '오디 아니ᄒᆞ고', '歸'와 '가ᄂᆞ다', '故鄕'과 '故鄕'이 대응된다.

≪乾元中寓居同谷縣作歌七首≫는 759년(乾元二年) 11월, 同谷에서 지은 詩이다. 이 해는 杜甫가 洛陽에서 華州로, 華州에서 秦州로, 秦州에서 同谷으로, 同谷에서 成都로 네 번이나 이사를 하면서 참담한 고생을 겪었던 비참한 한 해였다. 예문(1)의 원문은 其五에 나오는 구절인데 "아아, 다섯 번째 노래를 길게 불러본다. 혼을 불러도 오지 않는 것을 보니 故鄕으로 돌아갔구나!"라는 內容이다. 이때 원문의 '故鄕'은 『漢典』의 '出生或長期居住過的地方'[18]으로 '태어났거나 오랫동안 거주한 곳'으로 해석된다. 『표준』에 등재된 첫 번째 뜻풀이인 '자기가 태어나서 자란 곳'과 같은 意味로 쓰였다.

(2) 故鄕門巷荊棘底 中原君臣豺虎邊 11_53b ≪晝夢≫
    {(故鄕)ㅅ} (門巷)·온 가·시나모 미티오 (中原)ㅅ (君臣)·온 (豺虎)ㅅ :굇 잇·도다

765년 嚴武의 갑작스런 죽음으로 杜甫는 成都 草堂을 떠나 오매불망(寤寐不忘)의 洛陽과 長安으로 향한다. ≪晝夢≫은 운안(雲安)을 거쳐 夔州에 머무를 때인 767년(大曆二年)에 지은 詩이다. 예문(2)의 원문은 "고향의 골목 어귀는 가시나무 밑에 있고 中原의 君臣은 이리와 호랑이 옆에 있다."라는 內容으로 사회의 災難과 나라의 위기를 잘 표현하였다. 이때 '故鄕'은 洛陽을 가리킨다.

(3) ㄱ. 此別應須各努力 故鄕猶恐未同歸 23_46a ≪送韓十四江東覲省≫
    ·이 여·희요·매 당당이 ·모·로매 제여·곰 ·힘쁠 ·디니 {(故鄕)애} ·오히려 혼 ·쁴 가·디 :몯홀·가 전노라
    ㄴ. 靑袍白馬有何意 金谷銅駝非故鄕 10_44a ≪至后≫

---

18) '故鄕'에 관하여 『漢典』에는 위에 제시한 기본意味만 등재되어 있다.

(靑袍)·와 (白馬)·ᄂᆞᆫ 므·슷 ·ᄠᅳ디 잇ᄂᆞ·뇨 (金谷)·과 (銅駝)·와
ᄂᆞᆫ {(故鄕)·이} 아·니·가

ㄷ. 一時今夕會 萬里故鄕情 15_52a ≪季秋蘇五弟緢江樓夜宴崔十三評
事,韋少府侄≫

(一時)·예 오·ᄂᆞᆯ 나죗 (會集)·이여 (萬里)·예 {(故鄕)·앳} ·ᄠᅳ·
디로·다

ㄹ. 龜蒙不可見 況乃懷故鄕 25_06b ≪又上后園山脚≫

(龜蒙)·도 (可)·히 보·디 :몯ᄒᆞ·리로소·니 ·ᄒᆞ물·며 {(故鄕)ᄋᆞᆯ}
ᄉᆞ랑ᄒᆞ·리·아

≪送韓十四江東覲省≫은 761년(上元二年) 늦은 가을, 귀성길에 오르는
같은 고향 출신 韓十四를 배웅하면서 지은 詩이다. 예문(ㄱ)의 원문은
"비록 함께 고향에 돌아갈 수 없지만 슬퍼하지 마라, 서로 다른 곳에서
노력하자."라는 內容이다. 예문(3)의 故鄕도 모두 '洛陽'을 가리킨다.

洛陽은 杜甫가 태어난 곳은 아니지만 네 살부터 스무 살까지 생활한
곳이다. 4살 때 어머니를 여읜 杜甫는 아버지가 외지에서 벼슬을 하고
있었기 때문에 洛陽에 있는 고모 집에서 자랐다. 洛陽의 아름다운 자연
은 杜甫에게 뛰어난 기질을 갖게 했고, '하락문화(河洛文化)'[19]의 영향으
로 그의 인격도 크게 도야되었다. 또한 洛陽은 두보가 進士시험을 본
곳이기도 하고, 楊氏를 아내로 맞아 살림을 차린 곳이기도 하여 杜甫는
洛陽을 자신의 고향이라고 여겼다. 따라서 洛陽을 가리키는 '故鄕'은『표
준』의 첫 번째 뜻풀이인 '자기가 태어나서 자란 곳'과 같은 意味로 쓰
였다.

(4) ㄱ. 故鄕歸不得 地入亞夫營 10_05b ≪春遠≫

---

19) '河洛文化'에서 '河'는 '黃河'이고 '洛'은 黃河의 지류인 '洛河'를 가리킨다. 낙양을 중심으
로 한 중국 전통 문화의 주류 중의 하나이다.

{(故鄕)·애} :가물 :엳디 :몯ᄒᆞ·리·로소·니 ·ᄯᅡ히 (亞夫)·의 (營)·에 ·드·렛 도·다

　　ㄴ. 五陵花滿眼 傳語故鄕春 23_50a ≪贈別何邕≫

　　(五陵)·에 고·지 누네 ᄀᆞᄃᆞ·기 펫ᄂᆞ·니 {(故鄕)ㅅ} 보미 ·가 말ᄉᆞ몰 (傳)ᄒᆞ라

예문(4)에서 원문의 '故鄕'은 長安을 가리킨다. ≪春遠≫은 765년(永泰元年) 봄, 완화계(浣花溪)에서 지은 詩이다. 원문은 "吐藩과 回紇 등 연합군이 또 다시 침입하였다. 長安 부근에는 경비가 삼엄한 郭子儀의 군영이 주둔하고 있어 고향에 갈 수 없다."라는 內容이다. ≪贈別何邕≫은 762년(寶應元年), 成都에서 上京하는 何邕(하옹)과 작별하면서 지은 詩이다. 何邕에 앞서 7월에는 朝廷에 들어가는 嚴武와도 송별했다. 원문은 "장안 부근의 五陵에는 꽃이 가득 피었을 것이니 長安의 봄 경치를 전해다오."라는 內容이다.

長安은 杜甫가 10년 동안 벼슬에 오르기 위하여 청춘을 바친 곳이고, 경세제민(經世濟民)의 꿈이 있는 곳이라 늘 장안을 자신의 제2고향이라 했다. 이때 長安을 가리키는 '故鄕'은 『표준』에 등재된 '故鄕'의 세 번째 뜻풀이인 '마음속에 깊이 간직한 그립고 정든 곳'과 같은 意味로 쓰였다.

나. 원문의 '故'를 '故鄕'으로 언해한 경우

원문의 '故'를 諺解文에서 '故鄕'으로 언해한 경우는 두 번의 용례를 보인다.

(5) ㄱ. 繫書無浪語 愁寂故山薇 17_19b ≪歸雁二首≫

　　바·래 미·야 보·내욜 글워·른 ·쇽졀:업슨 :마리 :업스·니 {(故

鄕)} :뫼· 햇 고사·리 시·름도외·얫거·니라 ·ᄒ노·라

ㄴ. 他日一盃難强進 重嗟筋力故山違 10_46b ≪十二月一日三首≫

다ᄅᆞᆫ 나래 ᄒᆞᆫ (盞)·을 고·돌파 나ᅀᅡ아 머·구미 어·려우·니 내

·히미 {(故鄕)ㅅ} :뫼해그르·추믈 다·시·곰 슬·허· ᄒ노·라

위의 예문(5)에서 원문의 '故山'을 '故鄕ㅅ 뫼해'로 언해하여 '故'와 '故鄕', '山'과 '뫼'가 대응된다.

≪十二月一日三首≫는 765년(永泰元年), 雲安에서 지은 詩이다. 예문(ㄴ)의 원문은 "오는 봄에는 나의 주량이 격감하고 체력이 버텨내지 못하여 고향에 갈 수 없음을 탄식한다."라는 內容으로 이때의 고향은 長安을 가리킨다. 이때의 故鄕은 『표준』의 세 번째 뜻풀이인 '마음속에 깊이 간직한 그립고 정든 곳'과 같다. 『漢典』에서 '故山'은 하나의 어휘로 '舊山, 故鄕'을 뜻하지만 諺解文에서는 풀어서 '故鄕의 뫼'로 언해하였다.

위의 검토에 의하면 諺解文의 '故鄕'은 1)태어난 곳, 혹은 오래 거주한 곳, 2)마음속에 깊이 간직한 그립고 정든 곳으로 정리되어 모두 『표준』에 등재된 意味이다. 『漢典』에는 '태어난 곳 혹은 오래 거주한 곳'으로 기본意味만 등재되어 있다. 반면 『표준』에는 1)자기가 태어나서 자란 곳, 2)조상 대대로 살아온 곳, 3)마음속 깊이 간직한 그립고 정든 곳, 4)어떤 사물이나 현상이 처음 생기거나 시작된 곳 등 네 가지가 올라있다.

漢字語 '故鄕'은 『杜詩諺解』初刊本에서뿐만 아니라 중세·근대한국어의 용례에서도 명사로만 나타난다. 현대한국어에서도 품사의 변화가 없이 명사로만 나타나 품사에 변화가 없다고 본다. 그 용례를 살펴보면 '자기가 태어나서 자란 곳 혹은 오래 거주한 곳'이나 『표준』에 등재된 파생意味로 쓰이고 있다. 漢字의 본고장인 중국어 『漢典』에 기본意味만

등재되어 있어 意味 확대로 볼 수 있다.

[5] 노인(老人)

諺解文에서 '老人'은 두 번의 용례를 보이는데 원문의 '老人'을 '老人'으로 언해한 경우와 원문의 '老'를 '老人'으로 언해한 경우로 나눌 수 있다.

가. 원문의 '老人'을 '老人'으로 언해한 경우

원문의 '老人'을 諺解文에서 동일한 漢字語 '老人'으로 언해한 경우는 한 번의 용례를 보인다.

⑴ 老人他日愛 正想滑流匙 07_39b ≪佐還山后寄三首≫
{(老人)·이} 다른 나·래 스랑·호문 (正)·히 믯믯· ᄒᆞ야 ·수레 흘·로 몰 ·스· 치노·라

위의 예문⑴에서 원문의 '老人他日愛(노인타일애)'를 '老人이 다른 나래 스랑호문'으로 언해하여 '老人'과 '老人', '他日'과 '다른 나래', '愛'와 '스랑호문'이 대응된다.

≪佐還山后寄三首≫는 759년(乾元二年), 기근과 전쟁을 피하여 秦州로 갔을 때 쌀을 꾸기 위하여 먼 친척 조카 杜佐에게 쓴 차용증이라고도 할 수 있는 詩이다. 예문⑴의 원문은 其 에 나오는 구절인데 "쌀밥은 노인이 평소에 좋아하던 것이다. 자르르 윤이 도는 쌀밥을 마치 보는 것 같다."라는 內容이다. 이때 '老人'은 杜甫 자신을 가리키는데『漢典』의 네 번째 뜻풀이인[20] '年老長輩自稱(연로장배자칭)'으로 '연로한 집안

어른이 自稱하는 말'로 해석된다.『표준』의 '老人' 표제항에는 '나이가
들어 늙은 사람' 하나의 뜻풀이만 등재되어 있어『표준』에는 없는 意味
로 보인다.

나. 원문의 '老'를 '老人'으로 언해한 경우

원문의 '老'를 諺解文에서 '老人'으로 언해한 경우도 한 번의 용례를
보인다.

> (2) 近識峨嵋老 知余懶是眞 10_05b ≪漫成二首≫
> ·요ᄉ·ᄉㅣ예 (峨嵋山)ㅅ {(老人)·을 :아노·니 내·의 게을·우미 ·이
> (眞性)·인 ·디 ·아·ᄂ·니·라

위의 예문(2)에서 원문의 '近識峨嵋老(근식아미노)'를 '요ᄉ·ᄉㅣ예 峨嵋山
ㅅ 老人을 아노니'로 언해하여 '近'과 '요ᄉ·ᄉㅣ예', '識'과 '아노니', '峨
嵋'와 '峨嵋山', '老'와 '老人'이 대응된다.

≪漫成二首≫는 761년(上元二年), 成都에서 지은 詩이다. 예문(2)의 원문
은 其二에 나오는 구절인데 "요즈음 아미산의 노인을 아는데 나의 게으
름이 천성임을 알았다."라는 內容이다. 원문에서 '峨嵋老'는 隱者 陶淵
明[21]을 가리키는데 이때 명사로 쓰인 '老'는『漢典』의 두 번째 뜻풀이
인 '老人'으로 해석되어『표준』의 '나이가 들어 늙은 사람'과 같은 意味
로 쓰였다.

---

20)『漢典』의 네 번째 뜻풀이 예문으로 ≪佐還山后寄三首≫의 '老人他日愛, 正想滑流匙'를 인
용하고 있다.
21) 중국의 文學史에서 屈原, 李白, 杜甫, 蘇軾과 어깨를 나란히 하는 대표적 詩人이다. 東晉말
기부터 南朝宋代초기에 활동한 詩人으로 唐나라 孟浩然, 王維 등 많은 詩人들에게 영향을
주었다. 詩의 주요 소재는 전원생활이고, 주요 작품으로는 ≪桃花源記≫, ≪歸園田居≫,
≪五柳先生傳≫, ≪歸去來兮辭≫ 등이 있다.

위의 검토에 의하면 諺解文의 漢字語 '老人'은 1)연로한 집안 어른이 자칭하는 말, 2)나이가 들어 늙은 사람 등 두 가지로 정리된다.『표준』에는 '나이가 들어 늙은 사람'이란 기본意味만 등재되어 있어 원문의 '老人'을 '老人'으로 언해하고 문맥적 意味가 1)인 경우는『표준』에 등재되어 있지 않다.

漢字語 '老人'은『杜詩諺解』初刊本에서뿐만 아니라 중세·근대한국어의 용례에서도 명사로만 나타난다. 현대한국어에서도 품사의 변화가 없이 명사로만 나타나는데 그 용례를 살펴보면 모두『표준』에 등재된 意味로 쓰였다. 품사에 변화가 없고 意味는 축소된 것으로 보인다. 그러나『표준』에 등재된 기본意味가 '늙다'라는 意味를 기반으로 해서 '연로한 집안 어른이 자칭하는 말'을 포함할 수 있는 뜻풀이라고 볼 수도 있다. 따라서 본고에서는 모두『표준』에 등재된 意味로 보고 意味 변화도 없다고 여겨진다.

[6] 당시(當時)

諺解文에서 '當時'는 네 번의 용례를 보이고 있는데 원문의 '當時'를 '當時'로 언해한 경우와 '時'를 '當時'로 언해한 경우로 나눌 수 있다.

가. 원문의 '當時'를 '當時'로 언해한 경우

원문의 '當時'를 諺解文에서 동일한 漢字語 '當時'로 언해한 경우는 세 번의 용례를 보인다.

(1) ㄱ. 已用當時法 誰將此義陳 16_07a ≪寄李十二白二十韻≫
　　　 호·마 {(當時)·옛} (法)·을 ·쓰거·니 ·뉘 ·이 ·뜨·들 디·녀셔 :

베·프리·오

ㄴ. 本無軒冕意 不是傲當時 15_56b ≪獨酌≫

(本來)·로 (軒冕)·홀 ·ᄠ디 :업·슬 :ᄲ니언·뎡 ·이 {(當時)·롤} (傲慢)·히 ·ᄒ논 ·디 아·니라

ㄷ. 楊王盧駱當時體 輕薄爲文哂未休 16_11b ≪戲爲六絶句≫

(楊王盧駱)·ᄋ| {(當時)·옛} ·글 (體)·롤 (輕薄)·히 글홀 :사ᄅ·미 우·수믈 :마디 아·니·ᄒᄂ·다

위의 예문(ㄷ)을 예로 들면 원문의 '楊王盧駱當時體(양왕로락당시체)'를 '楊王盧駱ᄋ| 當時옛 글 體'로 언해하여 '當時'와 '當時', '體'와 '글 體'가 대응된다.

≪戲爲六絶句≫는 762년(寶應元年), 成都에서 지은 詩이다. 예문(ㄷ)의 원문은 "楊王盧駱의 작품은 그 當時, 즉 唐初시기에 유행하는 문체였다. 그러나 현재 경솔한 사람들의 비웃음이 멈추지 않고 있다."라는 內容이다. 이때 원문의 '當時'는『漢典』의 첫 번째 뜻풀이인 '指過去發生某件事情的時候(과거에 어떤 일이 있었던 그 시기)'로 해석된다.『표준』에 등재된 '일이 있었던 바로 그때, 또는 이야기하고 있는 그 시기'와 같은 意味로 쓰였다.

나. 원문의 '時'를 '當時'로 언해한 경우

원문의 '時'를 諺解文에서 '當時'로 언해한 경우는 한 번의 용례를 보인다.

(2) 我丈時英特 宗枝神堯後 08_03b ≪奉贈李八丈曛判官≫

우리 (丈)·은 {(當時)·옛} (英特)·이니 (宗室)ㅅ ·가지·ᄂ (神堯)ㅅ (後)ㅣ로·다

위의 예문(2)에서 원문의 '我丈時英特(아장시영특)'을 '우리 丈은 當時옛 英特이니'로 언해하여 '我'와 '우리', '丈'과 '丈', '時'와 '當時', '英特'과 '英特이니'가 대응된다.

≪奉贈李八丈曛判官≫은 769년(大曆四年) 가을, 潭州에서 지은 詩이다. 원문은 "우리 八丈은 그 시기에 영특하다. 宗室의 가지이고 당고조의 후손이다."라는 內容이다. 이때 원문에서 '時'는 『漢典』의 세 번째 '時間, 時候'로 해석되어 『표준』에 등재된 意味와 같다.

위의 검토에 의하면 漢字語 '當時'는 '일이 있었던 바로 그때, 또는 이야기하고 있는 그 시기'의 기본意味로 쓰였다. 『표준』에 등재된 意味이다. 漢字語 '當時'는 『杜詩諺解』 初刊本에서뿐만 아니라 중세 · 근대 한국어의 용례에서도 명사로만 나타난다. 현대한국어에서도 품사의 변화가 없이 명사로만 나타나는데 그 용례를 살펴보면 『표준』에 등재된 기본意味로 쓰여 품사에 변화가 없고 意味에도 변화가 없다.

[7] 세상(世上)

諺解文에서 '世上'은 여덟 번의 용례를 보이고 있는데 원문의 '世上'을 '世上'으로 언해한 경우와 '世'를 '世上'으로 언해한 경우로 나눌 수 있다.

가. 원문의 '世上'을 '世上'으로 언해한 경우

원문의 '世上'을 諺解文에서 동일한 漢字語 '世上'으로 언해한 경우는 네 번의 용례를 보인다.

(1) 途窮返遭俗眼白 世上未有如公貧 16_27b ≪丹青引贈曹將軍霸≫

·길히 (窮)·ᄒ야 도로·혀 (俗人)의 ·눈 흘·긔여 :보몰 맛나·니 {(世上)·애} ·그듸 ·ᄀ티 가난ᄒ·니 잇·디 아·니ᄒ·니·라

예문(1)은 원문의 '世上未有如公貧(세상미유여공빈)'을 '世上애 그듸 ᄀ티 가난ᄒ니 잇디 아니ᄒ니라'로 언해하여 '世上'과 '世上', '未有'와 '잇디 아니ᄒ니라', '如'와 'ᄀ티', '公'과 '그듸', '貧'과 '가난ᄒ니'가 대응된다.

杜甫는 764년(廣德二年), 成都에서 관직을 박탈당하고 庶民이 되어 타향살이 하는 盛唐시기 大畵家 曹霸를 만난다. ≪丹靑引贈曹霸將軍≫은 그의 비참한 처지를 가슴 아파하면서 지은 詩이다. 예문(1)의 원문은 "曹公이 궁지에 몰리니 오히려 용속한 사람들의 백안시를 당한다. 세상에 지금의 曹公보다 더 가난한 사람은 없다."라는 內容이다. 원문의 '世上'을 『漢典』에서 '人世間(인간세상)'으로 해석하고 있어 『표준』에 등재된 '世上'의 첫 번째 뜻풀이인 '사람이 살고 있는 모든 사회를 통틀어 이르는 말'과 같은 意味로 쓰였다.

(2) ㄱ. 寄謝悠悠世上兒 不爭好惡莫相疑 25_52b ≪莫相疑行≫
　　　 (悠悠)혼 {(世上)·앳} 아·히거·긔 (愧謝)·호몰 브·티노·니 :됴ᄒ·며 사·오나·오몰 ᄃ·토·디아·니·ᄒ노·니 서르 (疑心)ᄒ·디 :말라
　　ㄴ. 總角草書又神速 世上兒子徒紛紛22) 08_30a ≪醉歌行≫
　　　 (總角)·애 (草書) ·수미 ·ᄯᅩ (神速)·ᄒ니 {(世上)애} 아·히·들ᄒ 훈갓 ·어·즈럽·도다
　　ㄷ. 吾入詩家秀 博采世上名 25_33a ≪同元使君春陵行≫
　　　 ·나는 ·글·ᄒᆞ는 지·븨 (秀出)·ᄒ니 {(世上)·앳} 일·후믈 너·비 키·얏노·라

22) 仇兆鰲(1979)는 ≪莊子≫의 한 구절인 "兒子動不知所爲"를 인용하여 설명하고 있다.

≪莫相疑行≫[23]은 765년(永泰元年), 杜甫가 嚴武 幕府에서 節度參謀 직책을 그만둔 후 지은 詩이다. 幕僚들의 아귀다툼과 아부에 대한 아니꼬움, 동료들의 근거 없는 의심과 질투에 대한 분노를 잘 표현한 작품이다. (ㄱ)의 원문은 "悠悠한 世上의 男兒들에게 전한다. 나는 너희들과 좋고 나쁜 것을 다투지 않으니 나를 시기하고 의심하지 말라"라는 內容이다.

≪醉歌行≫은 755년(天寶十四年), 長安에서 지은 詩이다. 언해본에는 作者인 杜甫의 原注[24]로 "甫ㅣ 自註 從姪勤이 落第歸어늘 作此送之ᄒ노라."라는 內容이 있어 이 詩가 과거시험에 떨어진 조카 勤을 위하여 지은 것임을 알 수 있다. (ㄴ)의 원문은 "넌 어린 시절부터 草書를 매우 빨리 쓸 수 있었다. 세상의 어린 아이는 움직여도 무엇을 하는지 모르니 과거시험에 떨어졌다고 낙심하지 말라."는 內容이다.

≪同元使君舂陵行≫은 766년(大曆元年), 夔州에서 元結의 ≪舂陵行≫과 ≪賊退后示官吏作≫을 읽고 감동을 받아 거기에 답한 詩이다. (ㄷ)의 원문은 "우리와 같이 詩에 秀出한 사람들은 世間의 유명한 詩人들의 佳作을 광범위하게 수집한다."라는 內容이다.

예문(2)의 원문 內容을 통하여 원문의 '世上'도 '인간세상'으로 『표준』에 등재된 '世上'의 첫 번째 뜻풀이인 '사람이 살고 있는 모든 사회를 통틀어 이르는 말'과 같은 意味로 쓰였다.

나. 원문의 '世'를 '世上'으로 언해한 경우

원문의 '世'를 諺解文에서 '世上'으로 언해한 경우도 네 번의 용례를 보인다.

---

23) '行'은 漢樂府詩(한악부시)에 나오는 古詩體(고시체)의 일종으로 詩의 제목 뒤에 붙여진다.
24) 이때의 原註는 作者인 杜甫가 직접 달아 둔 주석을 뜻한다.

(3) 世路雖多梗 吾生亦有涯 10_03b ≪春歸≫
　　{(世上)·앳} ·길히 비·록 :해 어즈·러우·나 내·의 사·롬·도 ·쪼호 :
　　ᄀᆞᆳ 잇ᄂᆞ·니라

위의 예문(3)에서 원문의 '世路雖多梗(세로수다경)'을 '世上앳 길히 비록
해 어즈러우나'로 언해하여 '世'와 '世上', '路'와 '길히', '雖'와 '비록',
'多'와 '해', '梗'과 '어즈러우나'가 대응된다.

≪春歸≫는 764년(廣德二年) 봄, 杜甫가 成都에 돌아와서 지은 詩이다.
예문(3)은 "세상길에 비록 가시나무가 많아도 내 삶도 언젠가 끝이 있
다."라는 內容이다. 원문에서 '世'는 『漢典』에서 네 번째 뜻풀이인 '人世
(인간세상)'으로 해석되어 『표준』에서 '世上'의 첫 번째 뜻풀이인 '사람이
살고 있는 모든 사회를 통틀어 이르는 말'과 같은 意味로 쓰였다.

(4) ㄱ. 世儒多汩沒 夫子獨聲名 21_13b ≪贈陳二補闕≫
　　　{(世上)·앳} 션·븨는 :해 ·뼈·뎟ᄂᆞ·니 그듸·는 ᄒᆞ오·ᅀᅡ 소리·
　　　와 일·홈·괘 잇·도다
　　ㄴ. 世已踈儒素 人猶乞酒錢 21_41b ≪所思(得台州鄭司戶虔消息)≫
　　　{(世上)·애셔} ᄒᆞ·마 ·션·비롤 (疎)·히 ·ᄒᆞᄂᆞ·니 :사ᄅᆞ·미 ·오
　　　히·려 술 ·살 :도ᄂᆞᆯ ·주놋·다
　　ㄷ. 吾徒自飄泊 世事各艱難 15_51a ≪宴王使君宅題二首≫
　　　·우리 ·무른 스·싀로 두루 브·터 ᄃᆞ·녀 {(世上)ㅅ} :이레 제여
　　　·곰 (艱難)·ᄒᆞ소·라

예문(4)에서도 원문의 '世'와 諺解文의 '世上'이 대응된다. ≪贈陳二補
闕≫은 754년(天寶十三年), 長安에서 지은 詩인데 예문(ㄱ)은 "세상의 선비
들은 몰락하는 이가 많은데 오직 선생만이 이름을 날렸다"라는 內容이
다. 예문(ㄴ)은 '세상의 선비', (ㄷ)은 '세상의 일'로 이때 '世'도 『표준』

에서 ‘世上’의 첫 번째 意味와 같게 쓰였다.

위의 검토에 의하면 諺解文의 ‘世上’은 ‘사람이 살고 있는 모든 사회를 통틀어 이르는 말’로 『표준』에 등재되어 있는 意味로 쓰였다. 『漢典』에는 ‘인간 세상’으로 기본意味만 등재되어 있다. 반면 『표준』에는 사람이 살고 있는 모든 사회를 통틀어 이르는 말을 포함하여 모두 여덟 가지 意味가 올라있다.

漢字語 ‘世上’은 『杜詩諺解』 初刊本에서뿐만 아니라 중세·근대한국어의 용례에서도 명사로만 나타난다. 현대한국어에서도 품사의 변화가 없이 명사로만 나타나는데 그 용례를 살펴보면 기본意味인 ‘인간 세상’과 『표준』에 등재된 파생意味로 쓰이고 있다. 『漢典』에 기본意味만 등재되어 있는데 『표준』에는 파생意味까지 등재되어 있어 意味 확대로 볼 수 있다.

[8] 세월(歲月)

諺解文에서 ‘歲月’은 다섯 번의 용례를 보이고 있는데 원문의 ‘歲月’을 ‘歲月’로 언해한 경우와 ‘歲’를 ‘歲月’로 언해한 경우로 나눌 수 있다.

가. 원문의 ‘歲月’을 ‘歲月’로 언해한 경우

원문의 ‘歲月’를 諺解文에서 동일한 漢字語 ‘歲月’로 언해한 경우는 네 번의 용례를 보인다.

(1) 草木歲月晚 關河霜雪淸 23_51b ≪送遠≫
·플·와 나모·왓 {(歲月)ㅅ} 나조·히 (關河)·애 서·리·와 :눈·괘 몰·갓도·다

위의 예문(1)에서 원문의 '草木歲月晚(초목세월만)'을 '플와 나모왓 歲月
ㅅ 나조희'로 언해하여 '草'와 '플', '木'과 '나모', '歲月'과 '歲月', '晚'
과 '나조희'가 대응된다.

≪送遠≫은 759년(乾元二年), 秦州에서 친구를 전쟁터로 보내면서 지은
詩이다. 예문(1)의 원문은 "초목도 한 해가 저물어 시들었고 변방의 산
과 하천은 눈서리에 하얗게 덮여있다."라는 內容이다. 이때 원문에서
'歲月'은 『漢典』의 첫 번째 뜻풀이인 '年月, 泛指時間(세월, 시간을 두루 가
리킴)'으로 해석되어 『표준』에 등재된 '歲月'의 첫 번째 뜻풀이인 '흘러
가는 시간'과 같은 意味로 쓰였다.

   (2) ㄱ. 天下兵戈滿 江邊歲月長 23_28a ≪送韋郎司直歸成都≫
      (天下)·애 (兵戈)ㅣ ᄀ독ᄒ·니 ᄀ·룺 ᄀ쉭 ·왯ᄂ {(歲月)이} ·기
      도·다
    ㄴ. 劍南歲月不可度 邊頭公卿仍獨驕 25_43a ≪嚴氏溪放歌行(溪在閬州
      東百餘里)≫
      (劍南)·앳 {(歲月)·을} (可)·히 ·디내·디 :몯ᄒ·리·로소·니 :ᄀ
      쉿 (公卿) ·둘흔 지·즈로 ᄒ·오·ᅀᅡ (驕慢)·ᄒ도·다

예문(2)는 '강가에서 歲月', '劍南에서 歲月'로 모두 杜甫가 객지에서
지낸 시간을 가리키므로 예문(1)과 같은 경우이다.

   (3) 筋力妻孥問 菁華歲月遷 20_01b ≪秋日夔府詠懷奉寄鄭監李賓客一百韻≫
    ·히믈 :겨집·과 (子息)·괘 :묻ᄂᆞ·니 곳 ·핌 {(歲月)·이} 올·마 ·가
    놋·다

≪秋日夔府詠懷奉寄鄭監李賓客一百韻≫은 767년(大曆二年), 瀼西에서
지은 詩에 포함되어 있다. 예문(3)은 "꽃 피는 밝은 세월이 오는 것을 아

내와 아이들이 힘겹게 묻는다."라는 內容이다. 이때 원문에서 '歲月'은 '밝은 세상'으로『표준』의 세 번째 뜻풀이인 '살아가는 세상'과 같은 意味로 쓰였다.

나. 원문의 '歲'를 '歲月'로 언해한 경우

원문의 '歲'를 諺解文에서 '歲月'로 언해한 경우는 한 번의 용례를 보인다.

> (4) 解帆歲云暮 可與春風歸 22_42b ≪奉送魏六丈佑少府之交广≫
> ·빗돗 글어 :가매 {(歲月)·이} 졈·ㄱ느·니 어·루 (春風)·과 다·뭇 가·리로·다

위의 예문(4)에서 원문의 '云'은 동사 '爲(위), 是(시)'로 해석되는데 '歲暮'를 '歲月이 졈ㄱ느니'로 언해하여 '歲'와 '歲月'이 대응된다.

≪奉送魏六丈佑少府之交廣≫은 769년(大曆四年) 겨울, 潭州에서 지은 詩에 포함되어 있다.[25] 원문에서 '歲暮'는 '한 해가 끝날 무렵'을 뜻하므로 이때 '歲'는『漢典』의 네 번째 뜻풀이인 '歲月(세월), 時光(시간)'으로『표준』의 '흘러간 시간'과 같은 意味로 쓰였다.

위의 검토에 의하면 諺解文의 '歲月'은 1)흘러가는 시간, 2)살아가는 세상 등 두 가지로 정리되는데 모두『표준』에 등재된 意味이다.『漢典』에는 1)시간을 두루 일컫는 말, 2)指短時間(짧은 시간) 등 두 가지 意味가 등재되어 있는 반면『표준』에는 1)흘러가는 시간, 2)지내는 형편이나 사정, 3)살아가는 세상 등 세 가지 意味가 등재되어 있다.

漢字語 '歲月'은『杜詩諺解』初刊本에서뿐만 아니라 중세·근대한국

---

25) 仇兆鰲(1979), 黃鶴編在大曆三年岳州, 今從朱氏編入四年冬潭州詩內.

어의 용례에서도 명사로만 나타난다. 현대한국어에서도 품사의 변화가 없이 명사로만 나타나는데 그 용례를 살펴보면 모두『표준』에 등재된 意味로 쓰였다.『漢典』에는 등재되어 있지 않은 '지내는 형편이나 세상 형편'은 한국어에만 있는 意味로 意味 확대로 볼 수 있다.

[9] 정신(精神)

諺解文에서 '精神'은 열여섯 번의 용례를 보이고 있는데 원문의 '精神'을 '精神'으로 언해한 경우, '精'을 '精神'으로 언해한 경우, '神'을 '精神'으로 언해한 경우로 나눌 수 있다.

가. 원문의 '精神'을 '精神'으로 언해한 경우

원문의 '精神'을 諺解文에서 동일한 漢字語 '精神'으로 언해한 경우는 한 번의 용례를 보인다.

> ⑴ 老病忌拘束 應接喪精神 16_69b ≪暇日小園散病將種秋菜督勒耕牛兼書觸目≫
> 늘·거 (病)·ᄒᆞ야 얽ᄆᆡ·여 ·슈믈 아·쳐러·ᄒᆞ노·니 :사ᄅᆞᆷ (應接)·호매 {(精神)·이} (喪失)·ᄒᆞ놋·다

위의 예문(1)에서 원문의 '應接喪精神(응접상정신)'을 '사ᄅᆞᆷ 應接호매 精神이 喪失ᄒᆞ놋다'로 언해하여 '應接'과 '사ᄅᆞᆷ 應接호매', '喪'과 '喪失ᄒᆞ놋다', '精神'과 '精神'이 대응된다.

≪暇日小園散病將種秋菜督勒耕牛兼書觸目≫은 767년(大曆二年), 漢西에서 지은 詩이다. 예문(1)은 "지병의 속박이 원망스럽다. 손님 접대에 원기가 크게 떨어졌다."라는 內容이다. 따라서 이때 '精神'은『漢典』의 첫

번째 뜻풀이인 '指人的精氣, 元氣. 相對于形骸而言(사람의 기운이나 원기로
몸과 뼈에 상대하여 이르는 말)'로 해석된다. 『표준』에서 '精神'의 첫 번째 뜻
풀이인 '육체나 물질에 대립되는 영혼이나 마음'과 같다.

나. 원문의 '精'을 '精神'으로 언해한 경우

원문의 '精'을 諺解文에서 '精神'으로 언해한 경우는 한 번의 용례를
보인다.

(2) 子規晝夜啼 壯士斂精魂 06_49a ≪客居≫
   (子規)] ·밤나·직 :우니 (壯士)] 듣·고 {(精神)·과} (魂魄)·올 (消
   斂)·ᄒᆞᆺ·다

위의 예문(2)에서 원문의 '壯士斂精魂(장사렴정혼)'을 '壯士] 듣고 精神
과 魂魄을 消斂ᄒᆞᆺ다'로 언해하여 '壯士'와 '壯士', '斂'과 '消斂ᄒᆞᆺ다',
'精'과 '精神', '魂'과 '魂魄'이 대응된다.

≪客居≫는 766년(大曆元年), 雲安에서 지은 詩이다. 예문(2)는 "밤낮으
로 울어대는 두견새의 울음소리에 장사도 혼령을 빼앗긴다."라는 內容
이다. 이때 명사로 쓰인 '精'은 『漢典』에서 다섯 번째 뜻풀이인 '靈魂(영
혼)'으로 해석되어 『표준』에서 '精神'의 첫 번째 뜻풀이인 '육체나 물질
에 대립되는 영혼이나 마음'과 같은 意味로 쓰였다.

다. 원문의 '神'을 '精神'으로 언해한 경우

원문의 '神'을 諺解文에서 '精神'으로 언해한 경우는 앞의 두 경우와
달리 열네 번의 많은 용례를 보인다.

(3) 南京久客耕南畝 北望傷神臥北窓 15_32a ≪進艇≫
   (南京)ㅅ 오·란 나·그내 (南)녁 이·러믈 :가노·니 (北)녀·글 ·ᄇ·라
   {(精神)·을} 슬·허셔 (北)녁(窓)·애 누·엣노·라

위의 예문(3)에서 원문의 '北望傷神臥北窓(북망상신와북창)'을 '北녀글
ᄇ라 精神을 슬허셔 北녁 窓애 누엣노라'로 언해하여 '北'과 '北녀글',
'望'과 'ᄇ라', '傷'과 '슬허셔', '神'과 '精神', '臥'와 '누엣노라', '北窓'
과 '北녁 窓'이 대응된다.

≪進艇≫은 761년(上元二年), 成都에서 아내와 뱃놀이를 즐기면서 지은
詩이다. 예문(3)의 원문은 "남경에 오래 머물면서 남쪽 밭을 갈고 북쪽
창에 앉아서 북쪽을 바라보니 마음 아프다."[26]라는 內容이다. 이때 '神'
은 『漢典』의 세 번째 뜻풀이인 '精神'으로 해석되어 '마음'으로 이해해
야 한다. 『표준』에서 '精神'의 첫 번째 뜻풀이인 '육체나 물질에 대립되
는 영혼이나 마음'과 같은 意味로 쓰였다.

위의 검토에 의하면 諺解文의 '精神'은 육체나 물질에 대립되는 영혼
이나 마음으로 『표준』에 등재된 意味이다. 중세·근대한국어와 현대한
국어에서 명사로만 나타나는 '精神'은 '육체와 정신' 외에 '맑은 정신',
'봉사 정신', '민주주의 정신', '헤겔의 절대적 정신' 등으로 쓰이고 있어
意味 확대로 해석된다.

[10] 주인(主人)

諺解文에서 '主人'은 열아홉 번의 용례를 보이고 있는데 원문의 '主
人'을 '主人'으로 언해한 경우와 원문의 '主'를 '主人'으로 언해한 경우

---

26) 원문에서 南京은 成都를 가리키고, 북쪽은 장안을 가리킨다.

로 나눌 수 있다.

가. 원문의 '主人'을 '主人'으로 언해한 경우

원문의 '主人'을 諺解文에서 동일한 漢字語 '主人'으로 언해한 경우는 열일곱 번의 용례를 보인다.

(1) 强將笑語供主人 悲見生涯百憂集 25_51b ≪百憂集行≫
　　고·돌파 우·숨·과 :말스물 가·져셔 {(主人)·을} (供奉)·호니 (生涯)
　　예 ·온 시·르미 모·도몰 슬·허 ·보노·라

위의 예문(1)에서 원문의 '强將笑語供主人(강장소어공주인)'을 '고돌파 우숨과 말스물 가져셔 主人을 供奉호니'로 언해하여 '强'과 '고돌파', '將27)'과 '가져서', '笑語'와 '우슴과 말스물', '供'과 '供奉호니', '主人' 과 '主人'이 대응된다.

≪百憂集行≫은 761년(上元二年), 成都 草堂에서 지은 詩이다. 예문(1)은 "먹고 입을 것을 위하여 억지로 주인의 비위를 맞추는 생활에 걱정과 울분이 교집한다."라는 內容이다. 원문에서 '主人'은 杜甫에게 도움을 주는 사람들을 뜻한다. 成都에서 생활은 比較的 평화로웠으나 타향살이 하는 자신을 항상 손님으로 생각하였으므로 엊혀사는 입장에서 상대방 은 主人이었다. 이때 '主人'은 『漢典』의 첫 번째 뜻풀이인 '接待賓客的 人(손님을 맞이하는 사람)'으로 해석된다. 『표준』의 네 번째 뜻풀이인 '손님 을 맞아 상대하는 사람'의 意味와 같다.

---

27) 본고는 이때 '將'을 중국어에서 개사(介詞)로 '拿, 取(가지다)'의 意味로 쓰인 것으로 보고자 한다.

(2) ㄱ. 空看過客淚 莫覓主人恩 07_10b ≪題忠州龍興寺所居院壁≫
　　　　　 ᄒᆞᆫ갓 :디·나· 가ᄂᆞᆫ 나그내 ·눖 므를 보디· 외 {(主人)·의} (恩惠)·
　　　　　 ᄂᆞᆫ :얻디 :몯ᄒᆞ·리로·다
　　　ㄴ. 主人留上客 避暑得名園 08_11a ≪奉漢中王手札≫
　　　　　 {(主人)이} 노·폰 소ᄂᆞᆯ 머·믈·우거· 눌 더위ᄅᆞᆯ (避)·ᄒᆞ더 일훔
　　　　　 난 위·안ᄒᆞᆯ 얻도·다
　　　ㄷ. 主人送客何所作 行酒賦詩殊未央 23_19a ≪章梓州橘亭餞竇少伊≫
　　　　　 {(主人)·이} 손 보·내요·매 므·슷 :이를 ·ᄒᆞᄂᆞ·뇨 수·를 :네며
　　　　　 ·글 지·수믈 ᄀᆞ·장 다ᄋᆞ·디 아·니·ᄒᆞ놋·다
　　　ㄹ. 雪山斥候無兵馬 錦里逢迎有主人 21_03b ≪將赴成都草堂途中有作
　　　　　 先寄嚴鄭公五首≫
　　　　　 (雪山)· 애셔 (盜賊) 여·ᅀᅥ :보매 (兵馬)· ᄂᆞᆫ :업고 (錦里)· 예셔 마·
　　　　　 지ᄒᆞᆯ {(主人)·은} 잇·도다

　　예문(ㄹ)의 ≪將赴成都草堂途中有作先寄嚴鄭公五首≫는 764년(廣德二
年) 2월, 閬州에서 成都도 돌아오는 길에서 嚴鄭公[28]을 위해 지은 詩이
다. 원문은 "嚴鄭公이 돌아오니 雪山 초소에 병마가 없다. 내가 草堂에
돌아가면 草堂에서 嚴鄭公을 맞이할 主人이 있을 것이다."라는 內容이
다. 예문(2)에서 '主人'은 모두 '客'과 대응되어 예문(1)과 마찬가지로『표
준』의 네 번째 뜻풀이인 '손님을 맞아 상대하는 사람'과 같은 意味로
쓰였다.

　　(3) 主人念老馬 廨宇容秋螢 06_20b ≪橋陵詩三十韻因呈縣內諸官≫
　　　　 {(主人)·이} 늘·근 ᄆᆞ·ᄅᆞᆯ (思念)·ᄒᆞ야 그윗 지·븨 ᄀᆞᅀᆞ�ᆷ ·반되·ᄅᆞᆯ
　　　　 (容納)·ᄒᆞ야 ·뒷다

---

28) 원문에서 '嚴鄭公'은 '嚴武'를 가리킨다. 嚴武가 전에 '鄭國公'으로 封한 적이 있어 '嚴鄭公'
이라고도 불렀다.

≪橋陵詩三十韻因呈縣內諸官≫은 754년(天寶十三載)의 작품으로 추정된
다.[29] 원문은 "주인이 늙은 말을 생각하여 官舍에 가을 개똥벌레를 받
아들였다."라는 內容이다. 원문에서 '主人'은 縣內 奉先縣令이고 '늙은
말'과 '개똥벌레'는 杜甫 자신을 가리킨다. 따라서 이때 '主人'은 『漢典』
의 세 번째 뜻풀이인 '財物或權力的支配者(재물과 권력의 지배자)'로 해석된
다. 『표준』의 두 번째 뜻풀이인 '집안이나 단체 따위를 책임감을 가지
고 이끌어 가는 사람'과 같은 意味라고 할 수 있다.

(4) ㄱ. 浣花流水水西頭 主人爲卜林塘幽 07_01b ≪卜居≫
     (浣花) 흐르는 ·믌 ·믌 (西)ㅅ녁 머리·예 {(主人)·이} 수플·와
     ·못과 (幽深)혼 ·디 (爲)·ᄒ·야 사·롤 ·ᄃᆡ·롤 (占卜)·ᄒᄂ·다

ㄴ. 主人不世才 先帝常特顧 22_40b ≪送高司直尋封閬州≫
     {(主人)·은} (世)·예 :업슨 지·죄니 (先帝)ㅣ 댱샹 (特別)·히 (眷
     顧)·ᄒ·더시·니라

ㄷ. 始知賢主人 贈此遣愁寂 07_23b ≪白水崔少府十九翁高齋三十韻≫
     (賢)혼 {(主人)·이} ·이롤 ·주어 시·르믈 보·내·에 ·호몰 비
     ·루수 :알와·라

ㄹ. 主人情爛熳 持答翠琅玕 15_54b ≪与鄠縣源大少府宴渼陂(得寒字)≫
     {(主人)·이} ·ᄠ디 므르노·ᄀ니 프·른 (琅玕)·을 가져 (對答)·ᄒ
     노·라

ㅁ. 荒林庾信宅 爲仗主人留 23_33b ≪送王十六判官≫
     거·츤 수·플 (庾信)·의 지·븨 {(主人)올} (爲)·ᄒ야 브·터 머·
     믈·리로·다

ㅂ. 座從歌妓密 樂任主人爲 15_51b ≪宴戎州楊使君東樓≫
     안·잿는 ·ᄃᆡ 놀·애 브르는 (妓女)ㅣ (密近)·호몰 므던·히 너·기
     고 ·즐거우므·란 {(主人)·의} ·ᄒ요·몰 (任意)·로 케 ·ᄒ노·라

ㅅ. 脫劍主人贈 去帆春色隨 20_48b ≪贈崔十三評事公輔≫

·갈홀 글·어 ((主人)·이} ·주ᄂᆞ·니 ·가논 ·빗돗·긴 ·봄 ·비치 좃·놋

ㅇ. 主人薧城府 扶櫬歸咸秦 22_27a ≪別蔡十四著作≫

{(主人)·이} (城府)·에·셔 죽거·늘 (靈櫬)·을 (扶持)·ᄒᆞ야 (咸秦) ·으로 ·가놋·다

≪卜居≫는 760년(上元元年), 浣花溪에 거처를 정하고 지은 詩이다. 원문은 "주인이 나에게 완화계 상류에 숲과 못이 조용하고 아름다운 곳을 정해 주었다."라는 內容이다. 이때 주인은 劍南節度使 裵冕을 가리킨다. ≪送高司直尋封閬州≫는 767년(大曆二年), 夔州에서 지은 詩인데 이때 '主人'은 '高司直'[30]이고, ≪白水崔少府十九翁高齋三十韻≫에서 '主人'은 奉先縣에서 白水縣尉로 있는 崔少府를 가리킨다. 이와 같이 예문(4)에 쓰인 '主人'은 모두 관직을 가진 사람을 가리키므로 예문(3)과 같은 意味로 쓰였다.

나. 원문의 '主'를 '主人'으로 언해한 경우

원문의 '主'를 諺解文에서 '主人'으로 언해한 경우는 두 번의 용례를 보인다.

(6) ㄱ. 感君意氣無所惜 一爲歌行歌主客 25_49b ≪醉歌行,贈公安顔少府請 顧八題壁≫

그듸의 (意氣) 앗·기논 ·배 :업소몰 (感動)·ᄒᆞ야 ᄒᆞᆫ 번 (歌行)· 올 ·ᄒᆞ야 ((主人)·과} 소늘 놀·애 브르·노라

ㄴ. 主稱壽尊客 筵秩宴北林 14_34b ≪同李太守登歷下古城員外新亭,亭

---

30) 司直은 丞相을 도와 불법을 저지른 관원들을 검거하는 관직으로 중국 漢武帝 기원전108년에 처음으로 설치되었다.

對鵲湖≫

{(主人)·이} (尊)흔 손·씌 (獻壽)·ᄒᆞ노·라 일크·라 돗·ᄀᆞᆯ (秩秩)
·히 ·ᄒᆞ야 (北)녘 수·프레·와 이바·디·ᄒᆞᄂ다

예문(6)은 원문의 '主客'을 '主人과 소ᄂᆞᆯ'로 언해하여 '主'와 '主人'이
대응된다. 원문에서 '主'는『漢典』의 다섯 번째 뜻풀이인 '主人(주인), 東
道主(초대자)'로 해석되어『표준』에서 '主人'의 네 번째 뜻풀이인 '손님을
맞아 상대하는 사람'과 같은 意味로 쓰였다.

위의 검토에 의하면 諺解文의 '主人'은 1)손님을 맞아 상대하는 사람,
2)집안이나 단체 따위를 책임감을 가지고 이끌어 가는 사람으로 해석되
어 모두『표준』에 등재된 意味이다.

漢字語 '主人'은『杜詩諺解』初刊本에서뿐만 아니라 중세·근대한국
어의 용례에서도 명사로만 나타난다. 현대한국어에서도 품사의 변화가
없이 명사로만 나타나는데 그 용례를 살펴보면 모두『표준』에 등재된
意味로 쓰여 품사에 변화가 없고 意味에도 변화가 없다고 본다.

3.1.3 일치·불일치 유형 漢字語

諺解文의 漢字語가 원문의 어휘에 어떻게 대응되는가에 따라 '父母'
와 같이 원문의 '父母'를 동일한 漢字語 '父母'로 언해한 경우는 일치
유형에 속하고, 원문에는 諺解文의 '父母'에 대응되는 단어가 없는 경우
는 불일치 유형에 속한다. 따라서 '父母'는 일치·불일치 유형에 속하는
漢字語인데 이 유형에는 '父母' 하나의 漢字語만 있다.

[11] 부모(父母)

諺解文에서 '父母'는 네 번의 용례를 보이고 있는데 원문의 '父母'를 '父母'로 언해한 경우와 원문에는 諺解文의 '父母'에 대응되는 단어가 없는 경우로 나눌 수 있다.

가. 원문의 '父母'를 '父母'로 언해한 경우

원문의 '父母'를 諺解文에서 동일한 漢字語 '父母'로 언해한 경우는 두 번의 용례를 보인다.

> (1) ㄱ. 太守頃者領山南 邦人思之比父母 25_10b ≪可嘆≫
> (太守)ㅣ ·뎌주·숨·쁴 (山南)·을 (領)ᄒ·니 ᄀ옰 :사ᄅ·미 (思慕)·ᄒ야 {(父母)} ·ᄀ·티 너·기더·라
> ㄴ. 莫愁父母少黃金 天下風塵兒亦得 25_43a ≪錦樹行(因篇內有錦樹二字摘以爲題非正賦錦樹也)≫
> {(父母)·이} (黃金) :져구·믈 시·름 마·롤 디·니 (天下)·애 (風塵) 잇ᄂ 저·긔 아·히·도 ·ᄯㅗ :얻·ᄂ니·라

위의 예문(1)에서 원문의 '父母'와 諺解文의 '父母'가 대응되는데 『漢典』에서 '父親和母親'으로 해석하고 있어 『표준』의 '아버지와 어머니를 아울러 이르는 말'과 같은 意味로 쓰였다.

나. 원문에는 '父母'에 대응되는 단어가 없는 경우

원문에는 諺解文의 漢字語 '父母'에 대응되는 단어가 없는 경우도 두 번의 용례를 보인다.

(2) ㄱ. 庶以勤苦志 報玆劬勞願 24_32b ≪八哀詩・故秘書少監武功蘇公源
明≫

거·싀 ·브즈·런ᄒ·며 (辛苦)·ᄒᄂ ·ᄠᄃ·로·뻐 ·이 {(父母)·
의} 잇·비 기르·던 (願)·을 갑·고져 ·ᄒ·더니·라

ㄴ. 承顏眊手足 坐客强盤飱 21_33b ≪孟氏(集有過孟十二倉曹十四主簿
兄弟詩)≫

{(父母)ㅅ} (顏色)·올 바·다 ·손바롤 부릍·게 돈·니고 안·잿·
ᄂ 소·니게 (盤飱)·올 고·돌파 ·ᄒ놋·다

위의 예문(2)에서 원문의 '劬勞(구로)'를 '父母의 잇비 기르던'으로 언
해하고, '承顏(승안)'을 '父母ㅅ 顏色을 바다'로 언해하여 원문에는 諺解
文의 '父母'에 대응되는 어휘가 없다.

그러나『표준』의 뜻풀이에 따르면 '劬勞'는 "자식을 낳아서 기르느라
고 힘을 들이고 애를 쓰다."라는 意味로 부모의 노고를 뜻한다. 한편
'承顏'은 "부모의 안색을 받들다, 곧 살피다"로 "부모를 모시거나 섬긴
다."라는 뜻이다. 따라서 諺解文의 漢字語 '父母'에 대응되는 어휘가 원
문에 없는 것이 아니라 원문의 '劬勞'와 '承顏'에 잠재적으로 내포되어
있는 '父母'가 언해 과정에서 드러났다고 이해된다.

위의 검토에 의하면 諺解文의 '父母'는 기본意味로 쓰이고『표준』에
등재되어 있는 意味이다. 중세・근대한국어와 현대한국어의 용례 검토
에서 품사의 변화가 없이 명사로만 나타나며, 그 용례도 모두『표준』에
등재된 기본意味로 쓰여 품사에 변화가 없고 意味에도 변화가 없다.

3.1.4 부분일치・불일치 유형 漢字語

諺解文의 漢字語가 원문에 어떻게 대응되는가에 따라 '子息'과 같이

원문의 '子'를 '子息'으로 언해한 경우는 부분일치 유형에 속하고, 원문의 '孤'를 '子息'으로 언해한 경우, '孥'를 '子息'으로 언해한 경우, 원문에는 諺解文의 '子息'에 대응되는 어휘가 없는 경우는 불일치 유형에 속하므로 '子息'은 부분일치·불일치 유형 속하는 漢字語이다. 이 유형에 속하는 漢字語는 '子息' 하나뿐이다.

[12] 자식(子息)

諺解文에서 '子息'은 다섯 번의 용례를 보이고 있는데 원문의 '子'를 '子息'으로 언해한 경우, '孥'를 '子息'으로 언해한 경우, '孤'를 '子息'으로 언해한 경우, 원문에는 諺解文의 '子息'에 대응되는 어휘가 없는 경우로 나눌 수 있다.

가. 원문의 '子'를 '子息'으로 언해한 경우

원문의 '子'를 諺解文에서 '子息'으로 언해한 경우는 한 번의 용례를 보인다.

> ⑴ 自云良家子 零落依草木 08_65b ≪佳人≫
> ·제 닐·오디 (良家)·앳 {(子息)·이라니} 떠·러·디여 (草木) ·서리·예 브·텃노·라

위의 예문⑴에서 원문의 '自云良家子(자운량가자)'를 '제 닐오디 良家앳 子息이라니'로 언해하여 '自'와 '제', '云'과 '닐오디', '良家'와 '良家', '子'와 '子息'이 대응된다.

≪佳人≫은 759년(乾元二年), 安祿山의 亂이 5년째로 접어든 해에 지은

詩이다. 예문(1)의 원문은 "나는 지체가 있는 좋은 집안의 자녀이다. 집안이 몰락하여 산속에서 살고 있다."라는 內容이다. 이때 원문에서 '子'는 『漢典』의 두 번째 뜻풀이인 '儿女(아들과 딸)'로 해석되어 '부모가 낳은 아이들'을 뜻한다. 『표준』의 '子息'과 같은 意味로 쓰였다.

나. 원문의 '孥'를 '子息'으로 언해한 경우

원문의 '孥'를 諺解文에서 '子息'으로 언해한 경우는 두 번의 용례를 보인다.

> (2) ㄱ. 筋力妻孥問 菁華歲月遷 20_01b ≪秋日夔府詠懷奉寄鄭監李賓客一
> 百韻≫
> ·히믈 :겨집·과 ((子息)·괘) :묻ᄂᆞ·니 곳 ·픤 (歲月)·이 올·마 ·
> 가놋·다
> ㄴ. 妻孥隔軍壘 撥棄不擬道 22_04a ≪雨過蘇端≫
> :겨집·과 ((子息)·괘) (軍壘)·에 즈·슴·첫ᄂᆞ·니 ·쌔혀 더·뎌
> 니ᄅᆞ·고져 너·기디 아·니·ᄒᆞ노·라

예문(2)에서 원문의 '妻孥'를 '겨집과 子息'으로 언해하여 '孥'와 '子息'이 대응된다. 『漢典』에서 '妻孥'는 '妻子和儿女(처자와 아들딸)'로 해석되어 이때 '孥'는 『표준』의 '子息'과 같은 意味로 쓰였다.

다. 원문의 '孤'를 '子息'으로 언해한 경우

원문의 '孤'를 諺解文에서 '子息'으로 언해한 경우는 한 번의 용례를 보인다.

(3) 有姝有姝在鍾離 良人早歿諸孤癡 25_27b ≪乾元中寓居同谷縣作歌七首≫
　　누의 누:의 (鍾離)ㅅ ᄀ올 잇ᄂᆞ니 남지·니 ·일 죽·고 여·러 {(子
　　息)·이} 어·리도·다

　예문(3)는 원문의 '良人早歿諸孤癡(양인조몰제고치)'를 '남지니 일 죽고
여러 子息이 어리도다'로 언해하여 '良人'과 '남지니', '早歿'과 '일 죽
고', '諸'와 '여러', '孤'와 '자식', '癡'와 '어리도다'가 대응된다.

　예문(3)의 원문은 "누이야, 누이야 종리에 사는 누이야. 남편이 일찍
죽고 자식들은 아직 어리다."라는 內容이다. 이때 원문에서 '孤'는『漢
典』에서 '幼年喪父, 卽孤儿'로 '어릴 적에 아버지가 죽은 아이 즉 고아'
로 해석된다.『표준』의 '子息'은 '부모가 낳은 아이들'을 뜻한다. 원문은
'아버지가 죽다'에 중점을 두어 '孤'를 쓰고, 諺解文은 '누이가 낳은 아
이'에 중점을 두어 '子息'으로 언해하였다고 볼 수 있어『표준』에 등재
된 意味와 같게 쓰였다.

라. 원문에는 '子息'에 대응되는 단어가 없는 경우

　원문에는 諺解文의 '子息'에 대응되는 단어가 없는 경우는 한 번의
용례를 보인다.

(4) 畢娶何時竟 消中得自由 14_21a ≪西閣二首≫
　　{(子息)} (姻娶) ᄆᆞ·초문 어·느 저긔 :다ᄒᆞ·려뇨 (消中)ㅅ (病)·이어·
　　니 ·시러곰 (自由)·ᄒᆞ야리·아

　예문(4)에서 '畢娶(필취)'를『漢典』은 '辦完子女婚事(자녀들의 혼사를 마치
다)'로 해석된다. 원문에 諺解文의 '子息'에 대응되는 단어가 없는 것이
아니라 바로 앞에서 본 '父母'처럼 원문 단어에 이미 내재되어 있는 뜻

이 언해 과정에서 표면에 나타난 것으로 본다면『표준』에 등재된 意味
와 같다고 볼 수 있다.

위의 검토에 의하면 원문의 '子', '孥', '孤'를 언해한 漢字語 '子息'이
나, 원문의 '畢取'를 언해한 '子息 婚娶 ᄆ초문'의 '子息'은 그 기본意味
가 모두 '부모가 낳은 아이들'이므로『표준』에 등재된 意味와 같다.

漢字語 '子息'은『杜詩諺解』初刊本에서뿐만 아니라 중세·근대한국
어의 용례에서도 명사로만 나타난다. 현대한국어에서도 품사의 변화가
없이 명사로만 나타나는데 그 용례를 살펴보면 모두『표준』에 등재된
기본意味로 쓰여 품사에 변화가 없고 意味에도 변화가 없다.

3.1.5 부분일치 유형 漢字語

諺解文의 漢字語가 원문의 단어에 어떻게 대응되는가에 따라 '産業'
과 같이 원문의 '産'을 '産業'으로 언해한 경우만 나타나는 漢字語는 부
분일치 유형에 속한다. 이 유형에는 '産業' 외에 '時代, 音樂, 財産, 政治,
制度, 種類, 知識, 地位, 學問' 등 열 개의 漢字語가 있다.

[13] 산업(産業)

諺解文에서 '産業'은 한 번의 용례를 보이고 있는데 원문의 '産'을
'産業'으로 언해한 경우이다.

⑴ 兩京猶薄産 四海絶隨肩 20_03a ≪秋日夔府詠懷奉寄鄭監李賓客一百韻≫
  :두 :셔우·레 ·오히·려 사·오나·온 {(産業)·이오} (四海)·엔 엇·게
  조·차 든·놀 :사ᄅ·미 그 첫도·다

위의 예문(1)에서 원문의 '薄産(박산)'을 '사오나온 産業이오'로 언해하여 '薄'과 '사오나온', '産'과 '産業'이 대응된다.

원문에서 '薄産'을 『漢典』은 '微薄的産業(미박적산업)'으로 '집안 재산이 적다'로 해석하고 있다. 仇兆鰲(1979)는 "薄産은 田園久荒이다"라고 하여 "薄産은 전원에 오랫동안 흉년이 들었다."라는 意味이다. 따라서 이때 '産'은 『漢典』의 첫 번째 뜻풀이인 '財産' 혹은 두 번째 뜻풀이인 '物産(물산)'으로 이해된다.[31] '財産'으로 이해하든 '物産'으로 이해하든 모두 『표준』[32]에 등재되어 있는 <경제> 방면에서 쓰이는 좁은 意味의 '공업'과는 意味차이가 있다. 따라서 『표준』에는 등재되어 있지 않는 意味로 볼 수 있다.

위의 검토에 의하면 諺解文의 '産業'은 '금전적 가치가 있는 모든 것'을 뜻하여 『표준』에는 등재되어 있지 않는 意味이다. 『漢典』에는 1)개인 재산, 2)생산과 관련된 일, 3)현대 공업 생산과 관련된 것 등 세 가지로 정리된다. 반면 『표준』에는 3)과 같은 현대적 意味만 등재되어 있다.

명사로만 나타나는 '産業'은 『15세기 漢字語 조사 연구』에는 『杜詩諺解』에 나타난 용례만 실려 있고, 『17세기 국어사전』에는 표제항으로 등재되어 있지 않다. 현대한국어에는 1,598개 용례를 보이고 있는데 모두 『표준』에 등재된 현대적 意味로 쓰였다. 품사에 변화가 없는 '産業'의 경우, '재산'을 나타내는 옛 뜻으로도 쓰이고, 좁은 意味의 '공업'을 뜻하는 현대적 意味로도 쓰이고 있어 옛 뜻에 새로운 意味가 추가된 意味

---

31) '財産'에는 動産, 不動産 등 모든 금전적 가치가 있는 것을 포함하므로 '物産'은 '財産'에 포함되는 관계라고 할 수 있다.

32) 『표준』에서 '産業'의 뜻풀이를 다시 정리하면 인간의 생활을 경제적으로 풍요롭게 하기 위하여 재화나 서비스를 창출하는 생산적 기업이나 조직. 농업·목축업·임업·광업·공업을 비롯한 유형물(有形物)의 생산 이외에 상업·금융업·운수업·서비스업 따위와 같이 생산에 직접 결부되지 않으나 국민 경제에 불가결한 사업도 포함하며, 좁은 뜻으로는 공업만을 가리키기도 한다.

의 확대로 볼 수 있다. 그리고 과학의 발달과 함께 나타난 서양 개념, 곧 'industry'의 대역어로 본다면 意味의 轉用이라고 볼 수 있다.

[14] 시대(時代)

諺解文에서 '時代'는 한 번의 용례를 보이고 있는데 원문의 '代'를 '時代'로 언해한 경우이다.

> (1) 昭代將垂白 途窮乃叫閽 21_09b 《奉留贈集賢院崔于二學士》
> 불·근 ((時代)·예) (將次)ㅅ ·힌 ·머·리 드·리니 ·길히 (窮困)·ᄒ야
> (大闕)ㅅ (門)·의 ·가 우·로라

위의 예문(1)에서 원문의 '昭代將垂白(소대장수백)'을 '불근 時代예 將次ㅅ 힌 머리 드리니'로 언해하여 '昭'와 '불근', '代'와 '時代', '將'과 '將次', '垂白'과 '힌 머리 드리니'가 대응된다.

《奉留贈集賢院崔于二學士》는 752년(天寶十一), 長安에서 쓴 詩이다. 이 詩는 祭典이 베풀어졌을 때 올린 《三大禮賦(삼대예부)》를 玄宗이 높이 평가하였음에도 불구하고 벼슬길에 오르지 못한 과정을 이야기하고 있다. 예문(1)의 원문은 "태평하고 밝은 時代에 현재 나는 아무런 성취도 없이 늙어가고 있다. 험난한 벼슬길에서 막다른 지경에 몰리어 叫閽(규혼)[33]할 수밖에 없다."라는 內容이다. 원문에서 명사로 쓰인 '昭代'는 『漢典』에서 '政治淸明的時代(정치가 깨끗하고 투명한 시대)'의 뜻이다. 이때 명사로 쓰인 '代'는 『漢典』의 세 번째 뜻풀이인 '時代, 歷史上的或人類發展, 尤指文化發展方面的一個時期(시대, 역사 혹은 인류발전에서 특히 문화발전 방면의 일정한 시기)'로 해석된다. 『표준』의 '時代'의 두 번째 뜻풀이 '지

---

33) 규혼(叫閽)이란 관리나 백성들이 억울함을 朝廷에 상소하는 것을 이르는 말이다.

금 있는 그 시기'와 같은 意味로 쓰였다. 따라서 예나 지금이나 품사에
변화가 없고 意味에도 변화가 없다고 볼 수 있다.

[15] 음악(音樂)

諺解文에서 '音樂'은 네 번의 용례를 보이는데 모두 원문의 '樂'을
'音樂'으로 언해한 경우이다.

> (1) 樂助長歌送 杯饒旅思寬 08_50b ≪宴忠州使君侄宅≫
> {(音樂)·온} :긴 놀·애롤 도·아 보·내ᄂᆞ·니 ·촖(盞)·올 :해 머·그니
> 나그내 ·ᄠ디 훤·ᄒᆞ도·다

위의 예문(1)에서 원문의 '樂助長歌送(락조장가송)'을 '音樂은 긴 놀애를
도아 보내ᄂᆞ니'로 언해하여 '樂'과 '音樂', '助'와 '도아', '長'과 '긴',
'歌'와 '놀애', '送'과 '보내ᄂᆞ니'가 대응된다.

≪宴忠州使君侄宅≫은 765년(永泰元年), 忠州에서 지은 詩이다. 예문(1)
의 원문은 "연회에서 가락은 노래의 흥을 일으키고 가득 찬 술잔은 타
향에 머무는 나그네의 걱정이 많다."라는 內容이다. 이때 명사로 쓰인
'樂(yuè)'는 『漢典』에서 기본意味인 '音樂[34]으로 『표준』의 '박자, 가락,
음성 따위를 갖가지 形式으로 조화하고 결합하여, 목소리나 악기를 통
하여 사상 또는 감정을 나타내는 예술'의 意味와 같은 意味로 쓰였다.

> (2) ㄱ. 仙人張內樂 王母獻金桃 11_38b ≪千秋節有感二首≫
> (仙人)·온 ·안 녁 {(音樂)·올} ·폣고 (西王母)·는 (金) ·근혼 복
> 셩화·롤 받·ᄌᆞᆸ더니라
> ㄴ. 亂離還奏樂 飄泊且聽歌 15_31a ≪泛江≫

---

34) 『漢典』에서는 音樂을 조화롭게 가락을 이루는 소리(和諧成調的聲音)로 해석하고 있다.

(亂離)혼 제 도ᄅᆞᆨ·혀 {(音樂)·을} ·ᄒᆞᄂᆞ·니 (飄泊)·애셔 놀·애롤
들·노라

ㄷ. 玉食亞王者 樂張游子悲 22_43a ≪奉送魏六丈佑少府之交广≫
(玉) ·ᄀᆞᆮ혼 ·밥 머·구미 :님금·끠 버·그니 {(音樂)·을} 펴·면
(遊子)ㅣ 슬프·리라

예문(2)의 '樂'도 '音樂'을 언해하고 기본意味로 『표준』의 意味와 같
다. 따라서 기본意味로만 쓰이는 漢字語 '音樂'은 예나 지금이나 품사의
변화가 없고 意味에도 변화가 없다.

[16] 재산(財産)

諺解文에서 '財産'은 한 번의 용례를 보이고 있는데 원문의 '産'을
'財産'으로 언해한 경우이다.

(1) 一見能傾産 虛懷只愛才 07_34a ≪李監宅≫
ᄒᆞᆫ 번 :보매 (能)·히 {(財産)을} 기·우·리ᄂᆞ·니 (虛)혼 므슴·미라 오
·직 내 ᄌᆡ·조롤 ᄉᆞ랑· ᄒᆞ놋·다

위의 예문(1)에서 원문의 '一見能傾産(일견능경산)'을 'ᄒᆞᆫ 번 보매 能히
財産을 기우리ᄂᆞ니'로 언해하여 '一'과 'ᄒᆞᆫ 번', '見'과 '보매', '能'과 '能
히', '傾'과 '기우리ᄂᆞ니', '産'과 '財産'이 대응된다.
이현희(1997)에 따르면 ≪李監宅≫은 天寶初年(742-756[35])의 작품으로
추정된다. 예문(1)의 원문은 "李監이 마음을 비우고 욕심이 없기 때문에

---

35) 이현희(1997)에서 開元 中에 秘書監을 지내면서 호화로운 생활로 이름이 났던 李令問이 李
監으로 추정된다. 제목이 ≪李鹽鐵≫로 된 데도 있다. 一見能傾産 虛懷只愛才(言李監이 虛
懷無欲故로 愛甫之財ᄒᆞ야 傾産待之니라.) 産은 座 또는 盖로 된 데도 있다고 하였다.

杜甫의 재주를 사랑하여 財産을 기울여 대접하였다.”라는 內容이다. 이
때 ‘産’은 명사로 쓰여『漢典』의 첫 번째 뜻풀이인 ‘財産(재산)’으로 해석
된다.『표준』에 등재된 ‘財産’의 첫 번째 뜻풀이인 ‘재화와 자산을 통틀
어 이르는 말’과 같은 意味로 쓰였다. 기본意味로만 쓰인 ‘財産’은 예나
지금이나 품사에 변화가 없고 意味에도 변화가 없는 것으로 보인다.

[17] 정치(政治)

諺解文에서 ‘政治’는 다섯 번의 용례를 보이고 있는데 명사 ‘政治’가
나타날 뿐만 아니라 동사 ‘政治ᄒ-’도 두 번의 용례를 보이고 있다. 諺
解文에 나타나는 漢字語 ‘政治’를 원문과 對照하면 원문의 ‘政’을 ‘政治’
로 언해한 경우와 원문의 ‘爲政’을 ‘政治ᄒ-’로 언해한 경우로 나눌 수
있다.

가. 원문의 ‘政’을 ‘政治’로 언해한 경우

원문의 ‘政’을 諺解文에서 ‘政治’로 언해한 경우는 세 번의 용례를 보
인다.

> (1) 政簡移風速 詩清立意新 14_27b ≪奉和嚴中丞西城晚眺十韻≫
> {(政治)ㅣ} (簡易)ᄒ니 (風俗)·올 옮·규미 ᄲᆞᄅ·고 ·그리 몰ᄀ니 ·
> ᄠᅳ들 셰·요미 :새롭·도·다

위의 예문(1)에서 원문의 ‘政簡’을 ‘政治ㅣ 簡易ᄒ니’로 언해하여 ‘政’
과 ‘政治’, ‘簡’과 ‘簡易ᄒ니’가 대응된다.

≪奉和嚴中丞西城晚眺十韻≫은 762년(寶應元年)에 成都에서 지은 詩이

다. 원문에서 '政簡'은 '政事를 봄에 있어서 禮儀를 간소화하다'라는 意
味로 이때 명사로 쓰인 '政'은『漢典』의 첫 번째 뜻풀이인 '政治(정치),
政事(정사)'로 해석되어『표준』의 '政治'에 등재된 첫 번째 뜻풀이인 '나
라를 다스리는 일'과 같은 意味로 쓰였다.

(2) ㄱ. 姚公美政誰與儔 不減昔時陳太丘 15_43b ≪陪王侍御同登東山最高
頂, 宴姚通泉,晚携酒≫
(姚公)·이 아·룸다·온 {(政治)·롤} ·뉘 다·못 빠·기 드외·리오
:녯 ·쁏 (陳太丘)의게 디·디 아·니·ᄒ도·다
ㄴ. 行行樹佳政 慰我深相憶 22_49b ≪送韋諷上閬州彔事參軍≫
녀·며 ·녀 ·가 :됴흔 {(政治)·롤} 셰여 내 기·피 서르 사랑·ᄒ
몰 (慰勞)ᄒ·라

위의 예문(2)에서 '美政'과 '佳政'을 '아룸다온 政治', '됴흔 政治'로
언해하여 모두 '政'과 '政治'가 대응된다. 원문에서 '美政'과 '佳政'은
'德政'으로 '좋은 정치'를 뜻한다. 따라서 예문(1)과 같은 意味로 쓰였다.

나. 원문의 '爲政'을 '政治ᄒ-'로 언해한 경우

원문의 '爲政'을 동사 '政治ᄒ-'로 언해한 경우는 두 번의 용례를 보
인다.

(3) ㄱ. 看君妙爲政 他日有殊恩 23_13b ≪送鮮于万州遷巴州≫
그듸·의 (微妙)·히 {(政治)호몰} ·보노·니 다른 나·래 (殊異)흔
(恩寵)·이 이시·리라
ㄴ. 池水觀爲政 廚烟覺遠庖 14_19a ≪題新津北橋樓得郊字≫
·못 ·므레 {(政治)·ᄒ요·몰} 보·리·로·소·니 브섭 ·닉예 (庖廚)
·의 머·로몰 :알리로·라

위의 예문(ㄴ)에서 '池水觀爲政(지수관위정)'을 '못 므레 政治ᄒᆞ요ᄆᆞᆯ 보리로소니'로 언해하여 '池水'와 '못 므레', '觀'과 '보리로소니', '爲政'과 '政治ᄒᆞ요ᄆᆞᆯ'이 대응된다.

≪題新津北橋樓得郊字≫는 761년(上元二年)에 지은 詩이다. 예문(ㄴ)의 원문은 "못의 물을 보면 政治하는 것을 알 수 있고, 부엌이 연기를 보면 거리를 알 수 있다."라는 內容이다. 이때 원문에서 '爲政'은 『漢典』의 첫 번째 뜻풀이인 '治理國家(치리국가)'로 '나라를 다스리다'로 해석된다. 『표준』의 '政治하-' 뜻풀이인 '나라를 다스리다'와 같은 意味로 쓰였다.

위의 검토에 의하면 '政治'는 '나라를 다스리는 일'로 예나 지금이나 기본意味로만 쓰이고 있어 意味 변화가 없다. 품사에서도 동사와 명사가 모두 쓰이고 있어 변화가 없다.

[18] 제도(制度)

諺解文에서 '制度'는 한 번의 용례를 보이고 있는데 원문의 '制'를 諺解文에서 '制度'로 언해한 경우이다.

> (1) 曾城有高樓 制古丹雘存 08_58b ≪閬州東樓筵奉送十一舅往靑城縣得昏字≫
> 노·폰 (城)·에 노·폰 (樓)ㅣ 잇ᄂᆞ·니 {(制度)ㅣ} 오·라고 블·근 (漆)·이 잇·도다

위의 예문(1)에서 원문의 '制古丹雘存(제고단확존)'을 '制度ㅣ 오라고 블근 漆이 잇도다'로 언해하여 '制'와 '制度', '古'과 '오라고', '丹雘'과 '블근 漆', '存'과 '잇도다'가 대응된다.

≪閬州東樓筵奉送十一舅往靑城縣≫은 763년(廣德元年) 9월, 閬州에서

지은 詩이다. 예문(1)의 원문은 "都城에 높은 樓閣이 있는데 양식이 오래되고 붉은 漆이 남아 있다."라는 內容이다. 따라서 원문에서 명사로 쓰인 '制'는 『漢典』의 두 번째 뜻풀이인 '式樣(양식)'으로 해석된다. 원문에서 '制'의 문맥적 意味에 따라 諺解文의 '制度'의 意味가 결정되므로 諺解文에서 '制度'도 '式樣'의 意味를 가진다. 『표준』의 '制度'에는 등재되어 있지 않는 意味이다.

위의 검토에 의하면 諺解文의 '制度'는 '樣式'을 뜻하여 『표준』에는 등재되어 있지 않은 意味이다. 『15세기 漢字語 조사 연구』에는 명사로 『杜詩諺解』에 나타난 용례만 실려 있고, 『17세기 국어사전』에는 漢字語, 한글체, 국한혼용체를 포함한 많은 용례를 보이고 있다. 현대한국어에는 1,876개 용례를 보이고 있는데 모두 『표준』에 등재된 '관습이나 도덕, 법률 따위의 규범이나 사회 구조의 체계'의 意味로 쓰였다. 품사에 변화가 없는 '制度'의 경우, '양식'을 나타내는 옛 뜻으로도 쓰이고, '사회 구조 체계'를 뜻하는 현대적 意味로도 쓰이고 있어 옛 뜻에 새로운 意味가 추가된 意味 확대로 볼 수 있다.

[19] 종류(種類)

諺解文에서 '種類'는 세 번의 용례를 보이고 있는데 원문의 '種'을 '種類'로 언해한 경우이다.

(1) 雜種難高壘 長驅甚建瓴 24_06b ≪秦州見敕目薛三璩授司議郎畢四曜除
監察与二子有故遠喜遷官兼述索居凡三十韻≫
여·러 {(種類)ㅣ} 노·피 (城) ·사 이·슈미 어·려우·니 기·리 모·라
:가미 호병·엣 믈 업튜·미라· 와 (甚)· 호도·다
(2) 渥洼汗血種 天上麒麟兒 15_54b ≪和江陵宋大少府暮春雨后同諸公及舍

弟宴書齋≫

(渥洼) ·므렛 ·피쏨 :내논 {(種類)ㅣ ·오} 하·눌 우·흿 (麒麟)·의 삿·
기로·다

(3) 彭城英雄種 宜膺將相圖 22_44b ≪別張十三建封≫

(彭城)·은 (英雄)·엣 {(種類)ㅣ ·니} (將相)ㅅ ·꾀·룰 (膺當)·호미 ·
맛당ᄒᆞ·니라

예문(1)은 758년(乾元元年) 가을에 쓴 詩이다. 원문의 ‘雜種’을 ‘여러 種
類’로 언해하여 ‘種’과 ‘種類’가 대응된다. 원문에서 ‘雜種’은 주변의 소
수민족을 가리키는데 이때 ‘種’은『漢典』의 두 번째 뜻풀이인 ‘人的种族
或其他生物的族類’로 ‘사람의 종족 혹은 기타 생물의 동족’으로 해석된
다.『표준』에서 ‘種類’의 첫 번째 뜻풀이인 ‘사물을 부문을 나누는 갈래’
와 같은 意味로 쓰였다.

예문(2)는 768년(大曆三年) 봄에 지은 詩이다. 원문은 “神馬 渥洼는 天馬
汗血의 種類이고, 하늘 위의 麒麟의 새끼이다.”라는 內容이다. 이때의
‘種’도 예문(1)과 같은 意味로 쓰였다.

≪別張十三建封≫은 769년(大曆四年), 潭州에서 지은 詩이다. 예문(3)의
원문은 “彭城은 영웅들이 배출되는 부류의 곳이니 대장의 꾀를 보답할
수 있는 능력이 마땅히 있다.”라는 內容이다. 예문(1)과 같은 意味로 쓰
였다.

위의 검토에 의하면 諺解文의 ‘種類’는 ‘사물의 부문을 나누는 갈래’
의 기본意味로만 쓰이고 있다.『漢典』과『표준』에도 명사로 기본意味만
등재되어 있어 漢字語 ‘種類’는 예나 지금이나 품사에 변화가 없고 意味
에도 변화가 없다.

[20] 지식(知識)

諺解文에서 '知識'은 한 번의 용례를 보이고 있는데 원문의 '識'을 '知識'으로 언해한 경우이다.

> (1) 小儒輕董卓 有識笑符堅 20_15b ≪寄岳州賈司馬六丈巴州嚴八使君兩閣
> 老五十≫
> 효·근 션·비도 (董卓)·을 :업시·우고 ((知識)} 잇ᄂᆞ·니ᄂᆞᆫ (符堅)·을
> :웃더·라

≪寄岳州賈司馬六丈巴州嚴八使君兩閣老五十≫은 759년(乾元二年), 秦州에서 지은 詩이다. 예문(1)의 원문은 "우매하고 비루한 선비는 董卓을 업신여기고 知識이 있는 이는 符堅을 비웃는다."라는 內容이다. 원문의 '有識'을 '知識 잇ᄂᆞ니ᄂᆞᆫ'으로 언해하여 '識'과 '知識'이 대응되는데 원문에서 명사로 쓰인 '識'은 『漢典』의 첫 번째 뜻풀이인 '見識(견식)'으로 해석된다. 『표준』에서 '知識'의 첫 번째 뜻풀이인 '어떤 대상에 대하여 배우거나 실천을 통하여 알게 된 명확한 인식이나 이해'와 같은 意味로 쓰였다.[36]

[21] 지위(地位)

諺解文에서 '地位'는 두 번의 용례를 보이고 있는데 원문의 '地'를 '地位'로 언해한 경우이다.

---

[36] 諺解文에 '知識'과 같이 하나의 예문만 나타나고 그 문맥적 意味가 『표준』에 등재된 意味이면 부연설명을 하지 않고 意味 변화가 없는 것으로 보고자 한다. 하나의 예문으로 어떤 규칙을 설명하고 意味 변화를 따지는 것은 객관성이 없다고 보기 때문이다.

(1) 尊榮瞻地絶 踈放憶途窮 21_01b 《奉寄河南韋尹丈人》
(尊榮)·을 {(地位)} (絶等)·호몰 ·보노·니 (踈放)·호야 ·길히 (窮困)
혼 :나롤 ᄉ·랑·ᄒ·시놋·다

예문(1)은 원문의 '尊榮瞻地絶(존영첨지절)'을 '尊榮을 地位 絶等호몰 보노니'로 언해하여 '尊榮'과 '尊榮', '瞻'과 '보노나', '地'와 '地位', '絶'과 '絶等'이 대응된다.

《奉寄河南韋尹丈人》은 두 번의 과거시험에서 낙방하고 관직도 얻지 못한 채 長安에서 곤궁한 생활을 하던 748년(天寶七年)에 지은 詩이다. 예문(1) 원문은 "韋濟가 높은 지위에 올라 영화롭고 신분이 귀함을 첨앙(瞻仰)한다. 나는 서툴고 방탕하여 벼슬길이 막힌 것이라고 생각한다."라는 內容이다. 원문에서 명사로 쓰인 '地'는 『漢典』의 여섯 번째 뜻풀이인 '地位(지위)'로 『표준』에서 '地位'의 첫 번째 뜻풀이인 '개인의 사회적 신분에 따르는 위치나 자리'와 같은 意味로 쓰였다.

(2) 地崇士大夫 況乃氣淸爽 24_36b 《八哀詩·故著作郎貶台州司戶榮陽鄭
公虔》
{(地位)·ᄂᆞᆫ} (士大夫)의·게 노·푸니 ·ᄒᆞ몰·며 (氣運)·이 (淸爽)·ᄒᆞ도·다

예문(2)는 著作郎이란 관직에 있는 士大夫 鄭虔의 지위가 높다는 內容으로 이때 '地'도 『표준』의 '개인의 사회적 신분에 따르는 위치나 자리'를 뜻하는 '地位'와 같은 意味로 쓰였다.

[22] 학문(學問)

諺解文에서 '學問'은 한 번의 용례를 보이고 있는데 원문의 '學'을 '學問'으로 언해한 경우이다.

(1) 學竝盧王敏 書偕褚薛能 20_22a ≪寄劉峽州伯華使君四十韻≫

　　{(學問)·은} (盧照隣) (王勃)·이 (敏捷)·과 :궃·고 ·글·스긴 (褚遂良)

　　(薛稷)·의 (能)·홈·과 ·궃도·다

　　위의 예문(1)은 原文의 '學竝盧王敏(학병로왕민)'을 '學問은 盧照隣 王勃이 敏捷과 궃고'로 언해하여 '學'과 '學問', '竝'과 '궃고', '盧'와 '盧照隣', '王'과 '王勃', '敏'과 '敏捷'이 대응된다.

　　≪寄劉峽州伯華使君四十韻≫은 杜甫가 初唐 詩人 劉允濟의 후손 劉伯華에게 보낸 詩이다. 예문(1)의 원문은 "劉允濟의 詩 혹은 學問은 당초 사걸(唐初四傑)로 불리는 詩人 王勃과 盧照隣의 예리함과 나란히 할 수 있고, 서예는 초당사대가(初唐四大家)로 불리는 褚遂良과 薛稷의 뛰어남과 같다."라는 內容이다. 원문에서 명사로 쓰인 '學'은『漢典』의 세 번째 뜻풀이인 '學問'으로 해석되는데 이때 '學問'은『漢典』의 두 번째 意味인 '지식(知識), 학식(學識)'을 뜻한다. 따라서 諺解文의 '學問'은 '知識, 學識'의 意味로 쓰였다.『표준』에서 '學問'은 '어떤 분야를 체계적으로 배워서 익힘, 또는 그런 지식'의 뜻으로 현대적 意味만 등재되어 있어『표준』에는 등재되어 있지 않는 意味로 이해된다.

　　위의 검토에 의하면 諺解文의 '學問'은 '知識, 學識'을 뜻하여『표준』에는 등재되어 있지 않는 意味이다.『漢典』에는 1)배우고 묻다, 2)지식과 학식, 3)객관사물에 대한 계통적 지식, 4)도리(道理) 등 네 가지로 정리된다.『표준』에는『漢典』의 세 번째 意味만 등재되어 있다.

　　명사로만 나타나는 '學問'은『15세기 漢字語 조사 연구』에는『杜詩諺解』에 나타난 용례와『金剛21a』,『龍歌81』을 포함하여 모두 세 번의 용례를 보이고 있다.『17세기 국어사전』에는 표제항으로 등재되어 있지 않다. 현대한국어에는 667개 용례를 보이고 있는데 모두『표준』에 등재된 현대적 意味로 쓰였다. 품사에 변화가 없는 '學問'의 경우, '知識과 學識'을 나타내는 옛 뜻도 쓰이고, '체계적인 지식'을 뜻하는 현대적 意味로도 쓰이고 있어 옛 뜻에 새로운 意味가 추가된 意味 확대로 볼 수 있다. 또 체계적인 것이 아니더라도 많은 지식을 알고 있으면 '學問'으로 표현하였으나 현재 '學問'은 과학적이고 체계적이어야 하기 때문에 意味의 축소로 볼 수도 있다. 그리고 과학의 발달과 함께 나타난 서양 개념인 science의 대역어로만 이해한다면 意味의 轉用이라고 볼 수 있다.

3.1.6 불일치 유형 漢字語

諺解文의 漢字語가 원문의 어휘에 어떻게 대응되는지에 따라 '飮食'과 같이 원문의 '飱'을 '飮食'으로 언해한 경우와 원문의 '味'와 諺解文의 '飮食'이 대응되는 경우는 모두 불일치 유형에 속한다. 이 유형에 속하는 漢字語는 '飮食' 하나뿐이다.

[23] 음식(飮食)

諺解文에서 '飮食'은 두 번의 용례를 보이고 있는데 원문의 '飱'을 '飮食'으로 언해한 경우와 원문에는 諺解文의 '飮食'에 대응되는 단어가 없는 경우로 나눌 수 있다.

가. 원문의 '飱'을 '飮食'으로 언해한 경우

원문의 飱'을 諺解文에서 '飮食'으로 언해한 경우는 한 번의 용례를 보인다.

(1) 所來爲宗族 亦不爲盤飱 08_33a ≪示從孫濟≫

　　:온 ·고돈 아·ᄉᆞ물 (爲)·ᄒᆞ얘·오 ·ᄯᅩ {(飮食)·을} (爲)·호미 아·니
　　니·라

예문(1)은 원문의 '亦不爲盤飱(역불위반손)'을 'ᄯᅩ 飮食을 爲호미 아니니
라'로 언해하여 '亦'과 'ᄯᅩ', '不'과 '아니니라', '爲'와 '爲호미', '盤37)飱'
이 '飮食'과 대응된다.

≪示從孫濟≫는 754년(天寶十三), 長安에서의 작품이다. 예문(1)의 원문
은 "내가 찾아오는 것은 피가 물보다 진한 친척을 만나기 위해서이지
단순히 몇 끼 밥 때문이 아니다."38)라는 內容이다. 이때 명사로 쓰인
'飱'은 『漢典』의 두 번째 뜻풀이인 '泛指熟食'으로 '익힌 음식을 가리키
다'로 해석된다. 『표준』에 등재된 '飮食'의 意味처럼 '사람이 먹을 수
있도록 만든 밥이나 국 따위의 물건'과 같은 意味로 쓰였다.

나. 원문의 '味'와 '飮食'이 대응되는 경우

원문의 漢字 '味'를 諺解文에서 '飮食'으로 언해한 경우도 한 번의 용
례를 보인다.

(2) 將衰骨盡痛 被喝味空頻 10_23b ≪熱三首≫

　　쟝ᄎᆞ 늘구메 ᄲᅧ 다 알프니 더윗 (病)을 어두니 {(飮食)ㅅ} 마술 ᄒᆞᆫ
　　갓 ᄌᆞ조 밍ᄀᆞᆯ ᄯᆞᆫ니로다

---

37) 仇兆鰲(1979)에서는 '盤은 '盛飯器(밥을 담는 그릇이다)', '飱'은 '水澆飯(물에 만 밥)'으로 주
　　석을 달고 있다.

38) 長安에서 가난했던 杜甫는 자주 남의 집에 가서 밥을 얻어먹곤 했다. 그 중에는 從孫인 杜
　　濟도 있었는데 자주 오는 杜甫가 좋지 만은 않았던 모양이다. 杜濟의 태도에 대해 杜甫가
　　어른으로서 손자에게 사람됨이 관대하라고 간곡하게 타이르는 內容이다.

≪熱三首≫는 766년(大曆元年)에 夔州에서 지은 詩이다. 예문(2)의 원문은 "일사병 때문에 맛있는 음식이 있어도 자주 먹지 못하고 내버려 둔다."라는 內容이다. 이때 명사로 쓰인 '味'39)를 『漢典』의 두 번째 뜻풀이인 '食物(음식물)'로 해석된다. 『표준』에서 '飮食'의 뜻풀이인 '사람이 먹을 수 있도록 만든, 밥이나 국 따위의 물건'과 같은 意味로 쓰였다.

위의 검토에 의하면 諺解文의 漢字語 '飮食'은 『杜詩諺解』 初刊本에서뿐만 아니라 '중·근대한국어'의 용례에서도 명사로만 나타난다. 현대한국어에서도 품사의 변화가 없이 명사로만 나타나고 그 용례도 모두 『표준』에 등재된 기본意味로 쓰여 품사에 변화가 없고 意味에도 변화가 없는 것으로 보인다.

3.2 동사로 쓰인 경우

諺解文에 동사로 쓰인 漢字語는 '檢察, 經營, 記憶, 對答, 變化, 相對, 決定, 關係, 費用, 思想, 安定, 要求, 判斷' 등 13개가 있다. 諺解文에서 동사로 쓰인 이들 漢字語를 원문의 단어와 對照하여 그 대응 양상을 분류하면 1)일치·부분일치 유형 漢字語, 2)부분일치·불일치 유형 漢字語, 3)부분일치 漢字語 등 세 가지 유형이 나타난다.

---

39) 원문의 '味(미)'를 '飮食ㅅ 마술'로 언해하여 '味'와 '마술'이 대응되면 '飮食'과 대응되는 어휘가 없다. '味'를 『漢典』의 첫 번째 뜻풀이인 '자미(滋味)' 즉 '맛'으로 해석되며 원문에는 諺解文의 '飮食'에 대응되는 어휘가 없는 경우로도 볼 수 있다.

3.2.1 일치·부분일치 유형 漢字語

諺解文의 漢字語가 원문의 어휘에 어떻게 대응되는지에 따라 '檢察'과 같이 원문의 '檢察'을 동일한 漢字語 '檢察ᄒ-'로 언해한 경우는 일치 유형에 속하고, 원문의 '檢'을 '檢察ᄒ-'로 언해한 경우는 부분일치 유형에 속하는데 이 유형에는 '檢察' 외에 '經營, 記憶, 變化, 相對' 등이 있다.

[24] 검찰(檢察)

諺解文에서 '檢察ᄒ-'는 세 번의 용례를 보이고 있는데 원문의 '檢察'을 '檢察ᄒ-'로 언해한 경우와 '檢'을 '檢察ᄒ-'로 언해한 경우로 나눌 수 있다.

가. 원문의 '檢察'을 '檢察ᄒ-'로 언해한 경우

원문의 '檢察'을 諺解文에서 '檢察ᄒ-'로 언해한 경우는 한 번의 용례를 보인다.

⑴ 吐蕃憑陵氣頗驪 竇氏檢察應時須 08_22b 《入奏行贈西山檢察使竇侍御》
(吐蕃)·이 (憑陵)ᄒ야 (氣運)이 ᄌ모 ·멀터·우니 (竇氏)·의 {(檢察)·호미} (時節)ㅅ (求)호믈맛굴·마 ·나도·다

위의 예문⑴에서 원문의 '竇氏檢察應時須(두씨검찰응시수)'를 '竇氏의 檢察호미 時節ㅅ 求호믈 맛굴마 나도다'로 언해하여 '竇氏'와 '竇氏', '檢察'과 '檢察호미', '應'과 '맛굴마 나도다', '時須'과 '時節ㅅ 求호믈'이 대응된다.

≪入奏行贈西山檢察使竇侍御≫는 762년(寶應元年)에 지은 詩이다. 예문 (1)의 원문은 "살기가 등등한 吐藩이 자주 侵犯하여 竇氏가 서남쪽 邊防을 돌아보고 전쟁에 필요한 물자와 軍備를 검찰하였다."라는 內容이다. 이때 '檢察'은 『漢典』의 첫 번째 뜻풀이인 '察看(찰간)'으로 '살펴보다, 조사하다, 점검하다'로 해석된다. 『표준』에 등재된 '檢察하-'의 첫 번째 뜻풀이인 '검사하여 살피다'와 같은 意味로 쓰였다.

나. 원문의 '檢'을 '檢察ㅎ-'로 언해한 경우

원문의 '檢'을 諺解文에서 '檢察ㅎ-'로 언해한 경우는 두 번의 용례를 보인다.

(2) 蘊籍異時輩 檢身非苟求 10_22a ≪毒熱寄簡崔評事十六弟≫
　　지·죄 하 (一時)ㅅ ·무레 다른·니 ·모믈 {(檢察)·ㅎ야} (苟且)·히 (求)ㅎ·디 아니·ㅎ놋·다

위의 예문(2)에서 원문의 '檢身'을 '모믈 檢察ㅎ야'로 언해하여 '檢'과 '檢察ㅎ야', '身'과 '모믈'이 대응된다.

≪毒熱寄簡崔評事十六弟≫는 766년(大曆元年), 虁州에서 지은 大暑에 관한 詩이다. 원문에서 '檢身'은 '檢點自身(검점자신)'으로 '자신의 언행을 신중히 하다'는 뜻이다. 이때 동사로 쓰인 '檢'은 『漢典』의 첫 번째 뜻풀이인 '約束, 制限'으로 해석되거나 여섯 번째 通假[40]字로 해석된다. '檢'은 '斂'의 通假字로 '收斂(수렴)', '約束言行(약속언행)'의 뜻이다. 따라서 원문의 '檢'과 대응되는 諺解文의 '檢察ㅎ-'도 '(자신의 언행을) 신중히

---

40) 通假에 대한 네이버 중국어사전의 뜻풀이를 빌리면 漢字의 통용과 假借로 字音이 같거나 비슷한 글자를 借用하여 본래 글자를 대신하는 것이다. 고대 文獻에 蚤(zǎo)를 빌어 '早(zǎo)'로 쓴 경우가 발견되는데 이 때 '早(zǎo)'는 본자이고 '蚤(zǎo)'는 通假字이다.

하다, 단속하다, 주의하다'의 뜻으로 쓰이었다고 할 수 있다. 『표준』의 '檢察하-'에는 등재되어 있지 않는 意味라고 할 수 있다.

> (3) 檢書燒燭短 看劍引盃長 15_55a ≪夜宴左氏莊≫
> (書冊)·올 ((檢察)·ㅎ노·라) ·ㅎ야 (燭)·올 ·스라 뎌르·게 ㅎ·고 · 갈 ·보노·라 ·ㅎ야 술·잔 :혀몯 기리 ㅎ라

위의 예문(3)에서 원문의 '檢書(검서)'를 '書冊올 檢察ㅎ노라'로 언해하여 '檢'과 '檢察ㅎ-', '書'와 '書冊'이 대응된다.

≪夜宴左氏莊≫[41]은 左氏 莊園의 경치와 夜宴에서 있었던 일을 쓴 詩이다. 예문(3)의 원문은 "책을 열람하느라 촛불이 타서 짧아졌고 칼춤을 구경하느라 술잔을 오래 든다."라는 내용이다. 원문에서 '檢書'는 '翻閱 書籍(번열서적)'으로 '서적이나 서류를 훑어보다.'는 뜻이다. 이때 동사로 쓰인 '檢'은 『漢典』의 네 번째 뜻풀이인 '翻閱(번열)', '查閱(사열)'[42]로 '훑어보다, 열람하다'로 해석된다. 따라서 원문의 '檢'과 대응되는 諺解文의 '檢察ㅎ-'도 '훑어보다, 열람하다, 페이지를 넘기다, 뒤져보다'의 뜻으로 쓰였다고 할 수 있다. 『표준』의 '검찰하-'에는 등재되어 있지 않는 意味이다.

위의 검토에 의하면 『杜詩諺解』에서 동사로만 나타나는 '檢察ㅎ-'는 1)검사하여 살피다, 2)(자신의 언행을) 신중히 하다, 3)(서적이나 서류를) 훑어보다 등 세 가지 意味로 정리된다. 漢字語 어근 '檢察'은 『표준』에 동사 '檢察하-'와 명사 '檢察'이 모두 표제항으로 등재되어 있다. 그 뜻풀이

---

41) ≪夜宴左氏莊≫의 정확한 창작 연대는 알 수 없지만 仇兆鰲(1979)에 따르면 『鶴注』에 '公 未得饗貢之前, 遊吳, 越, 下第之後, 遊齊, 趙'로 되어 있어서 743-744년으로 추정한다.

42) 중국어에서 '查閱'은 '(간행물, 문서 등의 해당 부분을) 열람하다, 찾아서 읽다'는 意味이다. 한국어에서의 意味와 차이를 보인다.

를 살펴보면 동사 '檢察하-'에는 1)검사하여 살피다, 2)<법률>에서 범
죄를 수사하고 그 증거를 모으다 등 두 가지 意味가 등재되어 있다. 명
사 '檢察'에는 동사에 나타나는 두 가지 意味 외에 3)<법률>에서 검찰
청 등 세 가지[43] 意味가 등재되어 있다. 그러나『杜詩諺解』에서 원문의
漢字形態素 '檢'을 '檢察ᄒ-'로 언해하고 '(서적이나 서류를) 훑어보다, (자
신의 언행을) 신중히 하다'로 쓰인 경우는『표준』에 그 意味가 등재되어
있지 않다.

　漢字語 어근 '檢察'은『杜詩諺解』初刊本에서뿐만 아니라 '중·근대
한국어'에서도 명사 '檢察'은 나타나지 않고 동사 '檢察ᄒ-'만 용례를
보이고 있다. 반면 현대한국어에서는 동사 '檢察하-'가 용례를 보이지
않고 명사 '檢察'만 900개의 용례를 보이고 있다. 그 용례들을 살펴보면
'조사하여 살피다'의 뜻으로 쓰인 경우는 나타나지 않고 <법률>에서
'주로 검사나 군 검찰관이 범죄를 수사하고 증거를 모으는 일' 또는
<법률>에서 '檢察廳'의 意味로 쓰이고 있음을 확인할 수 있다. '중·근
대한국어'에서 '檢察ᄒ-'의 形態로 동사로만 쓰이던 단어가 현대한국어
에서는 '檢察'의 形態로 명사로만 쓰여 품사의 변화를 겪은 것이다. 또
품사의 변화와 동시에 意味의 변화도 가져왔다. 즉, 옛 뜻에 새로운 意
味가 추가된 것으로 이해하면 意味 확대 현상이고, '조사하여 살피다,
훑어보다, 신중히 하다' 등 여러 가지 意味로 쓰이던 '檢察ᄒ-'가 현대
한국어에서는 <법률>방면의 전문용어로 쓰이고 있음에 초점을 맞추면
意味가 축소된 것으로 볼 수 있다. 또한 품사가 명사로 굳어지면서 <법
률>방면의 전문용어로 意味 轉用도 일어났다고 본다.

---

43) 명사 '檢察'의 뜻풀이에 <북한어>의 해석까지 포함하면 모두 네 가지 뜻풀이가 등재되어
　　있다. 본고에서는 <북한어>의 뜻풀이를 모두 제외하고 논의를 전개한다.

[25] 경영(經營)

諺解文에서 漢字語 어근 ‘經營’은 동사 ‘經營ᄒ-’가 두 번, 사동사 ‘經營히-’가 한 번으로 모두 세 번의 용례를 보이고 있다. 諺解文에 나타나는 漢字語 어근 ‘經營’을 원문의 어휘와 對照하면 원문의 ‘經營’을 ‘經營ᄒ-’로 언해한 경우와 ‘經’을 ‘經營ᄒ-’로 언해한 경우로 나눌 수 있다.

가. 원문의 ‘經營’을 ‘經營ᄒ-’로 언해한 경우

원문의 단어 ‘經營’을 諺解文에서 동일한 漢字語 ‘經營ᄒ-’로 언해한 경우는 두 번의 용례를 보인다.

(1) 經營上元始 斷手寶應年 06_36a ≪寄題江外草堂≫

　　(上元)ㅅ ·처서·믜 ((經營)ᄒ·고) (寶應年)·에 ·소ᄂᆞᆯ 그·쳐·라

위의 예문(1)에서 原文의 ‘經營上元始(경영상원시)’를 ‘上元ㅅ 처서믜 經營ᄒ고’로 언해하여 ‘經營’과 ‘經營ᄒ고’, ‘上元’과 ‘上元ㅅ’, ‘始’와 ‘처서믜’가 대응된다.

≪寄題江外草堂≫은 杜甫가 763년(廣德元年)에 徐知道의 亂을 피하여 梓州에 머물렀을 때 지은 詩이다. 예문(1)의 원문은 “唐肅宗 上元 元年에 처음 초당을 짓기 시작하여 唐代宗 寶應 元年에 일을 마쳤다.”라는 內容이다. 이때 ‘經營’은 『漢典』의 첫 번째 뜻풀이인 ‘籌劃營造(주획영조)’로 ‘계획을 세워 집 따위를 짓거나 물건을 만들다’로 해석된다. 『표준』에 등재된 ‘經營하-’의 세 번째 뜻풀이인 ‘계획을 세워 집을 짓다’와 같은 意味로 쓰였다.

(2) 詔謂將軍拂絹素 意匠慘澹經營中 16_26b ≪丹靑引贈曹霸將軍≫

(將軍)·을 (下詔)· ᄒ야 니르·샤 ᄒ인 ·기베 뼈·러 ·그리·라 ·ᄒ시·
니 (意匠)·이 ((經營)· ᄒᄂᆫ) (中)·에 어·렵더·라

杜甫는 764년(廣德二年), 成都에서 관직을 박탈당하고 庶民이 되어 타향
살이 하는 盛唐시기 大畫家 曹霸를 만난다. ≪丹靑引贈曹霸將軍≫은 杜
甫가 그의 비참한 처지를 가슴 아파하면서 지은 詩이다. 예문(2)의 원문
은 "황제가 曹將軍을 下詔하여 흰 비단에 그림을 그리라 하니 정성을
들여 열심히 구상하였다."라는 內容이다. 이때 '經營'은 『漢典』의 네 번
째[44] 뜻풀이인 '指藝術構思(지예술구사)'로 '예술 작품을 창작할 때, 작품
의 골자가 될 內容이나 표현 形式 따위에 대하여 생각을 정리하다 즉
구상하다'로 해석된다. 따라서 諺解文의 '經營ᄒ-'도 '構想하다'의 뜻으
로 쓰였다. 『표준』의 '經營하-'에는 등재되어 있지 않는 意味이다.

나. 원문의 '經'을 '經營ᄒ-'로 언해한 경우

원문의 '經'을 諺解文에서 漢字形態素 '經'이 포함된 '經營ᄒ-'로 언
해한 경우는 한 번의 용례를 보이고 있다.

(3) 堂下可以畦[45] 呼童對經始 16_66a ≪種萵苣≫
집 아·래 어·루 받 이·럼 밍·ᄀ릴·식 아·히 블·러 마·조 ·셔 비·
루수 ((經營):희유·라)

위의 예문(3)은 원문의 '呼童對經始(호동대경시)'를 '아·히 블·러 마조

---

44) 『漢典』에서 '經營'의 네 번째 뜻풀이는 '指藝術構思'이다. 이 뜻풀이에 대한 예문으로 杜甫
의 詩 ≪丹靑引贈曹霸將軍≫, 다시 말하여 예문(2)의 원문을 들고 있다.
45) 원문에서 동사로 쓰인 밭두둑 '畦(휴)'는 '分畦種植(분휴종식)'으로 '밭두둑을 만들어 재배
하다'의 뜻으로 해석된다.

셔 비루수 經營히유라'로 언해하여 '呼'와 '블러', '童'과 '아히', '對'와
'마조 셔'가 대응되고, 부사로 쓰인 '始'와 '비루수', '經'과 '經營히유라'
가 대응된다. 1대1 대응을 시키면 '經'과 사동사 '經營히-'가 대응되는
것 같지만 '아이를 불러 일을 시키다'는 內容이므로 원문의 '經'과 諺解
文의 '經營ᄒ-'가 대응되는 것이다.

≪種萵苣≫는 766년(大曆元年) 가을에 지은 詩이다. 예문(3)의 원문은
'집 아래에 채소를 심을 수 있는 공터가 있어 노복을 불러 밭을 일구게
하였다.'라는 內容이다. 『漢典』에 따르면 원문에서 '經始'는 '開始經營
(개시경영)'으로 '집 따위를 짓거나 물건을 만들기 시작하다'는 뜻이다.
이 때 동사로 쓰인 '經'은 『漢典』의 세 번째 뜻풀이인 '經營, 料理(어떤
일을 맡아 하다)'로 '밭두둑을 만들다 혹은 밭을 일구다'는 뜻으로 해석된
다. 따라서 諺解文의 '經營ᄒ-'도 '밭두둑을 만들다 혹은 밭을 일구다'
의 뜻으로 쓰였다. 『표준』의 '經營하-'에는 등재되어 있지 않은 意味이다.

위의 검토에 의하면 『杜詩諺解』에서 동사로만 나타나는 '經營ᄒ-'는
1)계획을 세워 초당을 짓다, 2)예술 작품을 구상하다, 3)밭을 일구다 등
세 가지로 정리된다. 漢字語 어근 '經營'은 『표준』에 동사 '經營하-'와
명사 '經營'이 모두 표제항으로 등재되어 있다. 그 뜻풀이를 살펴보면
동사 '經營하-'에는 1)기업이나 사업 따위를 관리하고 운영하다, 2)기초
를 닦고 계획을 세워 어떤 일을 해 나가다, 3)계획을 세워 집을 짓다 등
세 가지 意味가 등재되어 있고, 명사 '經營'에도 동사와 같은 意味로 등
재되어 있다. 그러나 『杜詩諺解』에서 원문의 '經營'을 '經營ᄒ-'로 언해
하고 '예술 작품을 구상하다'로 쓰인 경우, 원문의 漢字形態素 '經'을
'經營ᄒ-'로 언해하고 '밭을 일구다'로 쓰인 경우는 『표준』에 그 意味가
등재되어 있지 않다.

漢字語 어근 '經營'은 『杜詩諺解』 初刊本에서뿐만 아니라 '중·근대

한국어'에서도 명사 '經營'은 나타나지 않고 동사 '經營ㅎ-'만 용례를 보이고 있다. 현대한국어에서는 동사 '經營하-'는 78개, '經營되-'는 2 개로 모두 80개의 용례를 보이고 명사 '經營'은 815개의 용례를 보이고 있다. 그 용례들을 살펴보면『표준』의 첫 번째 뜻풀이인 '기업이나 사업 따위를 관리하고 운영함'으로 쓰인 경우가 대부분이고 두 번째 意味와 세 번째 意味로 쓰인 경우는 상대적으로 적은 용례를 보이고 있다. 이는 '중·근대한국어'에서 '經營ㅎ-'의 形態로 동사로만 쓰이던 단어가 현대한국어에서는 명사 '經營'이 압도적으로 높은 빈도를 보여 동사 '經營하-'의 쓰임이 줄어들고 명사 '經營'의 쓰임이 늘어난 것이다. 意味의 변화도 가져왔는데 '계획을 세워 집을 짓다, 예술작품을 구상하다, 밭을 일구다' 등 여러 가지 意味에서 <경영>방면의 전문용어로 意味가 축소되었다. 또한 명사의 쓰임이 늘어나면서 <경영>방면의 전문용어로 意味 轉用도 일어났다고 본다. 옛 뜻에 새로운 意味가 추가된 것으로 이해하면 意味 확대로 볼 수 있다.

[26] 기억(記憶)

諺解文에서 동사 '記憶ㅎ-'는 두 번의 용례를 보이고 있는데 원문의 '記憶'을 그대로 살려 '記憶ㅎ-'로 언해한 경우와 '記'를 '記憶ㅎ-'로 언해한 경우로 나눌 수 있다.

가. 원문의 '記憶'을 '記憶ㅎ-'로 언해한 경우

원문의 '記憶'을 諺解文에서 동일한 漢字語 '記憶ㅎ-'로 언해한 경우는 한 번의 용례를 보인다.

(1) 雕蟲蒙記憶 烹鯉問沈綿 20_08b ≪秋日夔府詠懷奉寄鄭監李賓客一百韻≫

벌·에롤 사·기·돗 흔 ·그·레 그릿 {(記憶)·호몰} ·니·부니 (鯉魚)·

롤 술·모니 ·내 오란 (病)·을 :묻도·다

위의 예문(1)에서 원문의 '雕蟲46)蒙記憶'을 '벌에를 사기돗흔 그레 그

릿 記憶호몰 니부니'로 언해하여 '記憶'과 '記憶ㅎ-'가 대응된다.

≪秋日夔府詠懷奉寄鄭監李賓客一百韻≫은 767년(大曆二年), 친구 두 명

에게 杜甫 自身이 夔州의 근황을 알리기 위하여 쓴 詩이다. 예문(1)의

원문은 "두 친구는 나의 보잘 것 없는 글재주를 기억하고 있다. 친구에

게서 나의 오래된 병을 묻는 편지를 받았다."라는 內容이다. 이때 '記憶'

은 『漢典』의 첫 번째 뜻풀이인 '記得(기득)'으로 '잊지 않고 있다'로 해석

된다. 『표준』에 등재된 '記憶ㅎ-'의 뜻풀이인 '이전의 인상이나 경험을

의식 속에 간직하거나 도로 생각해 내다'와 같은 意味로 쓰였다고 볼

수 있다.

나. 원문의 '記'를 '記憶ㅎ-'로 언해한 경우

원문의 '記'를 諺解文에서 '記憶ㅎ-'로 언해한 경우도 한 번의 용례를

보인다.

(2) 萬里皇華使 爲僚記腐儒 22_21b ≪寄韋有夏郎中≫

(萬里)·옛 (皇華使)ㅣ (僚友)ㅣ ·라 ·ㅎ야 서·근 션·비롤 {(記憶)·ㅎ

놋·다}

---

46) 調蟲篆刻(조충전각)은 충서(蟲書)를 조탁(雕琢)하고 각부(刻符)를 전사(篆寫)하는 보잘 것 없
는 솜씨를 뜻한다. 蟲書는 八體書의 하나로 새와 벌레 따위의 형상을 본뜬 書體이고, 刻符
는 八體書의 하나로 주로 부신(符信)에 사용된 글씨체이다.

위의 예문(2)에서 원문의 '爲僚記腐儒(위료기부유)'를 '僚友ㅣ라 ᄒᆞ야 서근 션비를 記憶ᄒᆞ놋다'로 언해하여 '爲僚'와 '僚友ㅣ라 ᄒᆞ야', '記'와 '記憶ᄒᆞ놋다', '腐'와 '서근', '儒'와 '션비'가 대응된다.

≪寄韋有夏郎中≫은 766년(大曆元年)에 친구 韋有夏가 보내온 약을 받고 감사의 마음에서 쓴 詩이다. 예문(2)의 원문은 "萬里를 여행하고 있는 皇帝의 使臣인 僚友가 나와 같이 썩어빠진 선비를 기억하고 있다."라는 內容이다. 이때 동사로 쓰인 원문의 '記'는 『漢典』에서 기본意味인 '記住(기주)'로 '기억해 두다'로 해석된다. 『표준』의 '이전의 인상이나 경험을 의식 속에 간직하거나 도로 생각해 내다'와 같은 意味로 쓰였다.

위의 검토에 의하면 『杜詩諺解』에서 동사로만 나타나는 '記憶ᄒᆞ-'의 意味는 기본意味인 '이전의 인상이나 경험을 의식 속에 간직하거나 도로 생각해 내다'로 정리된다. 漢字語 어근 '記憶'은 『표준』에 동사 '記憶하-'와 명사 '記憶'이 모두 표제항으로 등재되어 있다. 그 뜻풀이를 살펴보면 동사 '記憶하-'의 意味는 『杜詩諺解』와 같은 意味로 한 가지 뜻풀이만 등재되어 있다. 명사 '記憶'에는 1)동사와 같은 意味, 2)<심리>에서 사물이나 사상(事象)에 대한 정보를 마음속에 받아들이고 저장하고 인출하는 정신 기능, 3)<컴퓨터>에서 계산에 필요한 정보를 필요한 시간만큼 수용하여 두는 기능 방면의 전문용어를 합쳐서 모두 세 가지 意味가 등재되어 있다.

漢字語 어근 '記憶'은 『杜詩諺解』 初刊本에서뿐만 아니라 '중·근대 한국어'에서도 명사 '記憶'은 나타나지 않고 동사 '記憶ᄒᆞ-'만 용례를 보이고 있다. 현대한국어에서는 동사 '記憶하-'는 428개, '記憶되-'는 70개로 모두 498개의 용례를 보이고 명사 '記憶'은 827개의 용례를 보이고 있다. 그 용례를 살펴보면 동사와 명사에 모두 있는 意味인 '이전의 인상이나 경험을 의식 속에 간직하거나 도로 생각해 내다'로 쓰인

경우가 대부분임을 확인할 수 있다. '중·근대한국어'에서 '記憶ᄒ-'의
形態로 동사로만 쓰이던 단어가 현대한국어에서 동사뿐만 아니라 명사
도 쓰이고 있어 품사가 추가되었다. 품사의 추가와 함께 추가된 품사에
새로운 意味도 추가되었지만 '이전의 인상이나 경험을 의식 속에 간직
하거나 도로 생각해 내다'와 같은 기본意味와 동사로서의 쓰임이 여전
히 많이 쓰이고 있어 동사의 쓰임만 보면 意味 변화를 가져오지 않았다
고 이해된다. 사전의 뜻풀이를 기준으로 본다면 품사의 변화와 함께
<심리>, <컴퓨터>방면의 전문용어가 추가되었으므로 意味가 확대 또
는 意味 轉用으로 여겨진다.

[27] 변화(變化)

諺解文에서 '變化ᄒ-'는 아홉 번의 용례를 보이고 있는데 원문의 '變
化'를 '變化ᄒ-'로 언해한 경우와 '化'를 '變化ᄒ-'로 언해한 경우로 나
눌 수 있다.

가. 원문의 '變化'를 '變化ᄒ-'로 언해한 경우

원문의 '變化'를 諺解文에서 동일한 漢字語 '變化ᄒ-'로 언해한 경우
는 다섯 번의 용례를 보인다.

> (1) 矯矯龍性合變化 卓立天骨森開張 16_40b ≪天育驃騎歌≫
>   (矯矯)혼 (龍)·의 (性)·이 모·다 ((變化)·ᄒ야) 나·니 ·구·즈기 셔·
>   니 하ᄂᆞᆳ (氣骨)·이 (森然)·히 펫도·다

위의 예문(1)에서 원문의 '矯矯龍性合變化(교교룡성합변화)'를 '矯矯혼 龍

의 性이 모다 變化ᄒᆞ야'로 언해하여 '矯矯'와 '矯矯ᄒᆞᆫ', '龍'과 '龍', '性'
과 '性', '合'과 '모다', '變化'와 '變化ᄒᆞ야'가 대응된다.

《天育驃騎歌》는 755년(天寶十四), 長安에서 지은 詩이다. 원문은 "그
림의 말은 빼어난 용의 변화무쌍한 성질을 받았고 우뚝 선 모습을 보니
하늘로부터 타고난 기골이 삼연히 펼쳐져 있다."라는 內容이다. 이때
'變化'는『漢典』의 첫 번째 뜻풀이인 '事物在形態上或本質上產生新的狀
況'로 '사물이 形態的 혹은 본질적으로 새로운 것이 되다'로 해석된다.
『표준』에서 제시한 '變化하-'의 뜻풀이인 '사물의 성질, 모양, 상태 따
위가 바뀌어 달라지다'와 같은 意味로 쓰였다.

(2) ㄱ. 蒼頡鳥跡旣茫昧 字體變化如浮雲 16_15a 《李潮八分小篆歌》

(蒼頡)·의 (鳥跡書)ㅣ ᄒᆞ·마 ·아ᅀᆞ라· ᄒᆞ야 (昧滅)ᄒᆞ·니 (字體)·
의 {(變化)·호미} ·ᄠᅳᆫ·구룸·ᄀᆞᆮ도·다

ㄴ. 蒼天變化誰料得 萬事反覆何所無 17_05a 《杜鵑行》

프·른 하·ᄂᆞᆯ히 {(變化)·호몰} ·뉘 :혜아· 리리·오 (萬事)·이 두·
위힐·후미 어·느 고·대 :업·스리·오

ㄷ. 蜀人聞之皆起立 至今斅學傳遺風 迺知變化不可窮 17_06b 《杜鵑行
(一作司空曙詩)》

(蜀)ㅅ :사르·미 듣·곡 :다 니·러·셔ᄂᆞ·니 ·이제 니·르리 ᄀᆞ르·
치며 비·화 {기·튼} (風俗)·이 (傳)·ᄒᆞ야 ·오ᄂᆞ·다 {(變化)·호
미} :다옰 :업수·믈 :알리·로소·니

ㄹ. 重爲告日 杖兮杖兮 爾之生也甚正直 愼物見水踊躍學變化爲龍
16_57b

《桃竹杖引 贈章留后(竹兼可爲簟 名桃笙)》

다·시 (告)·ᄒᆞ·야 닐·오디 막대·여 막대·여 네·의 :나미 (甚)
·히 (正直)ᄒᆞ·니 ·믈 ·보·곡 ᄠᅱ노·라 {(變化)·ᄒᆞ야} (龍) ᄃᆞ외·
요몰 비·화

예문(2)는 "글자체가 뜬 구름으로 바뀌었다, 맑고 푸른 하늘의 변화를 누가 알 수 있는가, 蜀나라 望帝가 杜鵑으로 변했다 용으로 변화했다 함을 배웠다."라는 內容으로 모두 예문(1)과 같은 意味로 쓰였다.

나. 원문의 '化'를 '變化ᄒᆞ-'로 언해한 경우

원문의 '化'를 諺解文에서 '變化ᄒᆞ-'로 언해한 경우는 네 번의 용례를 보인다.

> (3) 年多物化空形影 嗚呼健步無由騁 16_41a 《天育驃騎歌》
> ·히 하고 (物)이 {(變化)·ᄒᆞ야} 훈갓 얼굴·와 그리·메:쑤니·로소·
> 니 슬프·다 (健壯)훈 거·르믈 둘욜 ·주리 :업도·다

위의 예문(3)에서 원문의 '年多物化空形影〈년다물화공형영〉'을 '·히 하고 物이 變化ᄒᆞ야 훈갓 얼굴와 그리메쑤니로소니'로 언해하여 '年'과 '·히', '多'와 '하고', '物'과 '物', '化'와 '變化ᄒᆞ야', '空'과 '훈갓', '形'과 '얼굴', '影'과 '그리메'가 대응된다.

예문(3)은 "세월이 많이 지났고 사물은 변화하여 空然히 形態만 남았다.[47] 그토록 위풍당당하게 그렸지만 더는 천리를 마음껏 달릴 수 없으니 슬프다."라는 內容이다. 이때 동사로 쓰인 '化'는 『漢典』의 기본意味인 '變化(변화)'로 해석된다. 『표준』의 '變化하-'와 같은 意味로 쓰였다.

> (4) ㄱ. 君不見黃鵠高於五尺童 化爲白鳧似老翁 17_18b 《白鳧行》
> 그듸·ᄂᆞᆫ 보·디 아·니ᄒᆞᄂᆞᆫ·다 (黃鵠)·이 대 ·자만 훈 ·아·히
> 크예 놉·더니 {(變化)·ᄒᆞ·야} ·힌 ·올히 ᄃᆞ외·니 늘근 ·한아·
> 비 ·ᄀᆞᆮ도·다

---

47) 계절이 바뀌고 세월이 흘러 말은 이미 죽고 그림만 남았다는 뜻으로 해석하고자 한다.

ㄴ. 君不見昔日蜀天子 化爲杜鵑似老烏   17_04b ≪杜鵑行≫

그듸·는 보·디 아·니·ᄒᆞ·ᄂᆞ다 (昔日)에 (蜀)ㅅ (天子)ㅣ {(變化)·ᄒᆞ야} (杜鵑)·이 ᄃᆞ외·니늘·근 가마· 괴 · ᄀᆞᆮ도·다

ㄷ. 三伏適已過 驕陽化爲霖   15_02b ≪阻雨不得歸瀼西甘林≫

(三伏)·이 마초아 ᄒᆞ·마 :디나·니 (驕陽)·이 {(變化)·ᄒᆞ야} (霖雨)ㅣ ᄃᆞ외·도다

예문(4)는 "백조가 물오리로 변화하여 늙은 할아버지 같다, 촉나라 天子가 杜鵑으로 변화하여 늙은 까마귀 같다, 뙤약볕이 변화하여 장마가 되었다."라는 內容으로 예문(3)과 같은 意味로 쓰였다.

위의 검토에 의하면『杜詩諺解』에서 동사로만 나타나는 '變化ᄒᆞ-'는 '사물의 성질, 모양, 상태 따위가 바뀌어 달라지다'로 정리된다. 漢字語 어근 '變化'는『표준』에 동사 '變化하-'와 명사 '變化'가 모두 표제항으로 등재되어 있어 품사에 변화가 있다. 동사와 명사에 위에서 제시한 기본意味 하나만 등재되어 있어 예나 지금이나 意味 변화는 없는 것으로 보인다.

[28] 상대(相對)

諺解文에서 '相對ᄒᆞ-'는 스무 번의 용례를 보이고 있는데 원문의 '相對'를 諺解文에서 '相對ᄒᆞ-'로 언해한 경우와 원문의 '對'를 '相對ᄒᆞ-'로 언해한 경우로 나눌 수 있다.

가. 원문의 '相對'를 '相對ᄒᆞ-'로 언해한 경우

원문의 '相對'를 諺解文에서 동일한 漢字語 '相對ᄒᆞ-'로 언해한 경우는 한 번의 용례를 보인다.

(1) 肯與隣翁相對飮 隔籬呼取盡餘盃 22_06a ≪客至≫
　　이·우젯 ·한아·비·와 다·믓 ((相對)ᄒ·야) 머·구믈 (肯許)ᄒ·면 ·울
　　·흘 즈·슴·처 블·러 나·맛는·잔을 ᄆᄌ 머·구리·라

　위의 예문(1)에서 원문의 '肯與隣翁相對飮(긍여린옹상대음)'을 '이우젯
한아비와 다믓 相對ᄒ야 머구믈 肯許ᄒ면'으로 언해하여 '肯'과 '肯許ᄒ-',
'與'와 '다믓', '隣'과 '이우젯', '翁'과 '한아비', '相對'와 '相對ᄒ-', '飮'
과 '머구믈'이 대응된다.

　≪客至≫는 761년(上元二年) 봄, 成都 草堂에서 지은 詩이다. 예문(1)의
원문은 "만약 이웃 노인과 마주 앉아 술을 마시는 것을 원한다면 울타
리 너머로 불러서 남은 술을 같이 비우자."라는 內容이다. 원문에서 '相
對'는 『漢典』의 첫 번째 뜻풀이인 '面對面(면대면)'으로 '얼굴을 서로 마
주하다'로 해석된다. 『표준』에서 '相對하-'의 첫 번째 뜻풀이인 '서로
마주 대하다'와 같은 意味로 쓰였다.

나. 원문의 '對'를 諺解文에서 '相對ᄒ-'로 언해한 경우

　원문의 '對'를 諺解文에서 '相對ᄒ-'로 언해한 경우는 열아홉 번의 용
례를 보인다.

(2) 無數蜻蜓齊上下 一雙鸂鶒對沈浮 07_02a ≪卜居≫
　　(數) :업슨 존·자·리·는 ᄀᄌ기 오ᄅᄂ·리거·눌 혼 (雙)ㅅ ·믌돌·
　　ᄀᆫ ((相對)·ᄒ야) ·ᄌ므·락
　　·ᄠ·락 ·ᄒᄂ·다

　≪卜居≫는 761년(上元元年), 成都 浣花溪에 草堂을 짓고 지은 詩이다.
예문(2)의 원문은 "무수한 잠자리들은 나란히 오르내리며 춤을 춘다. 서

로 마주한 한 쌍의 원앙은 잠겼다 떠오르며 재롱을 부린다.”라는 內容
이다. 이때 ‘對’는『漢典』의 두 번째 意味인 ‘兩者相對 혹은 面對’에서
앞의 뜻풀이 ‘양자가 서로 마주하다’로 해석된다.『표준』에서 ‘相對하-’
의 첫 번째 뜻풀이인 ‘서로 마주 대하다’와 같은 意味로 쓰였다.

    (3) 讀書難字過 對酒滿壺頻 10_05a ≪漫成二首≫
      ·글 닐·구메 어·려운 (字)·란 그저 :디내·오 수·를 {(相對)ᄒ·야}
    (壺樽)·에 ᄀᄃ·기 ·호물 ·ᄌ ·조 ·ᄒ노·라

    위의 예문(3)에서 원문의 ‘對酒(대주)’를 ‘수를 相對ᄒ·야’로 언해하여
‘對’와 ‘相對ᄒ야’, ‘酒’와 ‘수를’이 대응된다.
    ≪漫成二首≫는 761년(上元二年), 成都에서 지은 詩이다. 예문(3)의 원문
은 “글을 읽을 때 어려운 글자는 지나치고 술을 마주하면 술잔을 자주
채우다.”라는 內容이다. 이때 동사로 쓰인 ‘對’는『漢典』의 두 번째 뜻
풀이인 ‘兩者相對(서로 마주하다) 혹은 面對(마주하다)’에서 ‘面對(사람이 어떤
사물을 마주하다)’로 해석된다.『표준』에 등재된 ‘相對하-’의 첫 번째 뜻풀이
인 ‘서로 마주 대하다’와 意味 차이가 있는 것 같다. 그러나『漢典』에
서 같은 뜻풀이로 달고 있어 본고에서도『표준』에 등재된 意味로 보고
논의를 진행한다.

    (4) ㄱ. 公子華筵勢最高 秦川對酒平如掌 15_01a ≪樂游園歌≫
        (公子)·의 ·빗난 돗·기 (勢)ㅣ ᄀ·장 노ᄑ·니 (秦川)·에 수·를
        {(相對)·호니} (平)·호미(手掌) ·ᄀᆮ도·다
     ㄴ. 臨歧意頗切 對酒不能喫 08_21a ≪送李校書二十六韻≫
        ·갏 거·리롤 (臨)·ᄒ야·셔 ·ᄠ디 즈모 ·셜울·시 수·를 {(相對)·
        ᄒ야·셔} (能)·히 먹·디 :몯·ᄒ노·라
     ㄷ. 對酒都疑夢 吟詩正憶渠 08_43a ≪遠怀舍弟穎、 觀等≫

수·를 {(相對):ᄒ야·셔} :다 ·수믄·가 (疑心)ᄒ·고 ·그를 이·퍼
셔 (正)·히 너·를 (思憶)·ᄒ노·라

위의 예문(4)도 예문(3)과 마찬가지로 모두 '對酒'를 '수를 相對ᄒ야'
로 언해하여 원문의 '對'와 '相對ᄒ-'가 대응되고 '마주하다'의 意味로
쓰였다. '對酒' 외에도 '사람이 사물을 마주하다'의 意味로 쓰인 예문을
더 확인할 수 있다.

(5) ㄱ. 七月六日苦炎蒸 對食暫飧還不能 10_28a ≪早秋苦熱堆案相仍≫
(七月)ㅅ 엿·쉣 ·날 더·운 (氣運)·이 ·삐·ᄂᆞᆫ ·ᄃᆞᆺ·ᄒ미 (苦)ᄅ
외·니 ·바ᄇᆞᆯ {(相對)·ᄒ야} ·잢간 머·구믈 도ᄅᆞ·혀 (能)·히 ·
몯·ᄒ라
ㄴ. 對食不能飧 我心殊未諧 10_19b ≪夏日嘆≫
·바ᄇᆞᆯ {(相對)·ᄒ야·셔} (能)·히 먹·디 :몯ᄒ니 내 ᄆᆞᅀᆞ·미 ᄀᆞ·
장 (諧和)·티 :몯·ᄒ얘·라

예문(ㄱ)은 원문의 '對食(대식)'을 '바ᄇᆞᆯ 相對ᄒ야'로 언해하여 '對'와
'相對ᄒ야', '食'과 '바ᄇᆞᆯ'이 대응된다.

≪早秋苦熱堆案相仍≫은 758년(乾元元年), 杜甫가 左拾遺[48]에서 좌천되
어 華州司功參軍으로 있을 때 지은 詩이다. 예문(ㄱ)의 원문은 "무더위
가 가장 극심한 7월 6일에는 음식을 마주하고도 입맛이 없어 먹지 못하
다."라는 內容이다. ≪夏日嘆≫은 759년(乾元二年) 여름, 洛陽에서 華州로
돌아와서 지은 詩이다. 이 작품은 安祿山의 반란으로 전쟁이 한창이고
심한 가뭄으로 논바닥이 거북등처럼 갈라진 關中[49]지역의 상황과 기아

48) 左拾遺(좌습유)는 황제 명령의 타당성을 검토하여 諫하는 벼슬이다.
49) 중국에서 '關中' 지역은 앞의 각주에서 언급한 '河落文化'의 발상지와 비슷한 지역으로 중
국 陝西省 西安을 중심으로 한 지역이다.

에 허덕이며 살 곳을 찾아 헤매는 백성들의 모습을 잘 표현하였는데, 예문(ㄴ)의 원문은 "내 마음이 편안하지 않아 밥을 앞에 두고도 먹지 못한다."라는 內容이다.

　예문(5)에서 원문의 '對'는 『漢典』에서 두 번째 意味인 '面對'로 해석되어 예문(3)과 같은 경우로 본다.

　(6) ㄱ. 揮灑容數人 十手可對面 16_53b ≪石研詩≫
　　　·글 ·수메 :두서 :사ᄅᆞ· 몰 (容納)ᄒᆞ·리·로소·니 ·열 ·소·니 어·루 ᄂᆞ·출 {(相對)ᄒᆞ·리로·다}

　　ㄴ. 解衣開北戶 高枕對南樓 10_29b ≪立秋雨院中有作≫
　　　·옷 밧·고 (北戶)·ᄅᆞᆯ :열·오 노·피 벼개 볘·여 (南樓)·ᄅᆞᆯ {(相對)·호라}

　　ㄷ. 飛閣卷簾圖畵裏 虛無只少對瀟湘 10_18a ≪卽事≫
　　　ᄂᆞᄂᆞᆫ ·ᄃᆞᆺᄒᆞᆫ 지븨 :발 거·든 ·그림 ·곧ᄒᆞᆫ :소개 :업슨 거·슨 오·직 (瀟湘)·을 {(相對)·홀}거·시 :젹도·다

　　ㄹ. 蓬萊宮闕對南山 承露金莖霄漢間 06_08b ≪秋興八首≫
　　　(蓬萊宮闕)·이 (南山)·ᄋᆞᆯ {(相對)·ᄒᆞ·얫ᄂᆞ·니} 이·슬 받는 (金莖)·은 하·ᄂᆞᆯᆺ ᄉᆞ·ᅀᅵ·예 ·티와 댓도·다

　　ㅁ. 尙有西郊諸葛廟 臥龍無首對江濱 06_35b ≪上卿翁請修武侯廟遺像缺落時崔卿權夔州≫
　　　·오히·려 (西)ㅅ녁 민·해 (諸葛)·이 (廟)ㅣ 잇ᄂᆞ·니 누·웻는 (龍)·이 머·리 :업시 ·ᄆᆞᆯᄀᆞ술 {(相對)·ᄒᆞ·얫도·다}

　　ㅂ. 掖垣竹埤梧十尋 洞門對雪常陰陰 06_13b ≪題省中院壁≫
　　　(禁掖)ㅅ 다·맷 ·대와 다·맷 머·귀 기·릐 ·열 (尋)·이·로소·니 훤훈 (門)·이 :누늘 {(相對)·ᄒᆞ야} 샹·녜 어득·ᄒᆞ·얫도·다

　　ㅅ. 坐對秦山晩 江湖興頗隨 15_10b ≪陪鄭广文游何將軍山林≫
　　　(秦山)ㅅ 나조·ᄒᆞᆯ 안·자셔 {(相對)·ᄒᆞ야} ·쇼ᄃᆡ (江湖)앳 (興心)·이 ᄌᆞ모 좃ᄂᆞ·다

　　ㅇ. 雖對連山好 貪看絶島孤 16_43b ≪觀李固請司馬弟山永圖三首≫

비·록 니·엇는 :뫼·히 :됴호물 ((相對)·ᄒ·야) 시·나 먼 :셔·미 ·
외로·오몰·ᄉᆞ (貪)·ᄒᆞ야 ·보노·라

　예문(6)는 '對面을 ᄂᆞ출 相對ᄒᆞ리로다, 對南樓를 南樓를 相對호라, 對
瀟湘을 瀟湘을 相對홀, 對南山을 南山을 相對ᄒᆞ얫ᄂᆞ니, 對江濆을 믌ᄀᆞ슬
相對ᄒᆞ얫도다, 對雪을 누늘 相對ᄒᆞ야, 坐對秦山晚을 秦山ㅅ 나조홀 안
자셔 相對ᄒᆞ야, 對連山好를 니엇는 뫼희 됴호믈 相對ᄒᆞ야 시나'로 언해
하여 모두 '對'와 '相對ᄒᆞ-'가 대응되고 '마주하다'의 意味로 쓰였다.

(7) ㄱ. 自嗟貧家女 久致羅襦裳 羅襦不復施 對君洗紅粧 08_68b ≪新婚別≫
　　　내 슬·호더 가난ᄒᆞᆫ 짒 ·ᄯᆞ리 오·래 (羅襦裳)·올 :어·더 ·뒷다·
　　　니 (羅襦)·를 ·ᄯᅩ ·베퍼
　　　닙·디 아·니·ᄒᆞ·고 그듸·를 ((相對)·ᄒᆞ야·셔) (紅粧)·올 시·서
　　　ᄇᆞ·리노·라
　　ㄴ. 天涯喜相見 披豁對吾眞 21_15b ≪奉簡高三十五使君≫
　　　하·놇 :ᄀᆞᇫ·ᅵᆨ 와 서르 :보몰 깃·노니 모ᅀᆞ·물 ·펴 내 (眞情)·ᄋᆞ
　　　로 ((相對)·ᄒᆞ요·라)

　예문(ㄱ)은 원문의 '對君(대군)'을 '그듸를 相對ᄒᆞ야셔'로 언해하여 '對'
와 '相對ᄒᆞ야셔'와 '君'과 '그듸를'이 대응된다.
　≪新婚別≫은 759년(乾元二年), 낙양에서 華州로 돌아오는 길에서 지은
詩이다. 저녁에 결혼하고 새벽에 九死一生의 전쟁터로 나가는 남편과
헤어지게 된 여인의 애절한 심정을 절절하게 표현한 작품이다. 예문(ㄱ)
의 원문은 "스스로 탄식한다, 가난한 집안의 딸이라 힘들게 비단 저고
리와 치마를 마련했다. 하지만 앞으로 이 비단 저고리를 다시는 입지
않을 것이고 임 마주하고 얼굴의 화장도 지울 것이다."라는 內容이다.
이때 원문의 '對'도 역시 『漢典』의 두 번째 意味인 '面對(마주하다)'로 해

석된다. 여인이 임을 마주하여 '사람이 사물을 대하다'가 아닌 '사람이 사람을 대하다'로 쓰였지만 한 쪽이 마주하다로 해석되어 예문(3)과 같은 경우이다.

> (8) 如何對搖落 況乃久風塵 06_31a ≪謁先主廟(劉昭烈廟在奉節縣東六里)≫
> :엇·뎨 (搖落)·호물 ((相對)·ᄒ얫·가니·오} ·ᄒ물·며 (風塵)·이 오·
> 라미쫀·녀

예문(8)은 원문의 '如何對搖落(여하대요락)'을 '엇뎨 搖落호물 相對ᄒ얫가니오'로 언해하여 '如何'와 '엇뎨', '對'와 '相對ᄒ얫가니오', '搖落'와 '搖落호물'이 대응된다.

≪謁先主廟≫는 766년(大曆元年), 夔州에서 劉備의 사당을 배알하고 지은 詩인데 예문(8)은 "나뭇잎이 떨어지는 것을 마주하니 슬프다. 하물며 전쟁도 오래 되었다."라는 內容이다. 따라서 예문(3)에서 예문(8)은 모두 '마주하다'의 意味로 『표준』의 첫 번째 뜻풀이에 포함시켜 등재된 意味로 본다.

> (9) 已忝歸曹植 何知對李膺 08_09a ≪贈特進汝陽王二十韻≫
> (曹植)·의게 :가물 ᄒ·마 :더·러요·니 (李膺)·을 ((相對)·홀} ·고돌
> 어·느 :알리·오

≪贈特進汝陽王二十韻≫은 杜甫가 汝陽王에게 보낸 詩인데 仇兆鰲 (1979)[50]에 따르면 예문(9)의 원문은 "曹植을 汝陽과 比較하면 杜甫는 자신이 王粲輩보다 못하고, 汝陽은 李膺과 엇비슷하지만 자신을 杜密과 比較하면 부끄럽다."라는 內容이다. 이때 동사로 쓰인 '對'는 『漢典』의

---

50) 以曹植比汝陽, 自謙不如王粲輩, 故曰已忝. 又以杜密自比, 見汝陽可方李膺, 故云何如.

세 번째 뜻풀이인 '相當(상당), 相配(상배)'로 '엇비슷하다, 서로 어울리다'
로 해석된다. 따라서 원문의 '對'와 대응되는 諺解文의 '相對ᄒ-'도 '엇
비슷하다, 서로 어울리다'의 뜻으로 쓰였다고 할 수 있다.『표준』에서
'相對하-'의 두 번째 뜻풀이인 '서로 겨루다'와 같은 意味로 쓰였다.

　위의 검토에 의하면『杜詩諺解』에서 동사로만 나타나는 '相對ᄒ-'는
1)서로 마주 대하다, 2)서로 겨루다 두 가지로 정리된다. 漢字語 어근
'相對'는『표준』에 동사 '相對ᄒ-'와 명사 '相對'가 모두 표제항으로 등
재되어 있다. 그 뜻풀이를 살펴보면 동사 '相對하-'에는『杜詩諺解』에
서 정리된 두 가지 뜻풀이만 등재되어 있고, 명사 '相對'에는 3)서로 대
비함, 4)<철학>에서 다른 것과 관계가 있어서 그것과 떨어져 존재할 수
없는 것 등이 추가되어 네 가지 意味가 올라있다.

　漢字語 어근 '相對'는『杜詩諺解』初刊本에서뿐만 아니라 '중·근대
한국어'에서도 명사 '相對'는 나타나지 않고 동사 '相對ᄒ-'만 용례를
보이고 있다. 현대한국어에서 동사 '相對하-'는 58개, '相對되-'는 10개
로 모두 68개의 용례를 보이고 있고 명사 '相對'는 725개의 용례를 보
이고 있다. 그 용례를 살펴보면 '서로 마주 대하다, 서로 겨루다'로 쓰
인 용례는 적고, 대부분이 <철학>방면의 용어로 쓰이고 있음을 확인할
수 있다. '중·근대한국어'에서 '相對ᄒ-'의 形態로 동사로만 쓰이던 단
어가 현대한국어에서는 '相對'의 명사로도 쓰이고 있어 품사의 변화를
겪은 것으로 여겨진다. 또한 그와 동시에 意味의 변화도 가져왔다. 즉
동사에 등재된 意味에 <철학>방면의 意味가 추가된 意味 확대 또는 意
味 전이로 볼 수 있다.

3.2.2 부분일치 · 불일치 유형 漢字語

諺解文의 漢字語가 원문의 어휘에 어떻게 대응되는가에 따라 '對答'과 같이 원문의 '答'을 '對答ᄒ-'로 언해한 경우는 부분일치 유형에 속하고, 원문의 '報'를 '對答ᄒ-'로 언해한 경우는 불일치 유형에 속하는데 이 유형에 속하는 漢字語는 '對答ᄒ-'뿐이다.

[29] 대답(對答)

諺解文에서 '對答ᄒ-'는 열 번의 용례를 보이고 있는데 원문의 '答'을 '對答ᄒ-'로 언해한 경우, '和'를 '對答ᄒ-'로 언해한 경우, '應'을 '對答ᄒ-'로 언해한 경우, '報'를 '對答ᄒ-'로 언해한 경우로 나눌 수 있다.

가. 원문의 '答'을 '對答ᄒ-'로 언해한 경우

원문의 '答'을 諺解文에서 漢字形態素 '答'이 포함된 '對答ᄒ-'로 언해한 경우는 여섯 번의 용례를 보인다.

   (1) 唯將遲暮供多病 未有涓埃答聖朝 14_32a ≪野望≫
      오·직 늘·구믈 디·녀 한 (病)·에 올·이노·니 (涓埃)·마도 (聖朝)를
      {(對答)·호미} 잇·디 :몯·호라

위의 예문(1)에서 원문의 '未有涓埃答聖朝(미유연애답성조)'를 '涓埃마도 聖朝를 對答호미 잇디 몯호라'로 언해하여 '未'와 '몯호라', '有'와 '잇디', '涓埃'과 '涓埃', '答'과 '對答호미', '聖朝'와 '聖朝'가 대응된다.

≪野望≫은 762년(寶應元年), 成都에 있을 때 지은 詩이다. 예문(1)의 원문은 "나는 인생의 황혼을 오직 늘어만 나는 병에 허비할 수밖에 없다.

나라와 백성을 위해 적은 힘도 다하지 못해 유감스럽다.”라는 內容이다.
이때 동사로 쓰인 ‘答’은 『漢典』의 기본意味인 ‘答謝(답사), 報答(보답)’으
로 ‘사례하다, 보답하다, 갚다’로 해석된다. 따라서 원문의 ‘答’과 대응
되는 諺解文의 ‘對答ㅎ-’도 ‘사례하다, 보답하다, 갚다’의 뜻으로 쓰였
다고 할 수 있다. 『표준』의 ‘對答하-’에는 등재되어 있지 않는 意味이다.

(2) ㄱ. 主人情爛熳 持答翠琅玕 15_54b ≪与鄠縣源大少府宴渼陂≫
    (主人)이 ·쁘디 므르노· ㄹ니 프· 른 (琅玕)·을 가져 {(對答)· ㅎ노
    ·라}
ㄴ. 於斯答恭謹 足以殊殿最 25_08a ≪信行遠修水筒(引水筒)≫
    ·이 ·쩍 :주므·로 네·의 (恭謹)·을 {(對答)· ㅎ노· 니} (足)·히 ·
    뼈곰 (殿最)·롤 달·이 ·호미니· 라

≪与鄠縣源大少府宴渼陂≫는 754년(天寶十三)에 지은 詩이다. 예문(ㄱ)
의 원문은 “정이 넘치는 주인의 그 마음에 옥 같은 詩로 보답한다.”라는
內容이다. ≪信行遠修水筒(引水筒)≫은 766년(大曆元年)에 夔州에서 지은 詩
인데 원문은 “평소에 내가 좋아하는 이 떡으로 너의 恭謹에 보답한다.
족히 너에 대한 나의 고마움을 알 수 있을 것이다”라는 內容이다. 따라
서 예문(2)에서 원문의 ‘答’에 대응되는 諺解文의 ‘對答ㅎ-’도 ‘사례하
다, 보답하다, 갚다’로 예문(1)과 같은 意味로 쓰였다.

(3) 與余問答旣有以 感時撫事增惋傷 16_48a ≪觀公孫大娘弟子舞劍器行≫
    :날로 다· 뭇· ㅎ야 무· 르며 {(對答)· 호미} 이· 믜셔 ·뼈 ·호미 잇ᄂ·
    니 (時節)·을 (感歎)ㅎ· 며
    :이롤 자· 바셔 슬· 후믈 더으· 노라

위의 예문(3)에서 원문의 ‘問答’을 ‘무르며 對答호미’로 언해하여 ‘問’

과 '무르며', '答'과 '對答ㅎ-'가 대응된다.

≪觀公孫大娘弟子舞劍器行≫은 767년(大曆二年), 夔州에서 지은 詩이다. 예문(3)은 "그녀와 여러 번 묻고 답하는 과정에 검기의 유래를 알 수 있었다. 어지러운 시국을 탄식하고 지나간 시절을 애통하게 여긴다."라는 內容이다. 이때 '問'과 함께 쓰인 '答'은 『漢典』의 첫 번째 뜻풀이인 '回話(회화)'로 '다른 사람의 묻는 말에 대답하다'로 해석된다. 『표준』에서 제시한 '對答하-'의 두 번째 뜻풀이인 '상대가 묻거나 요구하는 것에 대하여 해답이나 제 뜻을 말하다'와 같은 意味로 쓰였다.

> (4) ㄱ. 意答兒童問 來經戰伐新 08_39a ≪喜觀卽到, 夏題短篇二首≫
>   ·쁘드로 아ᄒᆡ돌희 무로몰 {(對答)·ᄒ노·니} 올 ·저·긔 사·호미
>   새로외 ·요믈 ·디·나도다
>   ㄴ. 借問今何官 觸熱向武威 答云一書記 所媿國士知 22_29b ≪送高三十五書記≫
>   :문노·라 ·이제 므·슷 벼슬로 더·위롤 다딜·어 (武威)·롤 (向)
>   ·ᄒᄂ·뇨 {(對答)·ᄒ야} 닐·오더 ᄒ (書記)로·니 붓·그리·논 ·
>   바ᄂ (國士)ㅣ·라 ·ᄒ야 아·로·미니·라

예문(4)도 '問'과 '答'이 호응을 이루고 있어 예문(3)과 같은 경우이다.

나. 원문의 '和'를 '對答ㅎ-'로 언해한 경우

원문의 '和'를 諺解文에서 '對答ㅎ-'로 언해한 경우는 한 번의 용례를 보인다.

> (5) 唱和作威福 孰肯辨無辜 06_38b ≪草堂≫
>   브르거·니 {(對答)거·니} ·ᄒ야 (威)·와 (福)·과·롤 :짓ᄂ·니 :뉘

(罪)ㅣ :업숨 굴·히요·몰 (肯許)ᄒ·리오

위의 예문(5)에서 원문의 '唱和作威福(창화작위복)'을 '브르거니 對答거니 ᄒ야 威와 福과ᄅᆞᆯ 짓ᄂᆞ니'로 언해하여 '唱'과 '브르거니', '和'와 '對答거니', '作'과 '짓ᄂᆞ니', '威'와 '威', '福'과 '福'이 대응된다.

≪草堂≫은 徐知道의 亂을 피해 梓州에 머물다가 764년(廣德二年), 成都 草堂에 돌아와 지은 詩이다. 예문(5)의 원문은 "徐知道와 같은 무리들이 부르고 답하며 세력을 믿고 제멋대로 날뛰니 누구도 피해를 입은 무고한 백성을 위하여 해명하려 하지 않는다."라는 內容이다. 이때 원문에서 동사로 쓰인 '和(hè)'는 『漢典』의 첫 번째 뜻풀이인 '應和(응화)'로 '어떤 언행에 대답하거나 응하다'로 해석된다. 『표준』에서 제시한 '對答하-'의 첫 번째 뜻풀이인 '부르는 말에 응하여 어떤 말을 하다'와 같은 意味이다.

다. 원문의 '應'을 '對答ᄒ-'로 언해한 경우

원문의 '應'을 諺解文에서 '對答ᄒ-'로 언해한 경우는 두 번의 용례를 보인다.

(6) ㄱ. 仰面貪看鳥 回頭錯應人 10_05a ≪漫成二首≫
　　　ㄴ·출 울워·러 :새 :보몰 (貪)·ᄒ다·가 머·리 도ᄅᆞ·혀 :사ᄅᆞᆷ {(對答)·호몰} 그르 ·호라
　　ㄴ. 牛羊識童僕 旣夕應傳呼 11_42b ≪返照≫
　　　·쇼와 (羊)·괘 아·ᄒᆡ:죵·ᄃᆞᆯᄒᆞᆯ 아·라 ᄒᆞ·마 나조·히어·늘 (傳)·ᄒᆞ야 블·로몰 {(對答)·ᄒᆞᄂᆞ·다}

예문(ㄱ)에서 원문의 '回頭錯應人(회두착응인)'을 '머리 도ᄅᆞ혀 사ᄅᆞᆷ 對

答호믈 그르 호라'로 언해하여 '回'와 '도르혀', '頭'와 '머리', '錯'과 '그르호라', '應'과 '對答호믈', '人'과 '사름'이 대응된다.

≪漫成二首≫는 761년(上元二年), 成都에서 지은 詩이다. 예문(ㄱ)은 其二에 나오는 구절인데 원문은 "얼굴을 들어 새를 보는 것에 탐하다 보니 부르는 소리에 머리를 돌렸지만 응대가 어긋났다."라는 內容이다. 이때 원문에서 동사로 쓰인 '應(yìng)'은 『漢典』의 첫 번째 뜻풀이인 '應和(응화), 어떤 언행에 대답하거나 응하다'로 해석된다. 『표준』에서 제시한 '對答하-'의 첫 번째 뜻풀이인 '부르는 말에 응하여 어떤 말을 하다'와 같은 意味이다. (ㄴ)도 '應'과 '呼'가 호응을 이루어 (ㄱ)과 같은 경우이다.

라. 원문의 '報'를 '對答ㅎ-'로 언해한 경우

원문의 '報'를 諺解文에서 '對答ㅎ-'로 언해한 경우는 한 번의 용례를 보인다.

(7) 問訊東橋竹 將軍有報書 15_11b ≪重過何氏五首≫
    (東橋)·앳 ·대롤 무·로니 (將軍)·이 {(對答)혼} ·글워·리 잇·도다

위의 예문(7)에서 원문의 '報書(보서)'를 '對答혼 글워리'로 언해하여 '報'와 '對答혼', '書'와 '글워리'가 대응된다.

≪重過何氏五首≫는 754년(天寶十三) 봄에 지은 詩이다. 원문에서 報書는 '回信(회신)'으로 '편지, 전신, 전화 따위로 회답을 하다'로 해석된다. 이때 동사로 쓰인 報는 『漢典』의 세 번째 뜻풀이인 '答復(답복)'으로 '말이나 서면 形式으로 다른 사람의 문제나 요구에 대답하다'로 『표준』에서 제시한 '對答하-'의 첫 번째 뜻풀이인 '상대가 묻거나 요구하는 것에 대하여 해답이나 제 뜻을 말하다'와 같은 意味로 쓰였다.

위의 검토에 의하면 『杜詩諺解』에서 동사로만 나타나는 '對答ᄒ-'는 1)사례하다, 2)부르는 말에 응하여 어떤 말을 하다, 3)상대가 묻거나 요구하는 것에 대하여 해답이나 제 뜻을 말하다 등 세 가지로 정리된다. 漢字語 어근 '對答'은 『표준』에 동사 '對答하-'와 명사 '對答'이 모두 표제항으로 등재되어 있다. 그 뜻풀이를 살펴보면 동사 '對答하-'에는 『杜詩諺解』에서 정리한 2)와 3)의 두 가지 意味만 등재되어 있고 명사 '對答'에는 2)와 3)의 意味 외에 '어떤 문제나 현상을 해명하거나 해결하는 방안'이란 뜻풀이가 추가 등재되어 세 가지 意味가 올라있다. 그러나 『杜詩諺解』에서 원문의 '答'을 '對答ᄒ-'로 언해하고 '사례하다, 보답하다'의 意味로 쓰인 경우는 『표준』의 동사 '對答하-'와 명사 '對答'의 뜻풀이 어디에도 등재되어 있지 않다.

漢字語 어근 '對答'은 『杜詩諺解』 初刊本에서뿐만 아니라 '중·근대 한국어'에서도 명사 '對答'은 나타나지 않고 동사 '對答ᄒ-'만 용례를 보이고 있다. 현대한국어에서 동사 '對答하-'는 615개, '對答되-'는 1개로 모두 616개의 용례를 보이고 명사 '對答'은 528개의 용례를 보이고 있다. 그 용례를 살펴보면 동사로 쓰인 용례가 명사보다 많이 나타난다. 명사에 추가된 意味에 초점을 맞춘다면 意味 확대로 볼 수 있고, 현대한국어에서 쓰이지 않는 '사례하다, 보답하다'의 意味에 초점을 맞춘다면 意味 축소로도 볼 수 있을 것이다.

3.2.3 부분일치 유형 漢字語

諺解文의 漢字語가 원문의 단어에 어떻게 대응되는가에 따라 '決定'과 같이 원문의 '決'을 '決定ᄒ-'로 언해한 경우는 부분일치 유형에 속하는데 이 유형에 속하는 漢字語는 '決定' 외에 '關係, 費用, 思想, 安定, 要求, 利益, 判斷' 등이 있다.

[30] 결정(決定)

諺解文에서 '決定ㅎ-'는 한 번의 용례를 보이고 있는데 원문의 '決'을 '決定ㅎ-'로 언해한 경우이다.

> (1) 運移漢祚終難復 志決身殲軍務勞 06_33a ≪詠懷古迹≫
> (運)·이 (漢)ㅅ (福)·을 옮·겨 ㅁ·ᄎ매 (興復)·호몰 어·려·이 ᄒ·니
> ·ᄠᆮ든 {(決定)·호딕} (軍務)·의 ㅈ·보매 ·모미 죽·도다

위의 예문(1)에서 원문의 '志決(지결)'을 'ᄠᆮ든 決定호딕'로 언해하여 '志'와 'ᄠᆮ든', '決'과 '決定ㅎ-'가 대응된다.

≪詠懷古迹≫은 766년(大曆元年), 夔州에 있을 때 지은 古跡을 빌어 자신의 회포를 노래한 詩이다. 원문에서 '志決(지결)'은 '決志(결지)'[51]로 "뜻을 정하여 마음을 굳게 먹다."라는 意味이다. 이때 동사로 쓰인 '決'은 『漢典』의 다섯 번째 뜻풀이인 '決斷(결단), 決定(결정)'으로 '행동이나 태도를 분명하게 정하다'로 해석된다. 이는 『표준』에 등재된 '決定하-'의 뜻풀이인 '행동이나 태도를 분명히 하다'와 같은 意味로 쓰였다.

위의 검토에 의하면 『杜詩諺解』에서 漢字語 '決定ㅎ-'의 意味는 '행동이나 태도를 분명히 하다'로 정리된다. 漢字語 어근 '決定'은 『표준』에 동사 '決定하-'와 명사 '決定'이 모두 표제항으로 등재되어 있다. 그

---

51) 중국어 사전에 '志決'은 등재되어 있지 않지만 '決志'는 하나의 어휘로 등재되어 있다. 본고는 杜甫가 '決志'를 쓰지 않고 '志決'을 쓴 이유를 앞 구절의 '주어+술어' 구성인 '運移 (운이)'와의 통일성을 위해서라고 본다.

뜻풀이를 살펴보면 동사 '決定하-'에는『杜詩諺解』와 같은 意味 하나만 등재되어 있고, 명사 '決定'에는 동사의 意味와 <법률>방면의 용어와 함께 두 가지 意味가 등재되어 있다.

漢字語 어근 '決定'은『杜詩諺解』初刊本에서뿐만 아니라 '중·근대 한국어'에서도 명사 '決定'은 나타나지 않고 동사 '決定ᄒᆞ-'만 용례를 보인다. 현대한국어에서는 동사 '決定하-'는 712개, '決定되-'는 367개 로 모두 1079개의 사용빈도를 보이고 명사 '決定'은 842번의 사용빈도 를 보이고 있다. 그 용례들을 살펴보면 '행동이나 태도를 분명히 하다' 로 쓰인 경우가 대부분임을 확인할 수 있다. '중·근대한국어'에서 '決定 ᄒᆞ-'의 形態로 동사로만 쓰이던 단어가 현대한국어에서 동사뿐만 아니 라 명사도 쓰이고 있어 품사가 추가되었다. 품사의 추가와 함께 추가된 품사에 새로운 意味도 추가되어 意味가 확대되었다. <법률> 방면의 용 어로 전이되었다고도 할 수 있다.

[31] 관계(關係)

諺解文에서 동사 '關係ᄒᆞ-'는 일곱 번의 용례를 보이고 있는데 원문 의 '關'을 '關係ᄒᆞ-'로 언해한 경우이다.

> (1) 非關使者徵求急 自識將軍禮數寬 22_07a ≪嚴公仲夏枉駕草堂兼攜酒饌≫
> (使者)ㅣ 블·러 :어두·믈 샏:리 ·호매 ((關係)·티) 아·니ᄒᆞ·니 (將 軍)·의 (禮數)ㅣ 어·위요·믈·내 :아노·라

위의 예문(1)에서 원문의 '非關'을 '關係ᄒᆞ디 아니ᄒᆞ-'로 언해하여 '非'와 '-디 아니ᄒᆞ-', '關'과 '關係ᄒᆞ-'가 대응된다.

≪嚴公仲夏枉駕草堂兼攜酒饌≫는 762년(寶應元年), 嚴武가 술과 음식을

가지고 杜甫의 草堂을 찾았을 때 지은 詩이다. 예문(1)의 원문은 "使者 즉 嚴武가 예의가 바르고 마음이 너그러운 것을 나는 잘 알고 있다. 이 렇게 발걸음을 한 것은 급한 일이 있어서가 아니라 친구를 보러 온 것이다."라는 內容이다. 원문의 '非關'을 『漢典』에서 '不是因爲(그런 원인이 아니다)' 혹은 '無關(무관)'으로 해석하고 있다.

> (2) ㄱ. 暗谷非關雨 丹楓不爲霜 16_42b ≪奉觀嚴鄭公廳事岷山沱江畫圖十韻≫
>
> 어·드운 묏·고론 ·비예 {(關係)·티} 아·니코 블·근 싣남:긴 서·리롤 (爲)·호미 아·니로·다
>
> ㄴ. 非關風露凋 曾是成役傷 25_06a ≪又上后園山月脚≫
>
> ᄇ롬·과 이·스레 ·뻐러:듀메 {(關係)·혼} 디 아·니라 일·즉 ·이 (防戍)·ᄒᆞᄂᆞᆫ (役使)·애(傷)ᄒᆞ·얘니·라
>
> ㄷ. 實不是愛微軀 又非關足無力 25_40b ≪逼仄行贈畢曜≫
>
> (眞實)·로 ·이 :져·근 ·모몰 ᄉ랑·호미 아·니며 ·ᄯᅩ 바·래 ·힘 ·업수·매 {(關係)혼} 디 아·니라
>
> ㄹ. 不關輕紱冕 但是避風塵 20_26a ≪贈王二十四侍御契四十韻≫
>
> (紱)·와 (冕)·을 므던·히 너·규메 {(關係)호미} 아·니라 오·직 ·이 (風塵)·을 (避)·카·래니·라

≪贈王二十四侍御契四十韻≫은 764년(廣德二年)에 成都로 돌아와서 지은 詩이다. 예문(ㄹ)의 원문은 "내가 관직을 버린 것[52]은 관직이 작아서가 아니라 전쟁을 피해서이다."는 內容이다.

예문(1)과 (2)는 모두 '非關'이나 '不關'을 '關係티 아니, 혹은 關係혼 디 아니'라로 언해하여 '關'과 '關係ᄒᆞ-'가 대응된다. 원문에서 '非關' 혹은 '不關'은 『漢典』에서 하나의 어휘로 '無關(무관)'으로 '관계나 관련

---

52) 759년(唐肅宗乾元二年) 七月, 杜甫가 華州司功參軍 관직을 그만두고 長安을 떠나 秦州로 간 사실을 뜻한다.

이 없다'는 뜻이다. 이때 동사로 쓰인 '關'은『漢典』의 네 번째 뜻풀이
인 '牽連(견련), 涉及(섭급)'으로 '연계나 관련이 있다'로 해석된다.『표준』
에 등재된 '關係하-'의 두 번째 뜻풀이인 '어떤 방면이나 영역에 관련
을 맺고 있다'와 같은 意味로 쓰였다.

(3) ㄱ. 意愜關飛動 篇終接混茫 20_36a ≪寄彭州高三十五使君适,虢州岑二
十長史參三十韻≫
·그리 쁘·데 마·즈니 눌뮈·요매 ((關係)ᄒ·고) (篇)·을 ᄆᆞᆾ
지·ᄉᆞ니 (混茫)·애 니·엇도·다
ㄴ. 是物關兵氣 何時免客愁 17_20b ≪歸雁≫
·이 거·시 (兵氣)·예 ((關係)ᄒ·니} 어·ᄂᆞ 제 나·그내 시·르믈
(免)ᄒ·려뇨

예문(ㄴ)은 원문의 '是物關兵氣(시물관병기)'를 '이 거시 兵氣예 關係ᄒ
니'로 언해하여 역시 '關'과 '關係ᄒ-'가 대응된다.

≪歸雁≫의 원문은 "겨울을 나기 위하여 날아오는 기러기들은 전쟁
이 한창인 곳을 지나왔다."라는 內容이다. 이때 동사로 쓰인 '關'도『漢
典』의 네 번째 뜻풀이인 '牽連, 涉及'로 '연관이나 관련이 있다'로 해석
되어 예문(2)와 같은 意味로 쓰였다.

위의 검토에 의하면『杜詩諺解』에서 동사로만 나타나는 '關係ᄒ-'는
'어떤 방면이나 영역에 관련을 맺고 있다'의 意味로 정리된다. 漢字語
어근 '關係'는『표준』에 동사 '關係하-'와 명사 '關係'가 모두 표제항으
로 등재되어 있다. 그 뜻풀이는 명사 '關係'에는 1)둘 이상의 사람, 사물,
현상 따위가 서로 관련을 맺거나 관련이 있음, 2)어떤 방면이나 영역에
관련을 맺고 있음, 3)남녀 간에 성교(性交)를 맺음을 완곡하게 이르는 말,
4)어떤 일에 참견을 하거나 주의를 기울임, 5)('관계로' 꼴로 쓰여) '까닭',

'때문'의 뜻을 나타냄 등 다섯 가지 뜻풀이가 등재되어 있는 반면 동사 '關係하-'에는 명사 뜻풀이 중 2), 3), 4) 세 가지 뜻풀이만 등재되어 있다.

漢字語 어근 '關係'는 『杜詩諺解』初刊本에서뿐만 아니라 '중·근대 한국어'에서도 명사 '關係'는 나타나지 않고 동사 '關係ᄒ-'만 용례를 보이고 있다. 현대한국어에서는 동사 '關係하-'는 55번, '關係되-'는 125번으로 모두 180번의 용례를 보이고 명사 '關係'는 3,501번의 사용 빈도를 보이고 있다. 그 용례를 보면 명사 '關係'의 첫 번째 意味인 '둘 이상의 사람, 사물, 현상 따위가 서로 관련을 맺거나 관련이 있음'으로 쓰인 경우가 대부분인데 그 意味는 동사 '關係하-'에는 없는 意味이다. 이는 '중·근대한국어'에서 '關係ᄒ-'의 形態로서 동사로만 쓰이던 단 어가 현대한국어에서는 명사 '關係'가 압도적으로 높은 빈도를 보여 동 사 '關係하-'의 쓰임이 줄어들고 명사 '關係'의 쓰임이 늘어난 것이다. 意味의 변화도 가져왔는데 '어떤 방면이나 영역에 관련을 맺고 있다'는 동사 '關係하-'의 意味에 '서로 작용하고 영향을 주다'는 意味가 추가된 명사 '둘 이상의 것이 서로 관련을 맺거나 관련이 있음'이라는 意味 변 화를 가져왔다. 원래의 意味에 다른 意味가 추가되었으므로 意味의 확 대라고 할 수 있다.

[32] 비용(費用)

諺解文에서 '費用ᄒ-'는 한 번의 용례를 보이고 있는데 원문의 '費'를 諺解文에서 '費用ᄒ-'로 언해한 경우이다.

⑴ 左相日興費萬錢 飮如長鯨吸百川 15_40b ≪飮中八仙歌≫
   (左相)·은 날:마다 니·러 (萬) (錢)·을 ((費用)·ᄒᄂᆞ·니} 술 머·구믈
   :긴 고래 ·ᄀᆞ·ᄐᆞ·야 ·냇·믈 마·숌 ·ᄀᆞ티 ·ᄒᆞ야

위의 예문(1)에서 원문의 '左相日興費萬錢(좌상일흥비만전)'을 '左相은 날마다 니러 萬 錢을 費用ㅎᄂ니'로 언해하여 '左相'과 '左相', '日'과 '날마다', '興'과 '니러', '費'와 '費用ㅎᄂ니', '萬'과 '萬', '錢'과 '錢'이 대응된다.

≪飮中八仙歌≫[53)는 746년(天寶五年), 杜甫가 처음 長安으로 왔을 때 지은 詩로 추정된다. 예문(1)의 원문은 "左相 李適之는 날마다 酒興에 萬 錢을 아끼지 않고 쓴다. 술 마시는 모습은 마치 큰 고래가 百川을 흡입하는 것 같다."라는 內容이다. 이때의 원문에 동사로 쓰인 '費'는『漢典』에서 기본意味로 쓰인 '花費(화비)', 즉 '돈을 쓰다, 소비하다'로 해석된다. 따라서 諺解文의 '費用ㅎ-'도 '돈이나 물자, 시간, 노력 따위를 들이거나 써서 없애다'의 뜻으로 쓰였다.『표준』에는 표제항으로 동사 '費用하-'가 올라있지 않아 그에 대한 意味도 찾아 볼 수 없다.

위의 검토에 의하면 諺解文의 '費用ㅎ-'의 意味는 '돈이나 물자, 시간, 노력 따위를 들이거나 써서 없애다, 소비하다'로 정리된다. 한편『표준』에서 동사 '費用하-'는 표제항으로 등재되어 있지 않고 명사 '費用'만 등재되어 있다. 등재된 뜻풀이를 보면 1)어떤 일을 하는 데 드는 돈, 2)<경제> 방면에 쓰여 기업에서 생산을 위하여 소비하는 원료비, 기계 설비비, 빌린 자본의 이자 따위를 통틀어 이르는 말 등 두 가지가 있다.

漢字語 어근 '費用'은『杜詩諺解』初刊本에서뿐만 아니라 '중세·근대한국어'에서도 명사 '費用'은 나타나지 않고 동사 '費用ㅎ-'만 용례를 보이고 있다. 반면 현대한국어에서 동사 '費用하-'는 그 용례를 보이지

---

53) ≪飮中八仙歌≫에서 八仙은 술로 유명한 賀知章, 汝陽王 李璡, 左丞相 李適之, 崔宗之, 蘇晉, 李白, 張旭, 焦遂 등 여덟 사람으로 이들은 비록 모두 장안에 머무른 적은 있지만 같은 시간에 장안에 있은 것은 아니어서 회상하며 지은 詩로 추정이 된다. 이 詩에서 杜甫는 飮酒를 主線으로 하여 李白보다 41세 위인 최고 연장자 賀知章을 선두에 두고 그 다음은 관작(官爵)순으로 8인의 醉態와 人品, 有志之士들의 낙담하는 정서를 잘 표현하였다.

않을 뿐만 아니라 사전에 표제항으로 올라있지도 않다. 다만 명사 '費用'만 565번의 사용빈도를 보이는데 그 용례를 살펴보면 모두 『표준』에 등재된 두 가지 意味로 쓰였다. 이는 동사에서 意味가 유사한 명사로 바뀜으로서 품사의 변화와 동시에 意味의 전이도 가져왔음을 뜻한다.

漢字語 어근 '費用'에서 '費'와 '用'은 중국어에서 그 품사가 모두 동사로 한국어에서 '-하-'와 결합되면 충분히 동사 '費用ㅎ-'가 생성될 수 있다. 또 '費'를 동사로 해석하고 명사로 해석되는 '用'은 '資財(재물과 재산)'로 본다면 '술어+목적어' 구성으로 '-하-'와 결합될 수 도 있다. 이와 같은 한국어의 單語形成방식에 따라 생성된 동사 '費用ㅎ-'는 중세·근대한국어에서 쓰이다가 현대한국어에서는 그 용례를 찾아 볼 수 없으므로 동사로서의 용법은 사라진 것으로 보인다.

[33] 사상(思想)

諺解文에서 '思想ㅎ-'는 한 번의 용례를 보이고 있는데 원문의 '想'을 諺解文에서 '思想ㅎ-'로 언해한 경우이다.

> (1) 尙想趨朝廷 毫髮裨社稷 06_53a ≪客堂≫
> ·오히·려 {(思想)·호디} (朝廷)·에 나·ㅿ가·면 머·릿 터럭·마니·나 (社稷)·올 :돕ㅅ·오련마·론

위의 예문(1)에서 원문의 '尙想趨朝廷(상상추조정)'을 '오히려 思想호디 朝廷에 나ㅿ가면'으로 언해하여 '尙'과 '오히려', '想'과 '思想호디', '趨'와 '나ㅿ가면', '朝廷'과 '朝廷'이 대응된다.

≪客堂≫은 766년(大曆元年), 夔州에 있을 때 지은 詩이다. 예문(1)은 "朝廷에 나가면 조금이나마 社稷을 도울 수 있다고 생각한다."라는 內

容이다. 원문에서 동사로 쓰인 '想'은『漢典』에서 두 번째 뜻풀이인 '思考(사고)', 즉 '생각하고 궁리하다'로 해석된다. 따라서 諺解文의 '思想ᄒᆞ-'도 '사고하다, 생각하다'의 뜻으로 쓰였다.『표준』에는 표제항으로 동사 '思想하-'가 올라있지 않아 그에 대한 意味 또한 찾아 볼 수 없다.

위의 검토에 의하면 諺解文에 나타나는 '思想ᄒᆞ-'의 意味는 '사고하다, 생각하다'로 정리된다. 한편『표준』에 동사 '思想하-'는 등재되어 있지 않고 명사 '思想'만 등재되어 있다. 등재된 뜻풀이를 보면 1)어떠한 사물에 대하여 가지고 있는 구체적인 사고나 생각, 2)<철학>에서 판단, 추리를 거쳐서 생긴 의식 內容, 3)<철학>에서 논리적 정합성을 가진 통일된 판단 체계, 4)<철학>에서 지역, 사회, 인생 따위에 관한 일정한 인식이나 견해 등 네 가지가 있다.『杜詩諺解』에서 원문의 '想'를 '思想ᄒᆞ-'로 언해하고 '사고하다, 생각하다'의 意味로 쓰인 경우는『표준』에 등재되어 있지 않다.

漢字語 어근 '思想'은『杜詩諺解』初刊本에서뿐만 아니라 '중·근대 한국어'에서도 명사 '思想'은 나타나지 않고 동사 '思想ᄒᆞ-'만 '사고하다, 생각하다'의 意味로 용례를 보이고 있다. 반면 현대한국어에서 동사 '思想하-'는 그 용례를 보이지 않을 뿐만 아니라 사전에 표제항으로 올라있지도 않다. 이는 동사에서 意味가 유사한 명사로 바뀜으로서 품사의 변화와 동시에 意味의 전이도 가져왔음을 뜻한다.

명사 '思想'은 1,075번의 사용빈도를 보이는데 그 용례[54]들을 살펴보면 '사고나 생각'의 意味보다 철학적 意味로 쓰임이 위주임을 알 수 있다. 이는 서양 학문의 'consciousness'를 번역한 신조어로서의 쓰임이 늘

---

54) <21세기 세종계획> http://ithub.korean.go.kr/jsp/dic/example/simplesearch.jsp에 따르면 '사상'을 포함하는 용례가 1136 항목이 검색된다. 그 용례를 살펴보면 '사상 최대의 실업률' 등에서 나타나는 '史上'도 많은 용례를 보이고 있어 현대한국어에서 통계된 1075 항목에도 '史上'과 같은 동음이의어가 포함되어 있다고 본다.

어나고 '사고나 생각'의 전통적이고 일반적인 意味의 쓰임이 줄어들었음을
뜻하며 전이된 意味에 새로운 意味가 추가된 意味 확대로도 볼 수 있다.

[34] 안정(安定)

諺解文에서 '安定ᄒ-'는 다섯 번의 용례를 보이고 있는데 모두 원문
의 '定'을 '安定ᄒ-'로 언해한 경우이다.

  (1) 苔竹素所好 萍蓬無定居 15_16a ≪將別巫峽贈南卿兄瀼西果園四十畝≫
      잇 무든 ·대는 본디로 ·즐기·논 거·시언마·론 ·말왐과 다·봇 ·ᄀᆞᆮ
      ·ᄒᆞ야 {(安定)·ᄒᆞ야} 사로미:업소·라

  위의 예문(1)에서 원문의 '定居'를 '安定ᄒ야 사로미'로 언해하여 '定'
과 '安定ᄒ야', '居'와 '사로미'가 대응된다.
  ≪將別巫峽贈南卿兄瀼西果園四十畝≫는 768년(大曆三年)에 지은 詩이
다. 원문에서 '定居'는 '固定的住處'로 '고정된 거처'라는 뜻이다. 이때
동사로 쓰인 '定'은 『漢典』의 첫 번째 뜻풀이인 '使安定(안정시키다)'로 해
석된다. 따라서 원문의 '定'과 대응되는 諺解文의 '安定ᄒ-'도 '한번 정
한 대로 변경되지 아니한다, 즉 고정되다'의 뜻으로 쓰여 『표준』의 첫
번째 뜻풀이인 '바뀌어 달라지지 아니하고 일정한 상태가 유지되다'와
같은 意味로 쓰였다.

  (2) 干戈猶未定 弟妹各何之 08_28b ≪遣興≫
      (干戈)ㅣ ·오히려 {(安定)·티} 아·니ᄒᆞ·니 아ᅀᆞ·와 누의·와는 (各
      各) 어·드·러 가·니오

  위의 예문(2)에서 원문의 '干戈猶未定(간과유미정)'을 '干戈ㅣ 오히려 安

定티 아니ᄒ니’로 언해하여 ‘干戈’와 ‘干戈’, ‘猶’와 ‘오히려’, ‘未’와 ‘아
니ᄒ니’, ‘定’과 ‘安定티’가 대응된다.

≪遣興≫은 760년(上元元年), 成都에서 형제들을 그리워하며 지은 詩이
다. 예문(2)의 원문은 “전쟁은 아직 평정되지 않았다. 동생들은 어디로
갔느냐?”라는 內容이다. 이때 동사로 쓰인 ‘定’은『漢典』의 두 번째 뜻
풀이인 ‘平定(평정)’으로 ‘반란이나 騷擾를 누르고 평온하게 진정하다’로
해석된다.『표준』의 ‘安定하’에는 등재되어 있지 않는 意味이다.

> (3) ㄱ. 戰場今始定 移柳更能存 14_17b ≪春日梓州登樓二首≫
> 　　사·호던 ·짜히 ·이제 비·르서 {(安定)ᄒ·니} 옮·겨 심곤 버·드
> 　　른 ·쏘 (能)·히 잇ᄂ·가
> 　ㄴ. 且喜河南定 不問鄴城圍 08_34b ≪憶弟二首≫
> 　　(河南)이 {(安定)·호ᄆᆯ} 깃·고 (鄴城)·의 ᄢᅴ·리여 이·슈믄 :묻디
> 　　아·니·ᄒ노·라

예문(ㄱ)은 “전쟁이 비로소 平定되었다”라는 內容이고, (ㄴ)의 원문은
“잠시 河南이 평정된 것이 기쁘다. 鄴城이 포위된 것은 묻지 않았다”라
는 內容으로 이때 漢字語 ‘安定ᄒ-’도 ‘平定하-’이다.

위의 검토에 의하면『杜詩諺解』에서 동사로만 나타나는 ‘安定ᄒ-’는
1)안정되다, 2)평정되다 등 두 가지 意味로 정리된다. 漢字語 어근 ‘安
定’은『표준』에 동사 ‘安定하-’와 명사 ‘安定’이 모두 표제항으로 등재
되어 있다. 그 뜻풀이를 보면 1)바뀌어 달라지지 아니하고 일정한 상태
가 유지되다, 2)<물리학>[55] 방면의 용어 외에 명사에는 3)<화학>[56] 방

---

55) 安定은 <물리학>에서 중심이 물체의 바닥 한가운데에 있어서, 어떤 외부의 힘에 의하여
　약간의 변화를 받기는 하여도 원래의 상태로부터 별로 벗어나지 아니하고 일정한 범위
　안에 있는 상태. 또는 원래의 상태로 되돌아가려는 성질을 가지는 일을 뜻한다.
56) 安定은 <화학>에서 단체(單體)나 화합물이 화학 변화를 쉽게 일으키지 아니하거나 반응

면의 용어가 추가 등재되어 있다. 이것은『杜詩諺解』에서 원문의 동사
'定'을 '安定ᄒ-'로 언해하고 '평정하다'의 意味로 쓰인 경우는『표준』의
동사 '安定하-'와 명사 '安定'의 뜻풀이에 그 意味가 등재되어 있지 않
다. 기준을 달리하여 일부 옛 뜻이 쓰이지 않는데 초점을 맞춘다면 意味
가 축소되었고, 옛 뜻에 새로운 意味가 추가되었다고 본다면 意味가 확
대되었다고 할 수 있다. 그리고 <물리>와 <화학> 방면의 용어로도 쓰
이고 있어 意味 전이라고도 할 수 있다.

[35] 요구(要求)

諺解文에서 漢字語 '要求ᄒ-'는 네 번의 용례를 보이고 있는데 모두
원문의 '要'를 '要求ᄒ-'로 언해한 경우이다.

> (1) 不敢要佳句 愁來賦別離 16_11a ≪偶題≫
>   구·틔·여 :됴ᄒᆞᆫ ·긄·롤 ((要求)ᄒᆞᄂᆞᆫ) ·디 아·니·라 시·름 :오매 ·여·
>   희여 ·쇼ᄆᆞᆯ :짓노·라

위의 예문(1)에서 원문의 '不敢要佳句(불감요가구)'를 '구·틔여 됴ᄒᆞᆫ 긄롤
要求ᄒᆞᄂᆞᆫ 디 아니라'로 언해하여 '不'과 '아니라', '敢'과 '구·틔여', '要'
와 '要求ᄒᆞᄂᆞᆫ', '佳'과 '됴ᄒᆞᆫ', '句'와 '긄'이 대응된다.

≪偶題≫는 766년(大曆元年) 가을, 夔州에서 지은 詩이다. 예문(1)의 원
문은 "詩를 씀에 있어서 佳作을 바라는 것이 아니다. 詩로 슬픔과 우울
함을 털어버릴 뿐이다."라는 內容이다. 이때 동사로 쓰인 '要(yào)'는『漢
典』의 두 번째 뜻풀이인 '討(요구하다, 바라다)'로 해석된다.『표준』에 등재
된 '要求하-'의 첫 번째 뜻풀이인 '받아야 할 것을 필요에 의하여 달라

속도가 느린 상태를 뜻한다.

고 청하다'와 같은 意味로 쓰였다.

(2) ㄱ. 豈要仁里譽 感此亂世忙 07_36a ≪秋,行官張望督促東渚耗稻向畢清
晨遣女奴阿稽 竪子阿段往問≫
:엇뎨 ᄆᆞᅀᆞᆯ·히 (仁厚)ᄒᆞᆫ 기·류믈 {(要求)ᄒᆞ·리·오} ·이 (亂世)·
예 :뵈·왓비 돈·니ᄂᆞ·닐(感傷)·ᄒᆞ노·라
ㄴ. 爾寧要謗讟 憑此近燓侮 25_13a ≪火≫
:네 :엇뎨 ᄂᆞ·미 :구숑·호몰 {(要求)·티} 아·니ᄒᆞ·리오 ·이롤 브
·터 ·호미 므던·히 너·교매 갓·갑도·다
ㄷ. 費心姑息是一役 肥肉大酒徒相要 25_43b ≪嚴氏溪放歌行(溪在閬州
東百餘里)≫
(姑息)·호매 ᄆᆞᅀᆞᆷ (虛費)·호미 ·이 ᄒᆞᆫ (役事)ㅣ·로소·니 ·술진
고·기·와 ·큰 술·로 ᄒᆞᆫ갓 서르 {(要求)·ᄒᆞᆺ·다}

≪秋 行官張望督促東渚耗稻向畢清晨遣女奴阿稽 竪子阿段往問≫은 767
년(大曆二年), 杜甫 일가족이 가을걷이를 위하여 東屯으로 갔을 때 지은
詩이다. 예문(ㄱ)의 원문은 "어찌 마을에서 어질고 후덕하다는 칭찬을
받기 바라서겠는가? 어지러운 세상에 백성들이 힘들어함이 슬퍼서이
다."라는 內容이다. 이때 '要求ᄒᆞ-'도 '요구하다, 바라다'의 意味로『표준』
의 첫 번째 意味와 같게 쓰였다.

위의 검토에 의하면 諺解文의 '要求ᄒᆞ-'는 '받아야 할 것을 필요에
의하여 달라고 청하다'로『표준』에 등재된 意味이다.『표준』에는 동사
'要求하-'와 명사 '要求'가 모두 표제항으로 등재되어 있는데 그 뜻풀이
를 보면 諺解文에 쓰인 意味 외에 <법률>과 <심리> 방면의 전문용어
도 추가로 등재되어 있다.

漢字語 어근 '要求'는『杜詩諺解』初刊本에서뿐만 아니라 '중·근대
한국어'에서도 명사 '要求'는 나타나지 않고 동사 '要求ᄒᆞ-'만 용례를

보이고 있다. 현대한국어에서는 동사 '要求ㅎ-'는 1,133개의 용례를 보이고 명사는 687개의 용례를 보이고 있다. 그 용례를 살펴보면 諺解文의 문맥적 意味이고『표준』의 첫 번째 뜻풀이인 전통적 意味가 많이 쓰이고 있음을 확인할 수 있다. 따라서 옛 뜻에 <법률>과 <심리> 방면의 새로운 意味가 추가되어 意味 확대 또는 意味 전이로 볼 수 있다.

[36] 판단(判斷)

諺解文에서 '判斷ㅎ-'는 한 번의 용례를 보이고 있는데 원문의 '判'을 '判斷ㅎ-'로 언해한 경우이다.

> (1) 衣裳判白露 鞍馬信淸秋 08_40b ≪舍弟觀歸藍田迎新婦送示兩篇≫
> 옷ᄀ외 ᄒ요ᄆ·란 ·힌 이·슬 올 저· 글 {(判斷)ᄒ·고} (鞍馬)·란 ᄆᆞᆯ·
> ㄴ ᄀᆞᄉᆞᆯ·히 ·오ᄆᆞᆯ 믿·노라

예문(1)은 원문의 '衣裳判白露(의상판백로)'를 '옷ᄀ외 ᄒ요ᄆ란 힌 이슬 올 저글 判斷ᄒ고'로 언해하여 '衣裳'과 '옷ᄀ외', '判'과 '判斷ᄒ고', '白露'와 '힌 이슬'이 대응된다.

≪舍弟觀歸藍田迎新婦送示兩篇≫은 767년(大曆二年)에 지은 詩이다. 예문(1)의 원문은 "옷 입는 것을 보고 24절기 중의 하나인 백로가 왔음을 판단할 수 있고, 말의 안장을 보면 맑은 가을이 왔음을 믿을 수 있다."는 內容이다. 이때 동사로 쓰인 '判'은『漢典』의 세 번째 뜻풀이인 '區別(구별하다), 分辨(분별하다)'로 해석된다.『표준』에 등재된 '判斷하-'의 첫 번째 뜻풀이인 '사물을 인식하여 논리나 기준에 따라 판정을 내리다'와 같은 意味로 쓰였다.

위의 검토에 의하면 諺解文의 '判斷ㅎ-'는 '사물을 인식하여 논리나 기준 등에 따라 판정을 내리다'로『표준』에 등재된 意味이다.『표준』에는 동사 '判斷ㅎ-'와 명사 '判斷'이 모두 표제항으로 등재되어 있고, <논리> 방면에서 어떤 대상에 대하여 무슨 일인가를 판정하다는 意味가 추가로 등재되어 있다.

漢字語 어근 '判斷'은 諺解文에서뿐만 아니라 '중·근대한국어'에서도 동사 '判斷ㅎ-'만 용례를 보이는데 현대한국어에서는 동사 '判斷하-'가 467개, 명사 '判斷'이 612개 용례를 보이고 있다. 그 용례를 살펴보면 諺解文의 문맥적 意味이고『표준』의 첫 번째 뜻풀이인 전통적 意味가 많이 쓰이고 있음을 확인할 수 있다. 따라서 옛 뜻에 <논리> 방면의 새로운 意味가 추가된 意味 확대, 또는 <논리> 방면의 용어로 쓰이고 있어 意味 전이로 볼 수도 있다.

3.3 명사와 동사 외의 품사로 쓰인 漢字語

본고의 연구 대상 중에는 명사로 쓰인 漢字語, 동사로 쓰인 漢字語 외에 부사 혹은 형용사로 쓰인 漢字語도 있다. 부사 혹은 형용사로 쓰인 漢字語 어근은 '秘密, 利益, 特別' 등 3개이다. 諺解文에 나타나는 이들 漢字語를 원문의 단어와 對照하여 그 대응 양상에 따라 분류하면 부분일치 유형만 나타난다.

[37] 비밀(秘密)

諺解文에서 漢字語 어근 '秘密'은 형용사 '秘密ㅎ-'가 네 번, 부사 '秘密히'가 세 번으로 모두 일곱 번의 용례를 보인다. 원문의 어휘와 對照

하면 '秘'를 '秘密히' 혹은 '秘密ᄒ-'로 언해한 경우와 '密'을 '秘密히'로
언해한 경우로 나눌 수 있다.

가. 원문의 '秘'를 '秘密히'로 언해한 경우

원문의 '秘'를 諺解文에서 '秘'가 포함된 '秘密히'로 언해한 경우는
한 번의 용례를 보인다.

> (1) 鴻寶寧全秘 丹梯庶可陵 08_10b ≪贈特進汝陽王二十韻≫
> (鴻寶)·롤 :엇뎨 :오로 ((秘密)·히} ᄒ·리오 블·근 드리·롤 거·싀
> (可)·히 (凌犯)·호리·라

위의 예문(1)에서 원문의 '鴻寶寧全秘(홍보녕젼비)'를 '鴻寶롤 엇뎨 오로
秘密히 ᄒ리오'로 언해하여 '鴻寶'와 '鴻寶', '寧'과 '엇뎨', '全'과 '오
로', '秘'와 '秘密히'가 대응된다.

≪贈特進汝陽王二十韻≫은 杜甫가 汝陽王에게 보낸 詩이다. 예문(1)
의 원문은 "신선이 되는 鴻寶[57])도 숨기지 않고 나에게 알려주었으니 나
도 곧 붉은 사다리를 타고 높이 오를 것이다."라는 內容이다. 이때 원문
에서 형용사로 쓰인 '秘'는『漢典』의 두 번째 뜻풀이인 '不公開(불공개)'
로 '어떤 사실이나 사물, 內容 따위를 다른 사람에게 터놓지 않는다'로
해석된다.『표준』에서 제시한 '秘密히'의 뜻풀이인 '남에게 알려서는 안
되거나 드러내서는 안 되는 태도가 있게'와 같은 意味로 쓰였다. 諺解文
의 '秘密히 ᄒ리오'에 근거하여 漢字語 어근 '秘密'은 동사 'ᄒ-' 앞에서
동사를 꾸며주는 부사 '秘密히'로 나타났다고 볼 수 있다.

---

57) 仇兆鰲(1979)에 따르면『劉向傳(유향전)』에서 淮南王의 베갯머리에 신선이 丹藥을 만드는
방법을 정리한『鴻宝苑秘書』가 있었다고 하였다.

나. 원문의 '秘'를 '秘密ᄒ-'로 언해한 경우

원문의 '秘'를 諺解文에서 '秘密ᄒ-'로 언해한 경우는 네 번의 용례를 보인다.

(2) 宮中行樂秘 少有外人知 06_12a ≪宿昔≫
　　(宮中)·에 (行樂)·ᄒ샤·미 {(秘密)·ᄒ실·식} 밧·긧 :사ᄅ·미 :알리 :
　　젹·더니·라

위의 예문(2)에서 원문의 '宮中行樂秘(궁중행락비)'를 '宮中에 行樂ᄒ샤·미 秘密ᄒ실식'로 언해하여 '宮中'과 '宮中', '行樂'과 '行樂ᄒ샤미', '秘'와 '秘密ᄒ실식'가 대응된다.

≪宿昔≫은 766년(大曆元年)에 지은 詩이다. 예문(2)의 원문은 "당시 방자하게 즐기는 궁중의 행락이 비밀스러워 밖의 사람들은 알 수 없다."라는 內容이다. 이때 형용사로 쓰인 '秘'는『漢典』의 두 번째 뜻풀이인 '不公開'로 해석된다.『표준』에서 제시한 '秘密하-'의 첫 번째 뜻풀이인 '남에게 알려서는 안 되거나 드러내서는 안 되는 태도가 있다'와 같은 意味로 쓰였다.

(3) ㄱ. 存想靑龍秘 騎行白鹿馴 16_24a ≪寄張十二山人彪三十韻≫
　　　(靑龍)ㅅ {(秘密)호} ·그레 ·스쵸·몰 두·고 (白鹿)·이 ·질·드닐
　　　·타 ᄃᆞ·니놋·다
　　ㄴ. 分日示諸王 鉤深法更秘 16_17b ≪送顧八分文學适洪吉州≫
　　　·나롤 논·화셔 (諸王子)·롤 :뵈야 ᄀᆞᄅ·치니 기·푸믈 걸·위여
　　　:내야 (法)·이 더·욱 {(秘 密)·ᄒ·더니·라}

≪送顧八分文學适洪吉州≫은 768년(大曆三年) 가을, 公安에서 지은 詩

이다. 예문(ㄴ)의 원문은 "매일 書法을 여러 王子들에게 가르치니 심오
한 도리를 탐구하고 깊이 숨겨져 있는 것을 찾아낸다."라는 內容이다.
이때 형용사로 쓰인 '秘'는『漢典』의 네 번째 뜻풀이인 '深邃(심오하다)'
로 해석되어『표준』의 두 번째 意味인 '밝혀지지 않았거나 알려지지 않
은 실상이 있다'와 같은 意味로 쓰였다.

> (4) 斯人已云亡 草聖秘難得 16_20b ≪殿中楊監見示張旭草書圖≫
> ·이 :사른·미 흐·마 주·그니 (草聖)·이 ((秘密)·호야) ·어두·미 어·
> 렵도·다

≪殿中楊監見示張旭草書圖≫는 766년(大曆元年)에 지은 詩이다. 예문(4)
의 원문은 "이미 죽은 賢者인 草聖 張旭이 그립다. 그의 작품은 수가 적
어 얻기가 힘들다."는 內容이다. 이때 형용사로 쓰인 '秘'는『漢典』의
세 번째 뜻풀이인 '世上少有(세상에 드물다)'로 해석된다.『표준』에는 등재
되어 있지 않는 意味이다.

다. 원문의 '密'을 '秘密히'로 언해한 경우

원문의 '密'을 諺解文에서 漢字形態소 '密'이 포함된 '秘密히'로 언해
한 경우도 두 번의 용례를 보인다.

> (5) 此行入奏計未小 密奉聖旨恩應殊 08_23a ≪入奏行贈西山檢察使竇侍御≫
> ·이 (行)·애 ·드러·가 :엳줍·는 :혜아·료미 :젹·디 아·니호·니 ((秘
> 密)·히} :님금 ·쁘들 받즈와(恩惠)·롤 당당이 달·이 ·호시·리로·다

예문(5)의 원문은 "이번 행에 궁중으로 들어가서 임금에게 아뢰는 일
이 작은 일이 아니다. 임금의 뜻을 비밀리에 받아 은혜가 특별하다."라

는 內容이다. 이때 형용사로 쓰인 '密'은 『漢典』의 세 번째 뜻풀이인 '秘密的(비밀리), 隱密的(은밀히)'로 해석되어 『표준』에 등재된 意味와 같게 쓰였다.

> (6) 無數春笋滿林生 柴門密掩斷人行 25_22b ≪詠春筍≫
>   (數) :업시 ·놉 (竹筍)·이 수·프레 ᄀ둑기 나거·늘 (柴門)·을 ((秘密)
>   ·히} 다·도니 :사룸 :녀미 긋·도다

≪詠春筍≫은 杜甫가 대나무를 좋아하는 마음을 잘 표현하였다. 예문 (6)의 원문은 "봄에 수없이 많이 자란 죽순이 숲을 이루어 柴門을 빈틈 없이 막았다. 행인들의 길도 막혔다."라는 內容이다. 이때 형용사로 쓰인 '密'은 『漢典』의 첫 번째 뜻풀이인 '稠密(조밀)'로 '조밀하다, 촘촘하다, 빈틈없다'로 해석된다. 『표준』에는 등재되어 있지 않은 意味이다.

위의 검토에 의하면 諺解文의 '秘密'은 1)남에게 알려서는 안 되거나 드러내서는 안 되는 태도가 있게, 2)밝혀지거나 알려지지 않은 실상이 있다, 3)세상에 드물다, 4)조밀하다 등 네 가지로 정리된다. 『표준』에는 1)과 2)의 意味만 등재되어 意味 축소로 볼 수 있다.

[38] 이익(利益)

諺解文에서 '利益ᄒ-'는 한 번의 용례를 보이고 있는데 원문의 '益'을 '利益ᄒ-'로 언해한 경우이다.

> (1) 詞賦工無益 山林跡未賒 15_08b ≪陪鄭广文游何將軍山林≫
>   (詞賦)ㅣ 바·지로·이 ·ᄒ야·도 ((利益)·호미} :업스·니 (山林)·에 :
>   갈 자·최 :머디 아·니ᄒ·니라

위의 예문(1)에서 원문의 '詞賦工無益(사부공무익)'을 '詞賦ㅣ 바지로이

ᄒᆞ야도 利益호미 업스니'로 언해하여 '詞賦'와 '詞賦', '工'과 '바지로이 ᄒᆞ야도', '無'와 '업스니', '益'과 '利益호미'가 대응된다.

≪陪鄭广文游何將軍山林≫은 753년(天寶十二년) 여름에 지은 詩이다. 예문(1)의 원문은 其四에 나오는 구절인데 "내가 詩를 잘 쓰지만 아무런 경제적 수익이 없어서 산림으로 가서 은거할 시간도 얼마 남지 않았다."라는 內容이다. 이때 형용사로 쓰인 '益'은 『漢典』의 첫 번째 뜻풀이인 '有益(유익하다), 有利(유리하다)'로 해석된다. 『표준』의 명사 '利益'의 첫 번째 뜻풀이인 '물질적으로나 정신적으로 보탬이 되는 것'과 같은 뜻으로 쓰였다고 할 수 있다.

漢字語 '利益'은 『杜詩諺解』初刊本에서뿐만 아니라 '중·근대한국어'에서도 명사 '利益'은 나타나지 않고 형용사 '利益ᄒᆞ-'만 용례를 보이고 있다. 현대한국어에서는 형용사는 나타나지 않고 명사만 용례를 보이고 있는데 그 용례를 살펴보면 모두 『표준』에 수록된 意味로 쓰이고 있어 동사로서의 용법이 사라진 것으로 보인다. 이는 동사에서 意味가 유사한 명사로 바뀜으로서 품사의 변화와 동시에 意味의 전이도 가져왔음을 뜻한다.

[39] 특별(特別)

諺解文에서 漢字語 어근 '特別'은 부사 '特別히'로 세 번의 용례를 보이는데 모두 원문의 '特'을 '特別히'로 언해한 경우이다.

(1) 況兼水賊繁 特戒風飇駛 16_19a ≪送顧八分文學适洪吉州≫
·ᄒᆞ물·며 ·ᄆᆞ렛 (盜賊) :하미 조·ᄎᆞ니 ᄇᆞᄅᆞ·미 ᄲᆞᆯ·리 부·로믈 ((特別)·히) (警戒)ᄒᆞ·라

예문(1)은 원문의 '特戒風颿駛(특계풍표사)'를 'ᄇᆞᄅᆞᆷᅵ 샐리 부로ᄆᆞᆯ 特別히 警戒ᄒᆞ라'로 언해하여 '特'과 '特別히', '戒'와 '警戒ᄒᆞ라', '風颿'와 'ᄇᆞᄅᆞᆷᅵ 샐리 부로ᄆᆞᆯ'이 대응된다.

예문(1)의 원문은 "하물며 그곳에는 도둑들이 많아서 특별히 조심해야 한다. 빠른 바람을 빌어서 순풍에 배를 몰아라"는 內容이다. 이때 부사로 쓰인 '特'은 『漢典』의 첫 번째 뜻풀이인 '特地'로 '특히, 특별히'로 해석된다. 『표준』의 '보통과 구별되게 다르게'로 쓰인 '特別히'와 같은 意味로 쓰였다.

> (2) ㄱ. 主人不世才 先帝常特顧 22_40b ≪送高司直尋封閬州≫
>   (主人)·은 (世)·예 :업슨 지·죄니 (先帝)ㅣ 댱샹 ((特別)·히} (眷
>   顧)·ᄒᆞ·더시·니라
>   ㄴ. 對揚期特達 衰朽再芳菲 24_50a ≪送盧十四弟侍御護韋尙書靈樣歸
>   上都二十韻≫
>   (對揚)·ᄒᆞ야 ((特別)·히} (通達)·호ᄆᆞᆯ (期望)·ᄒᆞ노·니 늘·거 석:
>   밴 게다·시 옷곳·ᄒᆞ·리로·다

예문(2)에서 원문의 '特顧(특고)'는 "각별히 관심을 가지고 보살피다", '特達(특달)'은 "남달리 사리에 밝고 특별히 재주가 뛰어나다."라는 內容으로 이때 '特'도 예문(1)과 마찬가지로 『표준』의 '特別히'의 意味와 같게 쓰였다.

위의 검토에 의하면 원문에서 '特'의 첫 번째 意味에 해당하는 '特別히'의 문맥적 意味는 모두 『표준』에 등재된 意味이다. 『표준』에는 '보통과 구별되게 다르게'처럼 하나의 뜻풀이만 등재되어 있어 意味 변화가 일어나지 않았음을 보여준다.

제 4 장

|

漢字語의 意味 변화 양상과
사전에 추가할 漢字語

4.1 意味 변화의 양상

의사소통을 위한 기호 체계인 언어는 세월의 흐름에 따라 끊임없이
변화한다. 제3장의 검토에서 확인되는 바와 같이 15세기 한국어 '檢察
ㅎ-'가 현대한국어 '檢察하-'로 바뀐 경우는 형태가 바뀐 경우이고, 본
고에서 검토와 같이 개화기 이전 문헌에서 '檢察ㅎ-'의 '조사하여 살피
다', '자신의 언행을 신중히 단속하다', '서적이나 서류를 자세히 훑어보
다' 등의 意味가 현대한국어에서 대부분 '범죄를 수사하고 그 증거를
모으다'라는 意味로 쓰이는 경우는 그 意味가 변화한 경우이다. 이렇게
언어의 변화는 눈으로 확인되는 形態뿐만 아니라 意味 등 언어를 구성
하는 모든 부분에서 시간의 흐름과 공간의 이동에 따라 천천히 변화하
고 있다.

이러한 언어의 변화가 어느 한 개인의 차원에서 결정되는 것은 아니

다. 현대 한국 사회에 살면서 나 혼자만 15세기 한국어를 사용한다든지, 다른 사람이 알아들을 수 없는 신조어만 만들어 사용한다면 의사소통이 이루지지 못할 것이다. 그것은 언어가 사회적인 약속으로 사회성을 가지기 때문이다. 따라서 언어는 특정한 시간과 특정한 사회에서, 즉 공시적으로 사회성을 가지면서 시간의 흐름에 따라, 다시 말하여 통시적으로는 꾸준히 변화하는데, 이와 같은 언어의 통시적 추이를 언어변화[1]라고 한다.

4.1.1 意味 변화의 원인

意味 변화를 겪은 단어가 수없이 많아 그 방향과 원인은 아주 다양하고 복잡한 양상을 보인다. 그렇기 때문에 意味 변화를 일으키는 원인도 여러 가지로 설명될 수 있다. 지금까지의 연구에 따르면 意味 변화의 원인이 무엇인가 하는 문제는 메이에(Meillet), 슈테른(Stern), 울만(Ullmann) 등에 의하여 논의된 바 있다. 그에 따라 언어 변화의 원인으로는 언어적 원인, 역사적 원인, 사회적 원인, 심리적 원인, 외국어의 영향, 새로운 명명의 필요성 등이 제시되었다. 심재기 외(1984:45)는 울만의 意味 변화 원인 중 '외국어의 영향'은 사회적 원인에 포함될 수 있고, '새로운 명명의 필요성'은 언어적 원인 또는 심리적 원인에 관계되거나 포함될 수도 있다고 보았다. 따라서 본고는 지금까지의 여러 성과를 종합하여 意味 변화의 원인을 아래와 같은 네 가지로 보고 논의를 진행하고자 한다.[2]

---

1) 엄밀하게 공시적인 '변이'와 통시적인 '변화'를 구별해야 한다. 그러나 본고에서는 意味의 다양성이 꼭 공시적이냐 통시적이냐 판별하기 어려우므로 '변화'라는 개념 아래에서 '변이'라는 개념도 포괄하여 사용하고자 한다.
2) 본장에서 1절, 意味 변화의 원인과 유형은 주로 심재기 외(1984), 전정례(2005), 심재기(2011), 윤평현(2013) 등을 참고로 해서 정리한다.

가. 언어적 원인

언어적 원인이란 음운이나 단어의 形態 또는 문장의 구조, 意味의 대립과 有緣性 상실 등과 같은 언어의 내적 요소가 意味 변화의 원인이 되는 것이다.

언어적 원인은 생략과 전염, 민간어원과 같은 언어 현상 즉 형태론적 관점, 통사론적 관점, 의미론적 관점에서 살펴볼 수 있다. 형태론적 관점은 대화 행위의 경제성을 높이려는 목적에서 나란히 사용된 단어 가운데 한 단어를 생략해도 남은 단어에 생략된 단어의 意味가 전이되는 경우를 뜻한다. 예를 들면 "아침 드셨어요?"에서 '아침밥'이 '아침'으로 생략되는 경우이다.

통사론적 관점은 어떤 단어가 특정의 다른 단어와 많은 문맥 속에서 함께 사용되고, 그러한 결합이 습관적으로 일어나면, 한 단어에 다른 단어의 意味가 전이되는 전염 현상이다. 그리고 인접한 意味들 사이의 대립 관계로 이해되는 유의성(유의 경쟁) 및 有緣性 상실에 의한 意味의 재해석 절차인 意味적 유연화(민간어원)는 의미론적 관점으로 이해할 수 있다.

본고는 중국어가 고립어이고, 漢字語가 漢字의 본고장인 중국어의 특성3) 즉 漢字 고유의 특성인 단음절 표의문자로서의 기능을 그대로 유지하고 있어 形態의 변화에 의한 意味 변화는 거의 없는 것으로 간주한다. 또한 본고에서 검토한 39개 漢字語의 意味 변화 중에는 통사론적 관점인 意味의 전염, 意味론적 관점인 민간어원에 의한 변화가 나타나지 않았다.

---

3) 漢字語 가운데는 한국어의 어순과 다르게 결합되는 단어의 부류가 있다. 예를 들면 '건국(나라를 세움)'과 같은 목적(目的) 구성의 단어, '피해(害를 당함)'와 같은 피동(被動) 구성의 단어, '무관(관련이 없음)'과 같은 부정(否定) 구성의 단어들이 많이 있다.

나. 역사적 원인

역사적 원인이란 科學, 制度, 技術, 風俗, 慣習 등의 변화가 명칭의 변화는 수반하지 않고 지시물의 변화만 가져옴으로써 意味 변화가 일어나는 것을 뜻한다. 역사적 원인은 언어의 보수성과 지시물의 진화가 맞부딪칠 때 意味 변화는 피할 수 없는데 지시물의 변화 양상에 따라 지시물의 자체의 변화, 지시물에 대한 지식의 변화, 지시물에 대한 태도의 변화로 나눌 수 있다.

지시물 자체의 변화는 명칭은 그대로이지만 기술이나 제도, 관습 등의 지시물이 실제로 바뀜으로써 意味가 변한 결과를 가져온 것이다. 지시물에 대한 지식의 변화는 지시대상 자체는 그대로 있는데 과학과 인지의 발달로 그에 대한 지식이 달라짐으로써 지시대상을 가리키는 단어의 意味가 변한 것이다. 지시물에 대한 감정적(주관적) 태도의 변화는 지시물 자체는 변화가 없으나 이 지시대상을 바라보고 해석하는 개인의 주관적 태도가 그 지시물을 대신하고 있는 명칭의 意味까지 변화시킨다는 것이다.

예를 들어 [13]의 '産業'은 『杜詩諺解』初刊本에서 현재까지 같은 形態를 유지해온 단어이다. 그러나 '産業'에 대한 意味는 예전과 지금이 똑같은 것은 아니다. '産業'이 '재산이나 물산'에서 '재화나 서비스를 창출하는 생산적 기업이나 조직'으로 바뀌어 지시물이 바뀐 것이다. 본고에서 검토한 漢字語 중에는 역사적 원인에 의하여 즉, 시대의 변천에 따라 意味 개신을 가져온 단어들이 많이 있다. 예를 들면 본고의 검토에서 한자어 '文章'은 '예악제도', '詩나 賦를 가리키는 한 편의 글', '才學으로 재능과 학문이 있는 사람'의 뜻으로 쓰이었다. 하지만 언어학의 개념이 탄생된 이후 지금에 와서는 '생각이나 감정을 말과 글로 표현할 때 완결된 내용을 나타내는 최소의 단위'로 쓰이고 있어 역사적 원인으로 意味 변화를 가져온 것이다. '決定'은 '행동이나 태도를 분명하게 정함, 또는 그렇게 정해진 내용'의 뜻으로 쓰이었다. 하지만 지금에 와서는 법률 방면의 용어로 '법원이 행하는 판결·명령 이외의 재판'으로 쓰이고 있어 역사적 원인으로 意味 변화를 가져온 예이다. 이외 역사적 원인으로 의미 변화를 가져온 법률 방면의 용어로 쓰이고 있는 '制度, 檢察, 要求', 컴퓨터 방면의 용어로 쓰이고 있는 '記憶', 철학 방면의 용어로 쓰이고 있는 '精神, 相對, 思想', 물리나 화학방면의 용어로 쓰이고 있는 '安定', 심리 방면의 용어로 쓰이고 있는 '要求, 記憶', 경제 방면의 용어로 '經營', 논리 방면의 용어로 '判斷' 등이 더 있다.

다. 사회적 원인

사회적 원인이란 사회를 구성하고 있는 계층이나 집단에서 한 집단의 말이 다른 집단에 借用되거나, 한 계층의 말이 다른 계층으로 옮겨가는 것을 뜻한다. 즉, 사회적 환경 속에서 언어의 意味 변화가 일어나는 것이다. 사회적 원인에 따른 意味 변화는 意味의 일반화와 특수화로 나눌 수 있다.

意味의 일반화는 특수 사회 집단의 언어가 일반적인 용법에 借用되거나, 보다 넓은 일반 사회 집단에서 채택되어 새로운 일반적 意味를 갖는 것을 말한다. 意味의 일반화는 결과적으로 意味의 외연이 확장되기 때문에 意味의 확대라고 할 수 있다. 意味의 특수화는 일반 사회에서 널리 쓰이던 말이 특수 집단에서 쓰이게 되면서 意味가 전문화 또는 특수화되는 것을 말한다. 이것은 일상어가 특수 집단에 借用되면서 한정적인 意味를 갖게 되므로 意味의 축소라고 할 수 있다.

앞의 논의 중에서 '檢察ᄒ-'를 예로 들면 일반사회에서 '조사하여 살피다', '자신의 언행을 신중히 단속하다', '서적이나 서류를 자세히 훑어보다'의 意味로 사용되던 '檢察ᄒ-'가 법률 사회에 들어와 '범죄를 수사하고 그 증거를 모으다'라는 意味로 그 사용이 한정되었다. 이는 意味의 특수화, 즉 意味의 축소에 해당된다. '經營ᄒ-'도 마찬가지이다. 일반사회에서 '계획을 세워 집을 짓다', '예술 방면에서 구상하다', '밭을 일구다', '분묘를 만들다'로 쓰이던 '經營ᄒ-'가 현대사회에 들어와 '기업이나 사업 따위를 관리하고 운영하다'의 意味로 한정되어 사용되므로 意味의 특수화를 겪어 의미의 축소 현상이 나타났다. '要求'도 마찬가지이다. 일반사회에서 '받아야 할 것을 필요에 의하여 달라고 청함'의 의미로 쓰이던 것이 현대사회에 와서 심리학의 정비에 따라 심리 방면의 용어로 '유기체의 행동을 일으키게 하는 생활체의 내부 원인, 심리적·심리적 기관에 생기는 모자람을 보충하거나 또는 과잉을 배제하려고 하는 과정'의 의미로 한정되어 사용되므로 의미의 특수화를 겪었다. 이외 '時節, 故鄕, 世上, 歲月, 精神, 學問, 對答, 決定, 關係, 思想, 安定, 判斷, 秘密' 등도 사회적 원인으로 의미 변화를 가져왔다.

라. 심리적 원인

심리적 원인이란 화자의 심리적 특성이나 경향에 의해서 일어나는 意味 변화의 원인을 뜻한다. 심리적 원인에 의한 意味 변화는 감정적인 요인에 의한 것과 금기에 의한 것으로 나눌 수 있다.

감정적 요인에 의한 意味 변화란 주관적 감정의 지배에 의해 어떤 주제에 특별한 관심과 흥미를 보일 때, 관심의 대상인 주제는 화제의 중심이 되어 퍼져나가기도 하고, 또 다른 쪽에서 유사한 주제를 끌어들이

기도 한다. 전자를 확장이라 하고 후자를 견인이라고 한다. 금기란 해서는 안 될 일이나 피해야 하는 것이다. 금기어는 남의 기분을 나쁘게 하지 않으려고 직접 언급하지 않고 피해서 달리 쓰는 말로서 이를 완곡어라고도 할 수 있다. 완곡어가 금기어 대신 쓰이면 그 단어는 그만큼 意味가 확장되어 意味 변화를 일으킨 것이다.

위에서 논한 네 가지 意味 변화의 원인은 모두 漢字語의 意味 변화에 적용될 수 있다. 그러나 漢字語의 流入, 借用, 轉用 과정을 볼 때 漢字語에 나타나는 意味 변화의 주요 원인은 결국 역사적 원인과 사회적 원인이라고 할 수 있을 것이다. 중국 사회에서 쓰이던 단어가 '중세한국어'에 들어와 쓰이다가 開化期 이후 이런 단어에 현대적 意味가 부여 혹은 추가됨으로써 지시물의 意味가 변하거나 변화하고 있는 어휘들이다. 어휘의 변화는 분명하지 않지만 한국어 語彙史에서 漢字語의 意味 변화가 어느 정도 분명하게 나타나는 원인도 漢字語가 한국어에 토착화 하는 과정에서 겪은 역사성과 사회성 때문이라고 여겨진다.

4.1.2 意味 변화의 유형

어떤 단어가 意味 변화를 겪고 나면 그 결과는 두 가지로 나타나는데, 하나는 범위의 변화이고 다른 하나는 가치의 변화이다. 가치의 변화는 사회구조가 바뀌거나 사람들의 취향이 변하면 그에 따라 평가에도 변화가 일어남을 뜻한다. 어떤 대상에 대한 평가가 변화하는 것은 결국 그 대상에 대한 가치가 변화하는 것인데, 원래 가지고 있던 意味보다 낮게 변화하는 것을 意味의 하락이라 하고, 반대로 높게 변화하는 것을 意味의 향상이라고 한다. 예를 들면 중세한국어 '겨집'은 원뜻이 '여자'

인데 그 意味가 특수화하여 '아내'의 뜻으로 쓰이고, 근대한국어에서도 '겨집' 또는 '계집'이 같은 意味로 쓰였다. 그러나 현대한국어에서 '계집'은 동일한 지시대상을 낮추어서 말하는데 쓰이고 있고 결과적으로 意味의 하락이 일어난 셈이다. '檢察, 經營, 産業'과 같이 일반어로 쓰이던 漢字語가 현대에 와서는 국가 운영의 핵심이 되는 意味로 쓰이고 있으므로 어떤 意味에서는 意味의 상승이라고 볼 수도 있을 것이다.

漢字가 한국어에 流入된 이래 朝鮮시대까지 한자와 漢字語를 숭상하고 고유어를 천시하는 시기가 오랫동안 지속되었기 때문에 漢字語의 意味나 가치의 변화에 대한 연구의 경우 큰 의의가 없다고 본다. 그 때문에 이번에는 漢字語의 意味 변화 중에서도 중요하다고 생각되는 意味 변화의 범위에 대해 정리해 보고자 한다.

意味 변화의 결과, 단어가 지시하는 범위, 곧 意味 영역에 변화가 일어난 것을 유형별로 분류해 보면 그 유형은 意味가 확대되는 경우와 意味가 축소되는 경우, 그리고 제3의 다른 意味로 바뀌는 경우로 구분될 수 있다. 이러한 意味 변화의 유형은 일반적으로 意味의 확대, 축소, 전이라고 불린다.

가. 意味의 확대

意味의 확대란 어떤 단어의 意味가 변화하여 지시 범위가 원래의 범위보다 넓어지는 경우를 말한다. 결국 意味의 확대는 이론적인 관점에서 볼 때 단어의 내포(內包)가 감소되고 외연(外延)이 증가되어 意味의 적용범위가 넓어지는 현상이다. 이러한 意味의 확대 현상은 특수사회에서만 쓰이던 어휘가 다른 사회에 借用되어 일반화하는 경우, 혹은 어휘가 문맥 속에 쓰이면서 본래 지녔던 意味(기본적 意味) 이외에 다른 意味(문맥적 意味)가 첨가되는 경우, 그리고 구체적인 사물·사실을 나타내는 구체어가 추상적 사실·개념으로 轉用될 때도 意味의 확대 현상이 나타난다.[4]

이와 같은 예로 본고에서 검토한 '故鄕'을 들 수 있다. 諺解文에서 확인한 바와 같이 '故鄕'은 원래 '자기가 태어나서 자란 곳', '조상 대대로 살아온 곳', '마음속에 깊이 간직한 그립고 정든 곳'을 가리켰으나, 지금은 '명작의 고향'과 같이 '어떤 사물이나 현상이 처음 생기거나 시작된 곳'과 같이 사물, 현상까지 적용의 범위가 넓어졌다. 그만큼 '故鄕'의 意味는 확대된 것이다. 또한 중세한국어에서 '맛'은 구체적 사물인 '음식 따위를 혀에 댈 때에 느끼는 감각'을 뜻하였으나 현재는 추상적인 개념인 '어떤 사물이나 현상에 대하여 느끼는 기분', '제격으로 느껴지는 만족스러운 기분'으로 '감각, 느낌'까지 포함되므로 그 意味가 확대된 것이다. 한자어 '制度'가 중국으로부터 유입될 때 의미는 '樣式'의 뜻으로 쓰였으나 현대에 와서는 '관습이나 도덕, 법률 따위의 규범이나 사회 구조의 체계'의 뜻으로 쓰이고 있어 의미의 확대로 본다. 옛 뜻에 새로운 意味가 추가되어 意味 확대를 보이는 漢字語로는 '文章, 世上, 歲月, 精神, 關係, 學問, 檢察, 經營, 記憶, 相對, 對答, 決定, 關係, 思想, 安定, 要求, 判斷' 등이 더 있다.

나. 意味의 축소

意味의 축소는 앞에서 논의한 확대 현상과 대립되는 경우로, 意味가 변화하여 지시 범위가 원래의 범위보다 좁아지는 것을 말한다. 곧 內包

---

4) 意味 변화의 유형은 주로 李乙煥·李庸周(1975), 김종학(1982), 심재기 외(1984), 심재기(2011), 윤평현(2013) 등을 참고로 해서 정리한다.

가 충실해지거나 증가되는 반면 外延이 축소되거나 감소되거나 제한되는 현상이다. 이러한 意味의 축소 현상은 일반적인 意味로 쓰이던 어휘가 특수사회에 借用되어 그 사회의 전문용어로 쓰이는 경우, 意味의 분화[5] 현상이 일어나는 경우, 지시대상의 영역이 축소되는 경우에 나타난다.

위와 같은 검토에 따르면 15세기 한국어에서 '秘密'은 '남에게 알려서는 안 되거나 드러내서는 안 되는 태도가 있게, 밝혀지거나 알려지지 않은 실상이 있다, 세상에 드물다, 조밀하다' 등 여러 가지 意味로 쓰였으나, 오늘날은 '세상에 드물다, 조밀하다' 등 두 가지 意味는 쓰이지 않고 있어 意味의 축소라고 할 수 있다. 본고에서 검토한 39개 漢字語 중에서 '時節'도 이런 意味의 축소를 보이는 경우이다. 『杜詩諺解』에서 '時節'은 '계절, 일정한 시기나 때, 시기와 기회, 세상의 형편, 철에 따른 날씨, 명절' 등 여러 가지 意味로 쓰였다. 그러나 오늘날은 '시기나 기회, 명절' 등 意味는 쓰이지 않고 있어 意味 축소로 본다. 이외 '學問, 飲食, 經營, 對答, 安定'도 이 경우에 속한다.

다. 意味의 전이

意味의 전이란 단어의 意味가 확대되거나 축소되는 일이 없이 단순히 어떤 意味가 다른 意味로 바뀐 것인데 다른 용어로는 意味의 이동이라고도 한다. 이을환(1968:88)은 意味의 전이 현상을 內包에만 관련된다고 보았다. 즉 內包의 면에서 볼 때 외관적인 形態·성질·기능상의 對照에 있어서 공통점과 유사점이 발견될 때 이런 현상이 일어난다.

---

5) 意味 분화는 두 가지 이상의 이미를 지녔던 어휘가 문맥에 쓰이면서 意味상의 혼란을 피하고 意味를 분명히 나타내고자 하는 언중의 욕구에 의해 意味 분화 현상을 일으키게 된다. 이와 같은 意味 분화의 결과로 본래의 形態와 유사한 다른 形態가 새로 파생되는 것을 흔히 볼 수 있다. 예를 들면 'フ르치다'는 '教'와 '指' 두 가지 意味로 쓰이던 것이 意味 분화를 일으켜 '가르치다'와 '가리키다'로 된 것이다.

이에 따라『杜詩諺解』初刊本에서와 같이 15세기 한국어에서 '費用ㅎ-'
는 동사로만 쓰였고 그 意味는 '돈이나 물자, 시간, 노력 따위를 들이거
나 써서 없애다, 소비하다'로 쓰였다. 현대한국어에서는 동사로서의 쓰
임은 사라지고 意味가 유사한 '어떤 일을 하는데 드는 돈'으로 바뀌어
意味의 전이를 가져왔고 품사의 변화도 가져왔다. 이와 같은 예는 '利益
ㅎ-'가 더 있다. 또 '相對'를 예로 든다면『표준』의 표제항 동사 '相對하-'
에는『杜詩諺解』에서 검토된 '서로 마주 대하다, 서로 겨루다' 두 가지
뜻풀이만 등재되어 있고, 표제항 명사 '相對'에는 동사에서 쓰이는 두
가지 뜻풀이 외에 '서로 대비함, 철학 방면에서 다른 것과 관계가 있어
서 그것과 떨어져 존재할 수 없는 것' 등 두 가지 뜻풀이가 추가되어 있
다. 일반어로 쓰이던 '相對'가 철학 방면의 전문용어로 전이된 것으로
볼 수 있다.

본고에서 검토한 39개 연구 대상 중에는 위에서와 같이 意味의 확대,
意味의 축소, 意味의 전이의 漢字語들이 있는가 하면 意味 변화 유형에
서 두 가지 혹은 세 가지로 모두 해석이 가능한 漢字語들도 있다. '制
度'를 예를 들면,『杜詩諺解』初刊本에서 '樣式'을 뜻하던 '制度'가 현대
에는 '정해진 틀'이라는 意味상의 유사점에 의하여 '관습이나 도덕, 법
률 따위의 규범이나 사회 구조의 체계'로 쓰이고 있다.[6] 이는 意味의
전이라고 할 수 있다. 또 '制度'는 옛 文獻을 읽을 때는 옛 뜻으로 해석
되고 현대文獻을 읽을 때에는 意味가 전이된 현대적 意味로 해석되어
옛 뜻에 새로운 意味가 추가된 意味의 확대로도 볼 수 있다. 따라서 '制
度'는 意味의 확대와 意味의 전이를 모두 보이는 예이다.

또 다른 예로서 '學問'을 보자면 중국 古典에서 '學問'이 처음 나타났

6) 본고의 검토에서 '制度'는 '樣式'으로만 나타났다. 그러나『漢典』에 의하면 '制度'는 '규범,
규정, 법령, 관직에 따른 제복' 등 여러 가지 意味로 쓰였다.

을 때 그 意味는 '배우고 묻는 일7)'이었다. 15세기 諺解文의 검토에 따르면 '學問'은 '知識과 學識'의 意味로 쓰였다. 현재는 '어떤 분야를 체계적으로 배워서 익힘, 또는 그런 지식'으로 쓰이고 있기 때문에 이는 意味의 확대로 볼 수 있다. 諺解文의 意味에 새로운 意味가 추가되었기 때문이다. 또한 체계적인 것이 아니더라도 많은 지식을 지니고 있으면 '學問'으로 표현하였으나 오늘날의 '學問'은 과학적이고 체계적이어야 하므로 이는 意味의 축소로 볼 수도 있다. 그리고 과학의 발달과 함께 나타난 서양 개념인 science의 대역어로만 이해한다면 이는 意味의 전이라고 볼 수 있다. 이렇게 관점에 따라 '學問'은 意味의 축소, 意味의 확대, 意味의 전이로 모두 볼 수 있다.

앞에서 살펴본 연구 대상 39개 漢字語의 意味의 변화 원인과 意味의 변화 유형을 표로 정리하면 아래와 같다.

단어	意味의 변화 원인				意味의 변화 유형				사라진 동사
	언어	역사	사회	심리	없음	있음			
						축소	확대	전이	
文章		○					○	○	○
時節			○			○			
人生					○				
故鄕			○					○	
老人					○				
當時					○				
世上			○					○	

---

7) 『漢典』에서 '學問'에 대한 첫 번째 뜻풀이다. 해석: 學習和詢問, 예문: 出 ≪易·乾≫, "君子學以聚之, 問以辯之."

歲月			○				○	
精神		○	○				○	
主人					○			
父母					○			
子息					○			
産業		○					○	○
時代					○			
音樂					○			
財産					○			
政治					○			
制度		○					○	○
種類					○			
知識					○			
地位					○			
學問		○	○			○	○	○
飲食					○			
檢察		○	○			○	○	○
經營		○	○			○	○	○
記憶		○					○	○
變化					○			
相對		○					○	○
對答			○			○	○	
決定		○	○				○	○
關係			○				○	

費用								○	○
思想		○	○				○	○	○
安定		○	○			○	○	○	
要求		○	○				○	○	
判斷		○	○				○	○	
秘密			○			○			
利益								○	○
特別					○				
회수	0	14	16	0	16	7	18	15	4

　漢字語의 意味는 앞에서 언급한 네 가지 원인에 따라 변화하겠지만 위의 표를 통하여 漢字語의 意味 변화는 주요하게 역사적 원인과 사회적 원인에 의하여 변화를 가져왔음을 확인할 수 있다. 반면 '人生, 老人, 當時, 主人, 父母, 子息, 時代, 音樂, 財産, 政治, 種類, 知識, 地位, 飲食, 變化, 特別'과 같이 意味의 변화가 없는 漢字語들도 있다.

　意味 변화 유형에서 '文章, 故鄕, 世上, 歲月, 精神, 産業, 制度, 學問, 檢察, 經營, 記憶, 相對, 對答, 安定, 關係, 思想, 安定, 要求, 判斷'과 같이 원래의 意味에 새로운 意味나 추상적 意味가 추가된 意味의 확대를 보이는 漢字語도 있고, '時節, 學問, 檢察, 經營, 對答, 安定, 秘密'과 같이 여러 가지 意味로 쓰이던 것이 일부 意味가 사라져 意味 축소를 보이는 예도 있다. 또 '文章, 産業, 制度, 學問, 檢察, 經營, 記憶, 相對, 決定, 費用, 思想, 安定, 要求, 判斷, 利益'과 같이 유사한 새로운 意味로 바뀐 意味의 전이를 가져온 漢字語도 있다. 그런가 하면 두 가지 意味유형 혹은 세 가지 意味 유형이 함께 나타나는 漢字語도 있다. '文章, 産業, 制

度, 記憶, 相對, 決定, 思想, 要求, 判斷'은 意味의 확대와 意味의 전이 유형이 함께 나타나는 漢字語이고, '對答'은 意味의 축소와 意味의 확대가 함께 나타나는 漢字語이다. 意味의 축소와 意味의 전이가 함께 나타나는 예를 찾아 볼 수 없다. '學問, 檢察, 經營, 安定'은 意味의 확대, 意味의 축소, 意味의 전이가 함께 나타나는 漢字語도 찾아 볼 수 있다.

또한 意味 변화의 유형은 원래 形態에 새로운 意味가 추가된 意味 확대가 많고, 추가된 意味가 대부분이 開化期 이후 서양에서 들어온 현대적 意味로 轉用되어 쓰여 意味의 전이 유형이 많음을 확인할 수 있었다. 따라서 본고에서 검토한 漢字語들의 意味의 변화는 역사적 원인과 사회적 원인에 따라 고대 중국에서 들어온 漢字語의 形態에 일본을 통하여 들어온 현대적 意味를 부여하여 意味 개신을 가져오는 방향으로 변화하고 있다고 여겨진다. 또한 15세기 한국어에서 동사로 받아들이던 漢字語들에 意味 개신이 일어나면 품사의 변화가 일어나는데 일반적으로 명사로 받아들인다는 것도 확인할 수 있다.

4.2 意味의 대응

본고는 앞에서 본대로 『杜詩諺解』初刊本에 나타나는 漢字語를 원문의 단어와 諺解文의 漢字語 대응 양상에 따라 1)일치·부분일치·불일치 유형, 2)일치·부분일치 유형, 3)일치·불일치 유형, 4)부분일치·불일치 유형, 5)부분일치 유형, 6)불일치 유형 등 여섯 가지 유형으로 분류하였다. 그런데 諺解文에 나타나는 漢字語의 意味는 원문의 문맥적 意味에 따라 결정된다고 할 수 있으므로 위의 여섯 가지 유형에 따라 諺解文에 나타나는 漢字語의 문맥적 意味를 분석하기 위하여 본고는 杜詩

원문의 해석과 중국어 사전인 『漢語大詞典』, 한국어 사전인 『표준국어
대사전』의 뜻풀이를 기반으로 하였다. 그리고 諺解文에 나타나는 漢字
語의 문맥적 意味가 『표준국어대사전』에 등재되어 있는지를 확인하였
다. 나아가 『杜詩諺解』 初刊本에서뿐만 아니라 '중세・근대한국어'와
현대한국어에 나타나는 용례를 검토하여 漢字語의 품사와 意味 변화를
살펴보았다. 그 결과를 정리하면 아래와 같다.

4.2.1 명사로 쓰인 漢字語

명사로 쓰인 漢字語에는 '故鄕, 老人, 當時, 文章, 父母, 産業, 世上, 歲
月, 時代, 時節, 飮食, 音樂, 人生, 子息, 財産, 精神, 政治, 制度, 種類, 主
人, 知識, 地位, 學問' 등 23개가 있다. 이들은 원문의 단어와 諺解文의
漢字語 대응 양상에 따라 1)일치・부분일치・불일치 유형, 2)일치・부
분일치 유형, 3)일치・불일치 유형, 4)부분일치・불일치 유형, 5)부분일
치 유형, 6)불일치 유형 등 여섯 가지 유형으로 분류될 수 있다. 이중
'人生'이라는 단어에 나타나는 원문의 단어와 諺解文 漢字語의 意味의
대응 양상을 표로 정리하면 아래와 같다.

漢字語	대응양상	문맥적 意味	사전	
			漢典	표준
人生	人生-人生	사람이 세상을 살아가는 일	기본 意味	있음
		사람이 살아있는 기간		
	生-人生	사람이 세상을 살아가는 일		
		사람이 살아있는 기간		

	生涯-人生	사람이 살아있는 기간		
	원문에 없음	사람이 살아있는 기간		

이와 같은 內容을 기준으로 삼아 나머지 漢字語의 意味 대응 관계를 살펴보면 다음과 같은 결과를 얻을 수 있다.

첫째, 諺解文에 나타난 漢字語의 문맥적 意味가 『漢典』에서 제시한 기본意味로 쓰인 경우 그 意味가 모두 『표준』에 등재되어 있고,[8] 예나 지금이나 품사에 변화가 없다. 意味는 두 가지 양상을 보이는데 하나는 意味 변화가 없이 기본意味로만 쓰이는 漢字語들이다. 예를 들면 '人生, 老人, 當時, 父母, 子息, 音樂, 政治, 種類, 飮食'과 같은 9개 漢字語이다. 다른 하나는 기본意味 외에 현대한국어에서 파생意味와 비유적 意味까지 쓰이고 있어 意味 확대를 보이는 漢字語들이다. 예를 들면 '故鄕, 世上'과 같은 2개 漢字語이다.

둘째, 諺解文에 나타난 漢字語의 문맥적 意味가 『漢典』에서 제시한 첫 번째 意味로 쓰인 경우 그 意味가 모두 『표준』에 등재되어 있고, 예나 지금이나 품사에 변화가 없다. 意味는 두 가지 양상을 보이는데 하나는 意味 변화가 없는 '主人'과 같은 漢字語이다. 다른 하나는 옛 뜻에 새로운 意味가 추가되어 意味 확대를 보이는 漢字語들이다. 예를 들면 '歲月, 精神'과 같은 漢字語이다.

셋째, 원문의 漢字形態素를 그 漢字形態素가 포함된 2음절 漢字語로 언해한 경우 『漢典』에 등재된 意味 배열 순서에서 앞쪽의 意味로 해석되면 『표준』에 그 意味가 등재되어 있고, 예나 지금이나 품사에 변화가

---

8) 앞의 검토에 의하면 漢字形態素 '産'의 경우 그 기본意味는 '財産'이다. '産'을 '財産'으로 언해한 기본意味는 『표준』에 등재되어 있는 반면 '産'을 '産業'으로 언해한 意味는 『표준』에 등재되어 있지 않다.

없고 意味에도 변화가 없다고 본다. 예를 들면 '時代, 財産, 知識, 地位'
와 같은 漢字語들이다. '代'를 '時代'로 언해한 경우 '代'의 일곱 가지 意
味 중 '時代'의 意味는 세 번째 意味에 속하고, '産'을 '財産'으로 언해
하고 '識'을 '知識'으로 언해한 경우는 '産'과 '識'의 첫 번째 意味에 속
한다. '地位'의 경우 '地'의 열세 가지 意味 중 여섯 번째 意味에 속한다.

넷째, 諺解文 漢字語의 일부 意味만『표준』에 등재되어 있고, 등재되
어 있지 않은 意味가 현대한국어에서 그 용례를 보이지 않으면 意味 축
소로 본다. 예를 들면『표준』에 등재된 意味가 모두 諺解文에 나타나면
서 원문의 '時'를 '時節'로 언해하고 문맥적 意味가 '시기나 기회'로 쓰
인 경우, 원문의 '節'을 '時節'로 언해하고 문맥적 意味가 '명절'로 쓰인
경우는『표준』에 등재되어 있지 않다. 이것은 옛 뜻의 일부가 사라져
意味 축소를 보이는 현상이다.

다섯째, 諺解文 漢字語의 意味가『표준』에 등재되어 있지 않고, 새로
운 意味만 등재되어 있는 경우는 意味 전이에 意味의 확대가 함께 있는
경우로 본다.

고대중국어에서 漢字形態素가 문맥에 따라 여러 가지 意味로 해석된
다. 이런 漢字形態素의 意味에 따라 諺解文에 나타나는 漢字語의 意味
가 결정되는데 '制度'를 예로 들면, 漢字形態素 '制'는 중국어에서 동사
와 명사 두 개의 품사로 쓰이고 있다. 원문에서 명사로 쓰인 '制'는 1)規
章(규장), 制度(제도), 2)樣式(양식), 3)規模(규모), 4)守父母之喪爲制(부모의 상을
지키는 일), 5)帝王的命令, 也指法令(제왕의 명령이나 법령), 6)各种有關的重量
單位制(중량과 관련된 단위계) 등 여러 가지 意味로 쓰인다. 이는 원문의
'制'가 명사로 쓰이고 諺解文에서 '制度'로 언해한 경우 위의 여섯 가지
意味 중 하나로 해석될 가능성이 있음을 뜻한다. 따라서 원문에서 '制'
의 문맥적 意味가 '樣式'이므로 諺解文에서 漢字語 '制度'의 문맥적 意

味도 '樣式'으로 해석되는 경우는 『표준』에 그 意味가 등재되지 않다. 이런 경우 옛 뜻에 새로운 意味의 추가로 보면 意味의 확대이고, 유사한 意味의 轉用으로 보면 意味의 전이인 것이다. '産業'의 경우도 마찬가지이다. '재산'을 뜻하는 諺解文의 문맥적 意味, 즉 옛 뜻은 등재되어 있지 않고 좁은 意味의 '공업'을 뜻하는 현대적 意味만 등재되어 있다. 전통적 漢字語의 문맥적 意味는 쓰이지 않고 그 形態에 과학의 발달과 함께 나타난 서양 개념의 대역어로만 쓰이고 있어 意味 전이로 볼 수 있고, 옛 뜻에 새로운 意味의 추가로 보면 意味의 확대이다.

한편 이 경우는 초점을 어디에 맞추는가에 따라 意味의 확대, 意味의 축소, 意味의 전이가 함께 나타날 수 있다고 본다. '學問'을 예로 들면, 1)위에서 언급한 옛 뜻은 쓰이지 않고 유사한 의미의 전용으로 현대적 意味만 쓰이는 것으로 해석하면 意味 전이이다. 2)옛 뜻에 새로운 意味가 추가된 것으로 해석하면 意味 확대이다. 비록 옛 뜻이 현대에는 쓰이지 않고 있지만 옛 文獻에 나타나는 의미도 한국어 어휘 의미의 일부분으로 옛 文獻을 읽을 때는 옛 뜻으로 해석하고, 현대文獻을 읽을 때는 현대적 意味로 해석해야 하므로 옛 뜻에 새로운 意味가 추가되어 意味 확대를 보이는 현상이다. 3)意味 축소이다. 예전에는 '지식 혹은 학식'으로 체계적인 것이 아니더라도 많은 지식을 알고 있으면 '學問'으로 표현하였으나 현대한국어에서 '學問'은 과학적이고 체계적인 지식만을 가리키고 있다. 다시 말하여 外延이 축소되거나 감소되거나 제한되는 현상이다. 따라서 意味 변화를 어느 한 쪽이라고 단정 짓기보다 초점을 어디에 맞추는가에 따라 달리 해석이 된다고 하겠다.

여섯째, '文章'과 같이 품사에 변화가 있는 경우이다. 위의 검토에서 漢字語 어근이 동사와 명사로 나타나는 경우는 '文章'과 '政治' 두 개이다. '政治'는 현대한국어에서 동사와 명사가 모두 쓰이고 있는 반면 '文

章'은 명사로만 쓰이고 있어 동사 '文章ᄒ-'의 용법이 사라졌다고 본다. 意味면에서는 옛 뜻도 쓰이고 있고 <언어> 방면의 새로운 뜻이 추가되어 意味 확대로 볼 수 있다. 앞의 '學問'의 경우와 마찬가지로 여러 가지로 해석이 가능하다고 보겠다.

4.2.2 동사로 쓰인 漢字語

동사로 나타나는 漢字語에는 '檢察, 經營, 記憶, 對答, 變化, 相對, 決定, 關係, 費用, 思想, 安定, 要求, 判斷' 등 13개가 있다. 원문의 단어와 諺解文의 漢字語 대응 양상은 1)일치·부분일치 유형, 2)부분일치·불일치 유형, 3)부분일치 유형 등 세 가지 유형으로 나타난다. 동사로만 나타나는 漢字語의 품사 변화와 意味 변화를 위의 세 가지 유형으로 나누면 규칙을 찾을 수가 없어 1)일치 유형, 2)부분일치 유형, 3)불일치 유형으로 나누어 살펴본다. 이 중 '檢察'이라는 단어에 나타나는 원문의 단어와 漢字語의 意味 대응 양상을 표로 정리하면 아래와 같다.

漢字語	대응양상	문맥적 意味	사전		용례	
			意味	품사	동사	명사
檢察	檢察-檢察	검사하여 살피다.	유	있음	0	900
	檢-檢察	책을 훑어보다.	없음			
		언행을 신중히 하다.	없음			

이와 같은 內容을 기준으로 삼아 나머지 漢字語의 意味 대응 관계를

살펴보면 다음과 같은 결과를 얻을 수 있다.

첫째, 일치 유형에 속하는 漢字語 어근은 '檢察, 經營, 記憶, 變化, 相對'이다. 이러한 漢字語의 문맥적 意味가 『漢典』의 첫 번째 뜻풀이로 쓰인 경우 『표준』에도 그 意味가 등재되어 있다. 반면 문맥적 意味로서 『漢典』의 첫 번째 뜻풀이가 아닌 경우는 『표준』에 그 意味가 등재되어 있지 않다. '經營'을 예로 들면 원문의 '經營'을 '經營ᄒᆞ-'로 언해하고 『漢典』의 첫 번째 뜻풀이인 '계획을 세워 집 따위를 짓거나 물건을 만들다'로 쓰인 경우 『표준』에 그 뜻풀이가 등재되어 있는 반면, 『漢典』의 네 번째 뜻풀이인 '구상하다'를 나타내는 경우는 『표준』에 그 意味가 등재되어 있지 않다.

둘째, 부분일치 유형에 속하는 漢字語 중 현대한국어에 나타나지 않는 '費用ᄒᆞ-, 思想ᄒᆞ-'를 제외하면 '檢察, 經營, 記憶, 變化, 相對, 對答, 決定, 關係, 安定, 要求, 判斷' 등이다. 이러한 漢字語의 문맥적 意味가 漢字形態素의 기본의미,[9] 곧 첫 번째 意味, 다시 말하면 『漢典』의 배열 순서에서 앞쪽에 나타나는 意味로 해석되는 경우, 『표준』에 등재된 意味도 있고 등재되어 있지 않은 意味도 있어 규칙성을 보이지 않는다. 예를 들면 '對答'에서 漢字形態素 '答'이 기본의미로 쓰인 경우, 『표준』에는 그 意味가 등재되어 있지 않으나, '答'이 첫 번째 意味로 쓰인 경우라면 『표준』에 그 意味가 등재되어 있다. 또한 漢字形態素 '檢'이 『漢典』의 첫 번째 意味인 '자신의 언행을 신중히 하다'로 쓰이거나 '서적이나 서류를 훑어보다'의 네 번째 意味로 쓰인 경우 모두 『표준』에 그 意味가 등재되어 있지 않다. 이러한 현상은 앞의 명사로 나타나는 漢字語에서 언급한 것과 같이 고대중국어에서는 漢字形態素가 문맥에 따라

---

9) 『漢典』에서 1음절 단어 즉 漢字形態素인 경우 기본意味, 첫 번째 意味로 나누어 제시하였다. 2음절 단어인 경우는 기본意味가 없고 첫 번째 意味부터 제시하였다.

여러 가지 意味로 쓰이는 漢字語의 본고장인 漢字의 특징에 있다고 본다.

셋째, 불일치 유형은 '對答'에서만 나타나는데 원문의 서로 다른 漢字形態素 '答, 和, 應, 報'가 모두 '對答ᄒ-'로 언해된 경우, 그 意味는『표준』에 모두 등재되어 있다. 원문에서 '和'와 '應'은『표준』의 첫 번째 뜻풀이인 '부르는 말에 응하여 어떤 말을 하다'의 意味로 쓰였고, '答'과 '報'는 두 번째 뜻풀이인 '묻거나 요구하는 것에 대하여 해답이나 제 뜻을 말하다'로 쓰인 것이다.

넷째, 품사의 변화이다. '중세·근대한국어'에서 동사로만 나타나던 漢字語들이 현대한국어에서는 동사와 명사가 함께 쓰이거나 명사로서의 쓰임이 늘어나고 동사로서의 쓰임이 줄어들거나 사라졌다. '檢察'의 경우『표준』에는 명사 '檢察'과 동사 '檢察ᄒ-'가 모두 표제항으로 등재되어 있지만, 현대한국어의 용례에서는 동사 '檢察ᄒ-'로는 나타나지 않는다. 또한 '費用ᄒ-, 思想ᄒ-'는 현대한국어에서 용례를 보이지 않을 뿐만 아니라『표준』의 표제항으로도 등재되어 있지 않아 품사의 변화와 함께 意味도 사라졌다고 볼 수 있다.

漢字語 어근 '檢察, 費用, 思想'은 고대중국어에서 漢字形態素가 여러 가지 품사를 담당하는 특징에 따라 동사로 나타날 가능성이 충분히 있다. 그 가능성 하나로 漢字形態素 '檢, 察, 費, 用, 思, 想'이『漢典』에서 첫 번째 품사가 동사이고, 그 기본의미도 동사에 있다는 것이다. 중국어에서 동사인 이들 漢字形態素들의 결합은 한국어에서 동사형성 방법인 '-하-'와 결합하여 충분히 동사로 쓰일 수 있다. 다른 하나는 '費用'과 같이 '타동사+명사' 구성이 한국어에서 '-하-'와 결합하여 동사로 쓰이는 것이다[10).『漢典』에서 '費'는 타동사로 기본의미인 '花費(화비)'가

---

10) 송민(2013)에서 '建國'은 '-하-'와 결합이 가능하지만 '行人'은 '-하-'와 결합이 가능하지 않은 원인은 동사에 있다고 보았다. '建'은 타동사로 목적어를 필요로 하는 반면, '行'은

'돈 시간, 정력을 쓰다, 소비하다, 소모하다, 들이다'로 해석되고, '用'은 두 번째 품사 명사에서 '資財(재물과 재산)'으로 해석되어 '타동사+명사'의 구성을 보인다. 이런 경우도 한국어에서 '-하-'와 결합하여 동사로 쓰일 수 있다.

이와 같이 동사로서 충분히 쓰일 수 있으나 동사로서의 쓰임이 줄어들거나 사라지는 원인은 다음과 같은 漢字語의 意味 변화에서 찾을 수 있을 것이다.

다섯째, 동사에서 意味 변화가 없는 경우이다. 漢字語 '記憶ᄒ-, 變化ᄒ-, 相對ᄒ-, 決定ᄒ-'가 동사로 쓰일 경우, 諺解文에서 나타나는 문맥적 意味와『표준』에 등재된 意味가 같으며 意味 변화도 없는 것으로 보인다. 이러한 漢字語가 명사로 쓰일 경우는 두 가지로 나타나는데 하나는 '變化'와 같이 동사나 명사에서 모두 意味 변화가 없는 경우이고, 다른 하나는 명사의 뜻풀이에 새로운 意味가 추가되어 意味 확대를 보이는 경우이다. 예를 들면 동사 '記憶ᄒ-'가 명사 '記憶'으로 쓰일 경우 동사에서 나타나는 意味에 <심리>와 <컴퓨터> 방면의 용어가 추가되어 쓰이고, '相對'에 <철학> 방면의 意味가 추가되거나 '決定'에 <법률> 방면의 용어가 추가되어 意味 확대를 보인다고 할 수 있다.

여섯째, 동사에서 意味 확대를 보이는 경우이다. 漢字語 '關係ᄒ-, 要求ᄒ-, 判斷ᄒ-'는『표준』에 諺解文의 문맥적 意味 외에 새로운 意味가 추가되어 있고, 그러한 意味가 현대한국어에서 용례를 보이고 있어 意味 확대로 볼 수 있다. 예를 들면 '關係ᄒ-'에 '어떤 일에 참견을 하거나 주의를 기울이다'는 意味가 추가된 것, '要求ᄒ-'에 <법률> 방면의 意味, '判斷ᄒ-'에 <논리> 방면의 意味가 추가된 것들이다. 이러한 漢字語

자동사로 형용사와 같은 기능으로 뒤 따르는 명사 '人'을 수식한다. 결국, '建國'과 '行人'의 문법적 기능이 다른 이유는 그 내면적 구성원리가 서로 다르다는 점을 강조하였다.

가 명사로 쓰일 경우 앞의 검토에서와 같이 동사보다 더 많은 意味가 『표준』에 등재되어 있고 현대한국어에서도 용례들이 나타난다. 명사 '要求'의 경우 동사에 나타나는 意味 외에 <심리> 방면의 용법이 더 추가되어 나타난다.

일곱째, 동사에서 意味 축소 또는 확대를 보이는 경우이다. 漢字語 '檢察ㅎ-, 經營ㅎ-, 安定ㅎ-'는 諺解文에서 나타나는 일부 문맥적 意味가 『표준』에 등재되어 있지도 않고, 현대한국어에서 그 용례를 보이지 않고 있어 意味 축소로 볼 수 있다. 意味 확대는 '檢察ㅎ-'에 <법률>적 意味, '經營ㅎ-'에 <경제>적 意味, '安定ㅎ-'에 <물리>적의 意味가 추가되어 쓰이는 경우이다. 이러한 漢字語가 명사로 쓰일 경우 앞의 검토에서와 같이 동사보다 더 많은 意味가 『표준』에 등재되어 있고 현대한국어에서는 용례들이 나타난다. 명사 '安定'의 경우 동사에 나타나는 意味 외에 <화학>방면의 용법이 추가되어 나타난다.

위의 다섯째, 여섯째, 일곱째 검토에서 漢字語 어근 '變化'와 같이 품사의 변화가 있음에도 意味 변화를 보이지 않는 것은 예나 지금이나 기본의미로만 쓰이는 경우라고 할 수 있다. 意味 축소는 일부 옛 뜻이 현대에서 쓰이지 않는 경우이고, 意味 확대는 옛 뜻에 새로운 意味 즉 현대적 意味가 추가된 경우라고 할 수 있다.

意味 확대의 경우 대부분이 <심리>, <철학>, <컴퓨터>, <법률>, <화학>, <물리>, <논리>, <경제> 등 전문적, 학술적 意味가 추가되어, 開化期 이후 신문명을 나타내는 意味로 쓰이고 있음을 확인할 수 있다. 이러한 意味는 주로 명사에서 나타나고 있으며 동사에서는 명사의 意味를 받아들인 것으로 보인다. 이는 전통한자어의 경우, 중국어 품사적 특징에 따라 한국어의 漢字語는 여러 가지 품사로 나타나지만 新生漢字語인 경우 주로 명사로 받아들였기 때문이 아닌가 한다. 예를 들

면 일본이 서양 개념인 prosecution, management 등의 번역어로 '檢察, 經營' 등의 신조어를 만들었고, 意味 개신이 일어난 신조어는 다시 한국어와 중국어에 借用되어 현재 古典적 意味와 현대적 意味가 공존하기 때문에 意味 확대로 보는 것이다.

이러한 신조어의 경우 옛 뜻인 古典적 意味는 거의 쓰이지 않거나 사라지고 현대적 意味로만 쓰이고 있다는데 초점을 맞추면 意味 전이라고도 할 수 있다.

4.2.3 명사와 동사 이외의 漢字語로 쓰인 경우

제3장의 검토에 의하면 기타 품사로 나타나는 漢字語는 형용사 혹은 부사로 나타나는 漢字語로 '秘密, 利益, 特別' 등 3개가 있다. 이들 漢字語를 원문의 단어와 對照하여 그 대응 양상에 따라 분류하면 부분일치 유형으로만 나타난다. 이 중 '秘密'이라는 단어에 나타나는 원문의 단어와 漢字語의 意味 대응 양상을 표로 정리하면 아래와 같다.

漢字語	대응양상	문맥적 意味	사전	
			意味	품사
비밀	秘-秘密히	남에게 알려서는 안 되거나 드러내서는 안 되는 태도가 있다.	유	있음
	秘-秘密ㅎ-	드러내지 않는 태도가 있다.	유	
		밝혀지지 않았거나 알려지지 않은 실상이 있다.	유	
		세상에 드물다.	무	
	密-秘密히	드러내지 않는 태도가 있다.	유	
		조밀하다, 촘촘하다.	무	

이와 같은 內容을 기준으로 삼아 나머지 漢字語의 意味 대응 관계를 살펴보면 다음과 같은 결과를 얻을 수 있다.

첫째, 원문에서 형용사 漢字形態素 '秘, 密, 益, 特'은 諺解文에서 형용사 혹은 부사 形態로 나타난다. 중세·근대한국어에서 형용사로 나타나는 漢字語는 현대한국어에서 형용사로서의 쓰임이 줄어들거나 사라진 경우가 있는 반면 부사로서의 쓰임은 변함이 없는 특징을 보이고 있다. '秘密ᄒ-'의 경우 『표준』에 비록 '秘密하-'의 표제항이 등재되어 있지만 현대한국어에서 용례를 보이지 않고 있어 형용사로서의 쓰임이 줄어들었다고 여겨진다. '利益ᄒ-'의 경우 현대한국어에서 형용사로서의 용례를 찾아 볼 수 없고, 『표준』에도 표제항으로 등재되지 않아 형용사로서의 용법이 사라진 것으로 보인다.11)

漢字語 어근 '秘密'에서 '秘'와 '密'의 주요 품사는 형용사이므로 한국어에서도 형용사로 쓰일 가능성이 충분하다. 이와 함께 '利益'의 '利'와 '益'도 중국어에서 형용사로 쓰이므로 중세·근대한국어에서 '-ᄒ-'와 결합하여 형용사로 쓰일 가능성이 높다. 이들은 앞에서 언급한 명사로 나타나는 漢字語 중 '文章ᄒ-', 동사로 나타나는 漢字語 중 '費用ᄒ-, 思想ᄒ-'와 같은 유형으로 여겨진다.

둘째, '特別히'와 같이 意味 변화가 없는 경우이다. 諺解文의 문맥적 意味가 원문의 漢字形態素 '特'의 첫 번째 意味로 쓰이고, 그 意味는 『표준』에도 등재되어 있다. 漢字語 어근 '特別'은 현대한국어에서 형용사, 부사, 명사 등 여러 가지 품사로 나타나지만 그 意味는 예나 지금이나

---

11) '秘密'에서 '秘와 密'의 주요 품사가 형용사로서 한국어에서 형용사로서의 용법이 확고하다고 본다. 현대한국어에서 비록 '비밀하다'는 용례를 찾아 볼 수 없지만 '비밀스럽다'는 형용사로 쓰이고 있다. 반면 '利益'에 '利와 益'이 '利益' 즉 '보탬'이란 意味로 쓰일 때 주요 품사는 동사이다. 따라서 현재 '秘密ᄒ-'의 형용사는 쓰이지 않지만 '비밀스럽다'로 쓰이고 있고, 형용사 '利益ᄒ-'는 현재 어떤 形式으로도 쓰이지 않고 있는 것 같다.

동일하게 하나의 意味로만 쓰이고 있어 意味 변화가 없다고 해석된다.

셋째, 고대중국어에서는 漢字形態素가 문맥에 따라 여러 가지 意味로 해석된다. 이런 漢字形態素의 意味에 따라 諺解文에 나타나는 漢字語의 意味가 결정되는데 이 경우, 諺解文의 문맥적 意味가 『표준』에 등재 되어 있는지에 따라서 意味 변화는 두 가지로 나뉠 수 있다. 하나는 諺解文 漢字語의 일부 意味만 『표준』에 등재되어 있고, 등재되어 있지 않은 意味가 현대한국어에서 용례도 보이지 않으면 意味 축소로 본다. 예를 들면 『표준』에 등재된 意味가 모두 諺解文에 나타나면서 원문의 ‘秘’를 ‘秘密ᄒᆞ-’로 언해하고 문맥적 意味가 ‘세상에 드물다’로 쓰인 경우, 원문의 ‘密’을 ‘秘密히’로 언해하고 문맥적 意味가 ‘빈틈없다’로 쓰인 경우는 『표준』에 등재되어 있지 않다. 이것은 옛 뜻의 일부가 사라져 意味 축소를 보이는 현상이다.

4.3 漢字語에 대한 사전의 뜻풀이

15세기 한국어 文獻 『杜詩諺解』에 나타나는 漢字語는 한국어 語彙體系의 일부분이고, 그 意味도 한국어 단어 意味의 일부분이다. 이런 점을 감안할 때 옛 文獻에 쓰인 漢字語의 意味도 한국어 어휘 意味의 한 부분으로 사전에 등재되어야 한다고 본다. 이 절에서는 앞선 논의의 결과를 이용하여 『杜詩諺解』에 나타난 漢字語로서 『표준국어대사전』에 표제항으로 등재되어 있지 않은 경우와 등재되어 있다면 그 漢字語의 문맥적 意味가 『표준국어대사전』에 모두 반영되어 있는지의 여부를 통하여 어떻게 하면 사전의 미비점을 보완할 수 있을지 그 방안을 모색하고자 한다.

4.3.1 표제항에 없는 漢字語

제3장의 검토에 의하면 『杜詩諺解』에서 동사로 쓰였으나 현대한국어에서는 그 용례를 찾아 볼 수 없는 漢字語가 있다. 즉, 동사로서의 용법이 사라진 경우이다. 예를 들면 '文章ㅎ-, 費用ㅎ-, 思想ㅎ-, 利益ㅎ-'와 같은 漢字語는 『杜詩諺解』에서뿐만 아니라 중세·근대한국어에서도 동사로 쓰였으나, 현대한국어에서는 그 용례는 찾아 볼 수 없어 동사로서의 용법이 사라졌다. 이처럼 옛 文獻에만 쓰인 漢字語라도 사전에는 표제항과 함께 그 뜻풀이도 당연히 등재되어야 할 것이다. 동사의 표제항과 그 뜻풀이의 예를 구체적으로 정리하면 다음과 같다.

표제항	유의어	뜻풀이와 예문
費用하다	소비하다	돈이나 물자, 시간, 노력 따위를 들이거나 써서 없애다. 예: 左相은 날마다 니러 萬 錢을 費用ㅎᄂ니 술 머구믈 긴 고래 온 냇믈마숨 ᄀ티 하야. 『杜詩諺解』
思想하다	생각하다	생각하고 궁리하다. 예: 오히려 思想호디 朝廷에 나ᅀᅡ가면 머릿 터럭 마나나 社稷을 돕ᄉ오련마론.
利益하다	유익하다	이롭거나 도움이 될 만한 것이 있다. 예: 詞賦ㅣ 바지로이 ᄒᆞ야도 利益호미 업스니 산림에 갈 자최 머디아니ᄒᆞ니라.
文章하다	글을 쓰다	글을 쓰다. 예: 이 뼈 文章ᄒᆞᄂᆞᆫ 사ᄅᆞ믈 보니 깃거ᄒᆞᄂᆞᆫ 믈ᄀᆞᆫ ᄠᅳ디로다

4.3.2 뜻풀이에 보완이 필요한 漢字語

어휘는 형식인 형태와 내용인 의미가 끊임없이 변화한다. 표기에 반영되는 형태의 변화는 상대적으로 쉽게 확인할 수 있지만, 내용인 의미의 변화는 눈으로 확인하기가 어려운 데다가 오랜 시간을 두고 완만하게 진행되는 속성이 있어 그 사실을 인지하기가 쉽지 않다. 그러나 한국어 語彙史에서 한자어의 의미 변화가 어느 정도 파악될 수 있는 경우도 있다. 그것은 開化期 이후 주로 일본어와의 접촉을 통하여 이루어진 新式文明의 내용이 반영된 新生漢字語들이다. 이 新生漢字語들은 두 가지 양상으로 구별되는데 그 하나는 양적인 변화로 과거에는 존재하지 않았던 新文明語들이 대량으로 유입된 것이고, 다른 하나는 질적인 변화로서 동일한 형태의 한자어들의 의미에 개변이 일어난 것이다. 후자는 한국어에 차용된 중국 고전에 나타나는 어휘가 서양문물의 새로운 개념을 표현하는 의미로 전용된 한자어들을 뜻한다.

諺解文에 나타나는 漢字語의 문맥적 분석에서 볼 때 예나 지금이나 품사에도 변화가 없고 意味에도 변화가 없는 경우가 있는가 하면, 품사에도 변화가 있고, 원래의 意味가 축소, 확대되거나 意味 개신을 겪어 意味의 전이를 가져온 경우도 있다. 또 원문 단어의 문맥적 意味에 따라 諺解文의 漢字語가 여러 가지 意味로 나타나는 경우가 있는데, 이런 意味의 쓰임이 사전에 반영되지 않은 경우도 있다. 諺解文에 나타나는 漢字語의 문맥적 意味로서『표준』과 같은 사전에 등재되어 있지 않은 意味를 구체적으로 살펴보면 다음과 같다.

명사로 나타나는 漢字語 중 원문의 漢字形態素 ‘産’이 ‘産業’으로 언해되고 ‘재산이나 물산’의 意味로 쓰인 경우, ‘制’를 ‘制度’로 언해하고 ‘樣式’의 意味로 쓰인 경우, ‘學’을 ‘學問’으로 언해하고 ‘知識이나 學識’

으로 쓰인 경우이다.

동사로 나타나는 漢字語 중 원문의 漢字形態素 '檢'을 '檢察ᄒᆞ-'로 언해하고 '서적이나 서류를 훑어보다, 자신의 언행을 신중히 하다'로 쓰인 경우, '對'를 '相對ᄒᆞ-'로 언해하고 '마주하다'로 쓰인 경우, '答'을 '對答ᄒᆞ-'로 언해하고 '보답하다'의 意味로 쓰인 경우 그리고 '安'을 '安定ᄒᆞ-'로 언해하고 '평정하다'로 쓰인 경우, '要'를 '要求ᄒᆞ-'로 언해하고 '희망하다, 바라다'의 意味로 쓰였거나 '判'을 '判斷ᄒᆞ-'로 언해하고 '구별하다, 구분하다'의 意味로 쓰인 경우이다.

[1] 산업(産業)

『표준』에는 명사 '産業' 표제항 아래 하나의 뜻풀이가 등재되어 있다. 경제 방면에 쓰이는 개념으로 "인간의 생활을 경제적으로 풍요롭게 하기 위하여 재화나 서비스를 창출하는 생산적 기업이나 조직으로 농업·목축업·임업·광업·공업을 비롯한 유형물(有形物)의 생산 이외에 상업·금융업·운수업·서비스업 따위와 같이 생산에 직접 결부되지 않으나 국민 경제에 불가결한 사업도 포함하며, 좁은 뜻으로는 공업만을 가리키기도 한다."라고 등재되어 있다. 본고 제3장에서 검토한 원문의 漢字形態素 '産'이 '産業'으로 언해되고 '재산이나 물산'의 意味로 쓰인 경우는 등재되어 있지 않다. 따라서 본고는『杜詩諺解』와 같은 중세와 근대 언해 문헌의 해석에 도움이 될 수 있도록 '재산이나 물산'과 같은 뜻풀이도 추가되는 것이 바람직하다고 본다.

앞에서 제시한 것과 같이『표준』의 뜻풀이 제시 순서에 따라 사전에서 '産業'의 표제항 아래 뜻풀이를 아래와 같이 제시하고자 한다.

사전에서 '産業'의 뜻풀이

표제항	뜻풀이
産業	① 인간의 생활을 경제적으로 풍요롭게 하기 위하여 재화나 서비스를 창출하는 생산적 기업이나 조직. 예문: 새로운 산업에 종사하다. 예문: 자국의 산업을 보호하기 위하여 수입에 제한을 두는 나라가 늘고 있다.
	② 재산이나 물산. 예문: 그는 자기에게 박산(薄産)이 있는데 고아원에 기증할 거라고 말했다. 예문: 두 서울에 오히려 사오나온(박한) 산업이다. <두시언해>

[2] 제도(制度)

『표준』에는 명사 '制度' 표제항 아래 하나의 뜻풀이 "관습이나 도덕, 법률 따위의 규범이나 사회 구조의 체계."라고 등재되어 있다. 본고 제3장에서 검토한 원문의 漢字形態素 '制'가 '制度'로 언해되고 '양식(樣式)'의 意味로 쓰인 경우는 등재되어 있지 않다. 따라서 본고는『杜詩諺解』와 같은 중세와 근대 언해 문헌의 해석에 도움이 될 수 있도록 '樣式'과 같은 뜻풀이도 추가되는 것이 바람직하다고 본다.

앞에서 제시한 것과 같이『표준』의 뜻풀이 제시 순서에 따라 사전에서 '制度'의 표제항 아래 뜻풀이를 아래와 같이 제시하고자 한다.

사전에서 '制度'의 뜻풀이

표제항	뜻풀이
制度	① 관습이나 도덕, 법률 따위의 규범이나 사회 구조의 체계 예문: 민주주의 제도 예문: 제도를 개혁하다.

	② 양식. 예문: 이 방울은 금의 질이 단단하고 제도도 소박하다. 예문: 높은 성에 높은 루가 있는데 제도가 오라고 붉은 칠이 있다. <두시언해>

[3] 학문(學問)

『표준』에는 명사 '學問' 표제항 아래 하나의 뜻풀이 "어떤 분야를 체계적으로 배워서 익힘. 또는 그런 지식."이라고 등재되어 있다. 본고 제3장에서 검토한 원문의 漢字形態素 '學'이 '學問'으로 언해되고 '知識이나 學識'의 意味로 쓰인 경우는 등재되어 있지 않다. 따라서 본고는 『杜詩諺解』와 같은 중세와 근대 언해 문헌의 해석에 도움이 될 수 있도록 '樣式'과 같은 뜻풀이도 추가되는 것이 바람직하다고 본다.

앞에서 제시한 것과 같이 『표준』의 뜻풀이 제시 순서에 따라 사전에서 '學問'의 표제항 아래 뜻풀이를 아래와 같이 제시하고자 한다.

사전에서 '學問'의 뜻풀이

표제항	뜻풀이
學問	① 어떤 분야를 체계적으로 배워서 익힘. 또는 그런 지식. 예문: 그는 평생 학문에 힘쓰고 있다. 예문: 한때 학자가 되려고 학문에 열중한 적이 있었다.
	② 知識이나 學識. 예문: 학문에 여유가 있었는데 다행히도 때가 되었다. 예문: 劉允濟의 詩 혹은 學問은 詩人 王勃과 盧照隣의 예리함과 나란히 할 수 있고, 서예는 褚遂良과 薛稷의 뛰어남과 같다. <두시언해>

[4] 검찰(檢察)

제3장에서 원문 어휘의 문맥적 의미에 따라 諺解文 한자어 '檢察'의 문맥적 의미가 중세·근대한국어에서 '검사하여 살피다', '자신의 언행을 신중히 하다', '서적이나 서류를 훑어보다' 등 세 가지 의미로도 쓰이고 있음을 확인할 수 있었다.

『표준』에는 명사 '檢察'과 동사 '檢察하-'가 모두 표제항으로 등재되어 있고, 표제항 아래 각각 세 개의 뜻풀이가 등재되어 있다. 동사 '檢察하-'를 예로 들면, '검사하여 살피다', '법률 방면의 용어로 범죄를 수사하고 그 증거를 모으다', '북한어로 건강 상태와 질병의 유무를 알아보기 위하여 증상이나 상태를 살피다' 등이다. 따라서 본고는 『杜詩諺解』와 같은 중세와 근대 언해 문헌의 해석에 도움이 될 수 있도록 '자신의 언행을 신중히 하다', '서적이나 서류를 훑어보다'와 같은 뜻풀이도 추가되는 것이 바람직하다고 본다.

앞에서 제시한 것과 같이 『표준』의 뜻풀이 제시 순서에 따라 사전에서 '檢察'의 표제항 아래 뜻풀이를 아래와 같이 제시하고자 한다.

사전에서 '檢察하-'의 뜻풀이

표제항	뜻풀이
檢察하-	① 검사하여 살피다. 　　예문: 그는 임진왜란이 끝난 후 삼남 지방의 해상 군비를 검찰하였다.
	② <법률> 범죄를 수사하고 그 증거를 모으다. 　　예문: 그의 관직은 수도권의 범죄를 검찰하는 장관에까지 올랐다.
	③ (자신의 언행을) 신중히 하다. 　　예문: 일시적 무리와 다르니 몸을 검찰하여 소홀히 하지 않았다. <두시언해>

	④ (서적이나 서류를) 훑어보다. 　　예문: 책을 검찰하느라 촛불이 타서 짧아졌고 칼춤을 구경하느라 술잔 　　　　을 오래 드네. <두시언해>
	⑤ <북한어> 건강 상태와 질병의 유무를 알아보기 위하여 증상이나 상태 　　를 살피다.

[5] 상대(相對)

앞에서 원문 어휘의 문맥적 의미에 따라 諺解文 한자어 '相對'의 문맥적 의미가 중세·근대한국어에서 '서로 마주 대하다', '서로 겨루다' 등 두 가지 의미로도 쓰이고 있음을 확인할 수 있었다. 『표준』에는 동사 '相對ᄒ-'와 명사 '相對'가 모두 표제항으로 등재되어 있다. 그 뜻풀이를 살펴보면 동사 '相對하-'에는 『杜詩諺解』에서 정리된 두 가지 뜻풀이만 등재되어 있고, 명사 '相對'에는 '서로 대비함, <철학>에서 다른 것과 관계가 있어서 그것과 떨어져 존재할 수 없는 것' 등 두 가지 의미가 추가되어 네 가지 의미가 올라있다.

사전에서 '相對'의 뜻풀이

표제항	뜻풀이
相對	① 서로 마주 대함. 또는 그런 대상. 　　예문: 저런 애들하고는 상대도 하지 마라.
	② 서로 겨룸. 또는 그런 대상. 　　예문: 그는 만만찮은 상대다.
	③ 서로 대비함. 　　예문: 서로 상대하여 결정하다.

	④ <철학> 다른 것과 관계가 있어서 그것과 떨어져 존재할 수 없는 것. 　　예문: 상대적 이론과 절대적 이론.
	⑤ 마주하다. 　　예문: 임 상대하고 얼굴의 화장도 지울 것이다. <두시언해>

[6] 대답(對答)

앞에서 원문 어휘의 문맥적 의미에 따라 諺解文 한자어 '對答'의 문맥적 의미가 중세·근대한국어에서 '사례하다', '부르는 말에 응하여 어떤 말을 하다', '상대가 묻거나 요구하는 것에 대하여 해답이나 제 뜻을 말하다' 등 세 가지 의미로도 쓰이고 있음을 확인할 수 있었다. 『표준』에는 동사 '對答ᄒᆞ-'와 명사 '對答'가 모두 표제항으로 등재되어 있다. 그 뜻풀이를 살펴보면 동사 '對答하-'에는 『杜詩諺解』에서 정리한 두 번째와 세 번째의 두 가지 의미만 등재되어 있고 명사 '對答'에는 두 번째와 세 번째의 의미 외에 '어떤 문제나 현상을 해명하거나 해결하는 방안'이란 뜻풀이가 추가 등재되어 세 가지 의미가 올라있다. 그러나 『杜詩諺解』에서 원문의 '答'을 '對答ᄒᆞ-'로 언해하고 '사례하다, 보답하다'의 의미로 쓰인 경우는 『표준』의 동사 '對答하-'와 명사 '對答'의 뜻풀이 어디에도 등재되어 있지 않아 추가되는 것이 바람직하다고 본다.

앞에서 제시한 것과 같이 『표준』의 뜻풀이 제시 순서에 따라 사전에서 '對答'의 표제항 아래 뜻풀이를 아래와 같이 제시하고자 한다.

사전에서 '對答'의 뜻풀이

표제항	뜻풀이
對答	① 부르는 말에 응하여 어떤 말을 함. 또는 그 말.

	예문: 불러도 대답이 없다.
	② 상대가 묻거나 요구하는 것에 대하여 해답이나 제 뜻을 말함. 예문: 그는 묻는 말에 대답도 잘 못하는 어수룩한 사람이었다.
	③ 어떤 문제나 현상을 해명하거나 해결하는 방안. 예문: 어떠한 제안도 이 문제에 대한 대답이 될 수 없음을 모두가 알고 있다.
	④ <철학> 다른 것과 관계가 있어서 그것과 떨어져 존재할 수 없는 것. 예문: 조정을 위하여 조그마한 힘도 대답하지 못한다. <두시언해>

[7] 경영(經營)

제3장에서 원문 어휘의 문맥적 의미에 따라 諺解文 한자어 '經營'의 문맥적 의미가 중세·근대한국어에서 '집을 짓다', '밭을 일구다', '예술 작품을 창작할 때 머릿속에서 구상하다', '분묘를 만들다'와 같은 의미 이외 '가정이나 국가를 경영하다', 현대한국어의 '회사를 경영하다'와 같이 '기초를 닦고 계획을 세워 어떤 일을 해나가다', '기업이나 사업 따위를 관리하고 운영하다'의 의미로도 쓰이고 있음을 확인할 수 있었다.

사전의 뜻풀이 보안 방안 전에 '經營'의 의미 변화 경향을 알아보고자 한다. '經營'[12]의 의미 변화도 의미 변화의 일반적인 경향에 따라 작고 具體的인 의미에서 넓고 抽象的인 의미 즉 擴大·抽象化의 방향으로 변화하였다고 보고, 결과물과 과정이란 두 축을 중심으로 '經營'의 의미

---

12) 『漢典』을 참고하면 『說文解字』는 '經'을 '經은 織이다. 從絲爲經, 衡絲爲緯' 즉 '세로로 된 실은 經이고, 가로로 된 실은 緯이다'로 해석하고 있다. '經'이 동사로 쓰일 때는 천을 짜는 행위를 뜻하고, 명사로 쓰일 때는 천을 짤 때 세로로 된 움직이지 않는 실을 뜻한다. 따라서 행위의 결과 '천'이라는 결과물이 있다. '營'에 대해서는 '營는 帀居이다'로 해석하고 있다. 段玉裁는 '帀居는 圍繞而居' 즉 '모여서 살다'라는 주석을 달고 있다. 따라서 '營'은 에워싸는 과정이나 에워싼 상태를 말하는 글자라고 할 수 있다.

변화를 살펴보면 아래와 같다.

중세·근대한국어에서 '집을 짓다', '밭을 일구다', '분묘를 만들다'의 의미로 쓰인 '經營'은 행위의 결과물인 '집', '밭', '분묘'가 존재하고, 그 결과물을 經營하는 구체적인 작업과정이 존재한다. 이와 같이 결과물과 과정이 모두 구체적인 것이다. 한편 '그림을 구상하다'와 같이 '예술 작품을 장착할 때 머릿속에서 구상하다'의 의미로 쓰이는 '經營'은 행동의 결과물인 '그림'은 존재하는 반면 머릿속에서 구상하는 과정은 정신적인 것이어서 추상적이라고 할 수 있다.

'국가를 경영하다'와 같이 '기초를 닦고 계획을 세워 어떤 일을 해나가다'의 의미로 쓰인 '經營'은 행위의 결과물이 '물질이나 복지'와 같이 구체적인 결과물과 추상적인 결과물이 엉켜있다고 본다. 그 과정도 구체적인 행위가 있는가 하면 '국민에게 이로운 정책'과 같은 추상적인 행위도 있다. '회사를 경영하다'와 같은 '기업이나 사업 따위를 관리하고 운영하다' 의미로 쓰인 '經營'은 결과물과 과정이 더 추상적으로 변화하였고 범위도 더 넓어졌다고 본다.

따라서 한자어 '經營'의 의미 변화는 의미 변화의 일반적인 경향인 縮小·具體的인 의미에서 擴大·抽象的인 의미로 변화하였다고 볼 수 있다. 구체적인 결과물과 과정에서 추상적인 결과물과 과정으로 변화한 '經營'의 의미 변화 방향을 아래와 같은 그림으로 표현하고자 한다.

'經營'의 의미 변화 과정

결과물, 과정
구체적   ⟶⟶⟶⟶⟶⟶⟶⟶⟶⟶⟶⟶⟶⟶⟶⟶   추상적
(집, 밭, 분묘) → (그림) → (나라) → (회사) + 경영하다

　본고는 옛 언해문헌에 나타나는 한자어의 의미도 한국어 어휘 의미의 일부분으로서 한국어사전에 포함되어야 한다고 보고 '經營' 표제어의 사전 뜻풀이 보완 방안을 제시하면 아래와 같다.

　『표준』에는 명사 '經營'과 동사 '經營하-'가 모두 표제항으로 등재되어 있고, 표제항 아래 각각 네 개의 뜻풀이가 등재되어 있다. 동사 '經營하-'를 예로 들면, ①기업이나 사업 따위를 관리하고 운영하다, ②기초를 닦고 계획을 세워 어떤 일을 해 나가다, ③계획을 세워 집을 짓다, ④<북한어> 궁리하여 일을 마련해 나가다 등이다. 사전의 네 가지 뜻풀이 중에서 문제는 ③에 있다고 본다. 중세·근대한국어 시기 동사 '經營ᄒᆞ-'는 '집을 짓다', '밭을 일구다', '분묘를 만들다'와 같이 여러 가지 의미로 쓰이고 있음을 확인할 수 있었다. 『표준』에서 '집'으로 한정되어 있는 뜻풀이에 '(집, 밭, 분묘) 등을 짓다, 일구다, 만들다'의 뜻으로 통합적으로 사용할 수 있게 뜻풀이를 제시하는 것이 좋다고 본다. 또 『杜詩諺解』와 같은 중세와 근대 언해 문헌의 해석에 도움이 될 수 있도록 '예술 작품을 구상하다'와 같은 뜻풀이도 추가되는 것이 바람직하다고 본다.

　『漢典』의 뜻풀이는 원칙적으로 기본의미가 맨 앞에 제시되고 파생, 전용과 같은 의미는 시대적 순서에 따라 배열되어 있다. 따라서 뜻풀이의 순번이 뒤로 갈수록 현대적 의미에 가깝다. 『표준』의 일러두기 뜻풀이에서 의미 배열 순서에 대한 정확한 답은 찾지 모했지만 『표준』을 보면 '經營하-' 표제항 아래 의미 배열순서는 『漢典』과 반대로 현대적 의미가 제일 처음으로 제시되었다고 할 수 있다. 따라서 이런 『표준』의 순서에 맞춰 사전에서 '經營하-' 표제항 아래 뜻풀이를 아래와 같이 제시하고자 한다.

　첫째, 뜻풀이 ①과 ②는 원래 순서대로 한다.

둘째, 원래 뜻풀이 ③을 ④로 돌리고, 뜻풀이 ④를 ⑤로 돌린다. 빈자리 ③에 '예술 작품을 창작할 때, 작품의 골자가 될 내용이나 표현 형식 따위에 대하여 생각을 정리하다 즉 구상하다'의 내용을 추가한다.

셋째, 원래 ③에 '계획을 세워 집을 짓다' 뜻풀이를 '계획을 세워 토목이나 건축 따위를 조성하다'로 바꾼다. 예문으로 '집을 경영하다 즉 집을 짓다', '밭을 경영하다 즉 밭을 일구다', '분묘를 경영하다 즉 분묘를 만들다' 등을 추가한다.

사전에서 '經營하-'의 뜻풀이

표제항	뜻풀이
經營하-	① 기업이나 사업 따위를 관리하고 운영하다. 예문: 회사를 경영하다.
	② 기초를 닦고 계획을 세워 어떤 일을 해나가다. 예문: 세상을 경영할 인재.
	③ 예술 작품을 구상하다. 예문: 조패장군이 그림을 경영하였다. <두시언해>
	④ 계획을 세워 토목이나 건축 따위를 조성하다. 예문: 백제는 건축술이 매우 발달하여 장하고 빛난 누각과 정자와 사찰과 탑을 경영하였다.
	⑤ <북한어> 궁리하여 일을 마련해 나가다.

금후 어원사전 혹은 통시적 사전의 출판에서 언해문을 읽을 때 필요한 중세와 근대한국어에 쓰이던 한자어의 의미까지 반영한다면 언해문 해석에 큰 도움을 줄 수 있을 것으로 생각된다.

제 5 장

|

결 론

　본 연구는『杜詩諺解』初刊本에 나타나는 2음절 漢字語 중『현대국어 사용 빈도 조사』에서 핵심영역에 속하는 39개 漢字語의 문맥적 意味 분석을 통하여 기본意味가 문맥에 따라 어떠한 意味로 바뀌는지 그 방향의 다양성을 살피는 동시에 그 결과를 이용하여『표준국어대사전』에서 표제항으로 등재된 漢字語 뜻풀이를 보완할 수 있는 방안을 모색하는 것을 목적으로 하였다.

　開化期 이후 일본과의 접촉에서 수용된 新生漢字語를 배제하고자 15세기 文獻인『杜詩諺解』初刊本을 연구 대상으로 하였고, 현대한국어와의 접목을 위해 '현대 국어 사용 빈도 조사'를 활용하였다. 선행연구 검토에서 한국어와 중국어의 比較 내지 對照 연구가 활발하게 이루어지고 있으나 대부분이 현대한국어와 현대중국어에 제한되어 있음을 확인하였다. 선행연구 검토에서 新生漢字語의 연구는 기반을 마련하고 많은 연구가 되어 있음을 확인할 수 있었지만 전통 漢字語의 문맥적 意味에 대한 연구는 아직 많은 연구가 이루어지지 않았음을 알 수 있었다.

제2장에서는 우선 먼저 한국어 어휘 어종 구별에서 차용어에 속하는 漢字語를 외래어의 일종으로 다루지 않고 외래어와 구별하여 다루는 이유를 설명하고, 漢字語의 개념을 정리하였다. 漢字와 漢文이 한반도에 流入된 시기와 역사적 순서에 따라 짚어보고, 漢字語의 생성 과정을 임신서기석, 이두, 구결, 훈민정음 창제, 개화기 번역도서로 나누어 짚어보았다. 漢字語를 기원에 따라 중국 文語系 한자어, 佛教語系 한자어, 중국 白話系 한자어, 日本語系 한자어, 한국 한자어 등 다섯 종류로 나누어 한국 漢字語의 유래에 대해 알아보았다.

제3장에서는 諺解文에 나타나는 漢字語의 意味는 원문의 문맥적 意味에 따라 결정된다고 할 수 있다고 보고, 먼저 諺解文의 漢字語를 명사로 쓰인 경우, 동사로 쓰인 경우, 명사와 동사 이외의 품사로 쓰인 경우로 나누어 杜詩 원문 단어와의 대응 양상을 불일치·부분일치·일치에 속하는 A유형, 불일치·부분일치에 속하는 B유형, 불일치·일치에 속하는 C유형, 불일치에 속하는 D유형, 부분일치·일치에 속하는 E유형, 부분일치에 속하는 F유형, 일치에 속하는 G유형 등 일곱 가지 유형으로 나누어 살펴보았다. 다음 杜詩 원문의 정확한 해석을 위하여 詩의 창작 연대를 밝히고, 일부 시대 배경이나 창작 배경을 간단히 제시하였다. 諺解文의 漢字語와 대응되는 杜詩 원문 단어의 문맥적 意味를 찾고자 원문의 內容을 정리하고, 중국어 사전인『漢典』과 한국어 사전인『표준』의 뜻풀이를 기반으로 諺解文에 나타나는 漢字語의 意味를 분석·정리하였다. 이렇게 분석·정리한 문맥적 意味가『표준』에 등재되어 있는지를 확인하고『표준』에 등재된 意味와 比較하면서 意味 변화의 양상을 알아보고, 품사의 변화를 확인하였다. 동사로 나타나는 漢字語에서는 품사의 변화에 따라 意味가 어떻게 변화하는지도 고찰하였다.

이런 분석·정리를 통하여 제4장에서『杜詩諺解』에 나타난 漢字語의

意味 변화를 고찰하였다. 意味 변화의 원인을 언어적 원인, 역사적 원인, 사회적 원인, 심리적 원인 등 네 가지로 나누어 살펴보았는데 본고에서 검토한 한자어의 의미 변화 양상은 주요하게 역사적 원인과 사회적 원인에 의하여 변화를 가져왔음을 확인할 수 있었다. 다음 意味 변화의 유형을 의미의 확대, 의미의 축소, 의미의 전이 등 세 가지로 나누어 살펴보았다. 그리고 이런 意味 변화의 양상이 연구 대상 漢字語에서 어떻게 나타나는지를 고찰한 결과 첫째, 본고에서 검토한 한자어의 의미 변화 유형은 원래의 의미에 새로운 의미가 추가되어 의미의 확대를 보이는 한자어도 있고, 여러 가지 의미로 쓰이던 것이 일부 의미가 사라져 현대한국어에서는 나타나지 않아 의미의 축소를 보이는 한자어도 있었으며, 또 원래의 의미가 유사한 의미로 바뀐 의미의 전이를 가져온 한자어도 있었는데 이런 한자어는 대부분 개화기 이후 서양에서 들어온 현대적 의미로 전용되어 쓰인 한자어들이다. 그런가 하면 두 가지 의미 유형 혹은 세 가지 의미 유형이 함께 나타나는 한자어도 있었다. 하지만 의미의 축소와 의미의 전이가 함께 나타나는 한자어의 예는 찾을 수 없었다.

둘째, 意味 변화의 유형은 원래 形態에 새로운 意味가 추가된 意味 확대가 많고, 추가된 意味가 대부분이 開化期 이후 서양에서 들어온 현대적 意味로 轉用되어 쓰여 意味의 전이 유형이 많음을 확인할 수 있었다. 따라서 본고에서 검토한 漢字語들의 意味의 변화는 고대 중국에서 들어온 漢字語의 形態에 일본을 통하여 들어온 현대적 意味를 부여하여 意味 개신을 가져오는 방향으로 변화하고 있음을 알 수 있었다. 또한 15세기 한국어에서 동사로 받아들이던 漢字語들에 意味 개신이 일어나면 품사의 변화가 일어나는데 일반적으로 명사로 받아들인다는 것도 확인할 수 있다.

셋째, 원문의 2음절 단어를 동일한 2음절 漢字語로 언해하고 문맥적 意味가『漢典』의 첫 번째 意味로 쓰인 경우, 원문의 漢字形態素를 그 漢字形態素가 포함된 2음절 漢字語로 언해하고 문맥적 意味가『漢典』의 기본意味로 쓰인 경우는 대부분 뜻풀이가『표준』에 등재되어 있음을 확인할 수 있었다. 원문의 단어나 漢字形態素의 문맥적 意味가『漢典』의 첫 번째 意味나 기본意味와 멀어질수록『표준』에 그 意味가 등재되어 있지 않은 경우가 많았다. 특히 원문의 漢字形態素를 2음절 漢字語로 언해하고 문맥에 따라 여러 가지 意味로 나타나는 경우, 많은 意味가『표준』에 등재되어 있지 않았다. 이는 중국 고전에서 쓰이던 어휘의 의미가 한국어 한자어에 정착된 후 정착될 시기의 의미를 보존하고 의미 변화를 가져오지 않았음을 의미한다. 따라서 앞으로 중국에서 음과 의미의 변화를 가져온 어휘의 語音史와 語彙史를 연구할 때 좋은 자료가 될 것이다.

넷째, 諺解文의 문맥적 意味가『표준』에 등재된 여부 검토에서 명사로 나타나는 漢字語의 경우 비교적 규칙적인 현상을 보이고, 동사로 나타나는 경우와 명사와 동사 이외의 품사로 나타나는 경우는 일정한 규칙을 보이지 않고 있었다.

다섯째, 중세·근대한국어와 현대한국어의 용례 검토에서 명사로 나타나는 漢字語는 품사의 변화가 없이 예나 지금이나 모두 명사로만 쓰이고 있었다. 동사로 나타나는 漢字語는 현대한국어에서 모두 명사로서의 용법이 추가되어 동사와 명사가 함께 쓰이거나 명사로서의 쓰임이 늘어나고 동사로서의 쓰임이 줄어들거나 사라지는 현상을 확인할 수 있었다. 동사로서의 쓰임이 줄어들거나 사라지는 漢字語는 대부분이 신생漢字語로 간주되는 신문명 단어들이었다. 다시 말하여 漢字語의 여러 가지 意味 중 신문명 意味가 높은 사용빈도를 보이면 동사로서의 용례가 줄어들거나 사라져 나중에는 사전의 표제항에서도 사라졌다.

15세기 諺解文헌에 나타나는 漢字語와 그 문맥적 意味도 한국어 어휘의 일부분이므로 사전에 포함되어야 한다고 보고 표제항이 없는 漢字語 '文章ㅎ-, 費用ㅎ-, 思想ㅎ-, 利益ㅎ-'의 표제항을 추가하고 뜻풀이와 용례들을 보완하였다. 사전에 등재되지 않은 일부 뜻풀이 보완하고, '經營'과 같은 漢字語는 뜻풀이를 수정·보완하는 방식으로 사전의 뜻풀이를 보완할 수 있는 방안을 제시하였다.

본 연구에서 사전의 뜻풀이를 검토하면서 북한의 사회과학출판사에서 간행한 『조선말대사전』(1992), 중국의 연변사회과학원 語言연구소에서 간행한 『조선말사전』(1995)과 대비 고찰하지 않은 아쉬운 점이 없지 않아 있다. 앞으로의 연구에서는 이번 연구 대상 39개 漢字語가 『杜詩諺解』初刊本뿐만 아니라 중간본을 비롯한 15세기, 16세기, 17세기, 18세기, 19세기, 20세기에 어떻게 쓰였는지에 대하여 통시적으로 고찰하고자 한다.

참고문헌

〈논문〉

강남욱(2009), 「영어권 교포 화자의 한국어 어휘 인식 유형화 연구-한국방송(KBS) <눈높이를 맞춰요 II> 자료를 중심으로-」, 국어교육연구 제24집.

강남욱·지성녀(2012), 「대외 언어 보급 정책 比較를 통한 세종학당 활성화 방안 연구 -중국 공자학원 운영 정책과의 比較를 중심으로-」, 새국어교육 90권.

고샐리영(2009), 「미디어로서의 책에 대한 근대적 인식의 발생: 개화기(1883~1910)에 출판된 번역서를 중심으로」, 서울대학교 석사학위논문.

김광해(1989), 「고유어와 한자어의 대응 현상」, 국어학총서 16.

김종학(1982), 「國語 語彙의 意味變化樣相에 對한 試考」, 어문논집 16

노명희(2008), 「漢字語의 意味 범주와 漢字 形態소의 배열 순서」, 한국문화 제44집.

노해임(2000), 「한·중·일 한자어휘 비교」, 건국대학교 교육대학원 석사학위논문.

노해임(2011), 「한글文獻에 나타난 漢字語 사용 양상 연구, -15세기부터 19세기 변천과정을 중심으로-」, 건국대학교 박사학위논문.

박영섭(1987), 「국어 漢字語의 기원적 계보 연구, -現用 漢字語를 중심으로-」, 성균관대학교 박사학위논문.

방향옥(2011), 「한국 漢字語와 중국어의 파생어의 對照 연구」, 조선대학교, 박사학위논문.

박혜진(2011), 「韓·中 同形 漢字語의 意味 差異 硏究: 部分異義 漢字語를 中心으로」, 중앙대학교 석사논문.

成煥甲(1983), 「고유어와 한자어 대체에 관한 연구」, 고려대학교 박사학위논문.

成煥甲·김에선(2000), 『한·일 동형이의 한자어 비교 연구』, 중앙대학교 인문학연구.

송기중(1992), 「현대국어 한자어의 구조」, 한국어문 1권.

송기중(1993), 「근대화 여명기의 외국어 어휘에 대한 관심」, 한국문화 14권.

송기중(1998), 「어휘 생성의 특수한 유형, 한자차용어」, 국어 어휘의 기반과 역사.

송기중(2007), 「東洋 三國 漢字 語彙 鳥瞰」, 국어학 제49집.

송 민(1989), 「開化期 新文明語彙의 成立過程」, 語文學論叢 제8집.

송 민(1990), 「어휘 변화의 양상과 그 배경」, 국어생활 제22호.

송　민(1998),「開化期 新生漢字語彙의 系譜」, 語文學論叢 제17집.

송　민(1999),「신생漢字語의 성립 배경」, 새국어생활 제9권 제2호.

송　민(1999),「개화초기의 신생漢字語 수용」, 語文學論叢 제18집.

송　민(2000),「開化期 국어에 나타나는 신문명 어휘」, 語文學論叢 제19집.

송　민(2000),「'經濟'의 意味 개신」, 새국어생활 제10권 제1호.

송　민(2001),「開化期의 신생漢字語 연구(1)」, 語文學論叢 제20집.

송　민(2002),「開化期의 신생漢字語 연구(2)」, 語文學論叢 제21집.

송　민(2003),「開化期의 신생漢字語 연구(3)」, 語文學論叢 제22집.

송　민(2013),「漢字語에 대한 어휘사적 조명」, 국어학 66.

심재기(1989),「한자어 수용에 관한 통시적 연구」, 국어학 18.

심혜령(2007),「한국어 교육용 기초 한자어 명사의 공기 관계 연구: 한중 대조 연구를 예
　　시로 하여」, 연세대학교 박사학위논문.

王克全(1994),「한·중 한자어의 관한 비교 연구」, 서울대학교 석사학위논문.

이경우(1981),「파생어 형성에 있어서 意味 변화」, 한국어교육학회지39권.

李美香(1999),「한·중·일 어휘 비교를 통한 한국한자어의 특성 연구」, 언어과학연구 16.

이상정(2012),「韓·中 漢字語의 意味 및 飜譯에 대한 연구」, 선문대학교 박사학위논문.

이종철(1996),「단어의 연상적 意味의 지도 방법과 內容」, 국어교육학 연구 6.

이종철(2009),「TV 광고 언어의 논증적 意味 관계 양상」, 한국어교육학회지 제129호.

이혜경(1999년),「조선조 방각본의 서지학적 연구」, 전남대학교 석사학위 논문.

장선우(2013),「한중 동형(同形) 한자어의 공기(共起) 관계 비교」, 한자한문교육 32호.

장은영(2016),「한자의 의미변화와 한중 상용 한자어 비교 연구」, 중국학연구 78호.

程崇義(1987),「한·중 漢字語의 변천에 관한 比較연구」, 서울대학교 석사학위논문.

제　진(2017),「현대 한중 한자 파생어 비교 연구」, 전남대학교 박사학위논문.

지성녀(2013),「杜詩諺解에 나타난 漢字語 '經營'의 意味 분석」, 한국어교수와 연구 제2집.

지성녀(2013),「杜詩諺解에 나타난 漢字語 '檢察'의 意味 분석」, 동방학술논술 제4기.

최금단(1997),「현대 중국어와 현용 한국 漢字語 동사의 대비 연구, -한국 초등학교 교육
　　용 동사를 대상으로-」, 성균관대학교 석사학위논문.

탕화봉(2009),「韓·中 漢字語의 異形同義語 比較 硏究」, 전남대학교 석사학위논문.

한지현(2019),「중국어권 한국어 학습자를 위한 한·중 동형한자어 대조 연구」, 순천대
　　학교 박사학위논문.

허　철(2010),「『현대국어사용빈도조사 1, 2』를 통해 본 漢字語의 비중 및 漢字의 활용도
　　조사」, 漢文교육연구.

〈단행본〉

강헌규(1988), 『한국어 어원연구사』, 집문당.
고영근·구본관(2008), 『우리말 문법론』, 집문당.
권영민(2004), 『한국현대문학대사전』, 서울대학교출판사.
김광해(2009), 『국어 어휘론 개설』(개정판), 집문당.
김무봉(2015), 『훈민정음 그리고 불경 언해』, 역락출판사.
김종훈(2014), 『한국 고유한자 연구』, 보고사.
김형규(1995), 『국어사개요』, 일조각.
남성우·고명균 외(2007), 『국어사 연구와 자료』, 태학사.
노명희(2005), 『현대국어 漢字語 연구』, 태학사.
박영섭(1995), 『국어漢字語휘론』, 박이정.
박영섭(2001), 『初刊本 杜詩諺解 漢字 대역어 연구』, 박이정.
배규범 외(2010), 『외국인을 위한 한국고전문학사』, 도서출판하우.
송기중(2004), 『고대국어 어휘 표기 漢字의 자별 용례 연구』, 서울대학교출판부.
송방송(2012), 『한겨레음악대사전 세트』, 보고사.
심재기 외(1984), 『意味論序說』, 집문당.
심재기(2000), 『국어 어휘론』, 집문당.
심재기(2000), 『국어 어휘론 신강』, 태학사.
심재기(2011), 『국어 어휘론 개설』, 지식과 교양.
안병희(1985), 『국어사 자료와 국어학의 연구』, 문학과지성사.
안병희(1990), 『중세국어문법론』, 학연사.
원주용(2009), 『고려시대 한시 읽기』, 한국학술정보(주).
윤형두(2003), 『옛 책의 한글판본 1』, 범우사.
윤평현(2008), 『국어意味론』, 역락.
윤평현(2013), 『국어 意味론 강의』, 역락.
이기문(2006), 改訂版 『국어사 개설』, 태학사.
이경우(1998), 『최근세 경어법 연구』, 태학사.
이경우·김성월(2017), 『한국어 경어법의 사회언어학적 연구』, 역락출판사.
이석주·이주행(2007), 『한국어학개론』(신정판), 보고사.
이을환(1968), 『국어의 일반意味론적 연구』, 숙명여자대학교 출판사.
이을환·이주용(1975), 改訂版 『국어 意味론』, 현문사.
이익섭(1999), 『국어 문법론 강의』, 학연사.
이주행(1992), 『현대국어 문법론』, 대한교과서주식회사.
이주행(1996), 『한국어 문법 연구』, 중앙대학교출판부.

이주행(2009), 『한국어 의존명사 연구』, 한국문화사.
이주행(2011), 『알기 쉬운 한국어 문법론』(개정판), 역락출판사.
이현희(1997), 『두시와 두시언해 6』, 신구문화사.
이현희(1997), 『두시와 두시언해 7』, 신구문화사.
이희재(2009), 『번역의 탄생』, 교양인.
임용기・홍윤표(2006), 『국어사 연구 어디까지 와 있나』, 태학사.
전정례(2001), 『언어변화이론』, 박이정.
조남호(2001), 『杜詩諺解 漢字語 연구』, 태학사.
조항범(2019), 『우리말 卑語 俗語 辱說의 어원 연구』, 충북대학교출판사.
주영하・옥영정・전경목(2008) 외, 『조선시대 책의 문화사』, 휴머니스트.
진   류(2012), 『한국 漢字語 연구』, 영남대학출판부.
최경옥(2003), 『한국開化期 근대외래漢字語의 수용연구』, 제이앤씨.
崔昌烈(1998), 『우리말 어원연구』, 일지사.
추이진단(2001), 『현대 중국어와 한국 漢字語 대비 연구』, 한신대학교출판부.
허재영(2008), 『우리말 연구와 문법 교육의 역사』, 보고사.
허재영(2013), 『한국 근대의 학문론과 어문 교육』, 지식과 교양.
丁喜霞(2006), 『中古常用幷列双音詞的成詞和演變研究』, 語文出版社.
方一新(2010), 『中古近代漢語詞彙學』(上/下, 全2冊), 商務印書館.
胡安順・郭芹納(2006), 『古代漢語』(上/中/下, 全3冊), 科學出版社.
呂叔湘・王海棻(2019), 『馬氏文通讀本』, 上海教育出版社.
盧國琛(2006), 『杜甫詩醇』, 浙江大學.
仇兆鰲(1979), 『杜詩詳注』(全5冊), 中華書局.
王   力(1999), 『古代漢語』(全4冊), 中華書局.
王   力(2000), 『漢語史稿』(上/中/下, 全3冊), 科學出版社.
王云路(2010), 『古代漢語詞彙學史』(上/下, 全2冊), 商務印書館.

〈자료〉

국립국어연구원(1993), 『15세기 漢字語 조사 연구』, 국립국어연구원.
국립국어연구원(2002), 『현대 국어 사용 빈도 조사: 한국어 학습용 어휘 선정을 위한 기
        초 조사』, 국립국어연구원.
김한샘(2005), 『현대 국어 사용 빈도 조사 2』, 국립국어원.
남광우(2013), 『고어사전』, 교학사.
유창돈(1985), 『이조어사전』, 연세대학교출판부.

홍윤표 외(1995), 『17세기 국어사전』 상·하, 태학사.

한국학중앙연구원 한국민족문화대백과 http://encykorea.aks.ac.kr

표준국어대사전 http://stdweb2.korean.go.kr/main.jsp

漢語大詞典 http://www.zdic.net

저자 소개

지 성 녀 池圣女

중국 연변대학교 중어중문학과 학사
한국 국민대학교 국어국문학과 석사
한국 호서대학교 국어국문학과 박사

현 廣東外語外貿大學南國商學院 동방언어문화학원 교수로 재직 중이며, 漢字詞彙在亞洲地區的傳播與環流(한자 어휘가 아세아 지방에서 전파와 환류)에 대해 연구하고 글을 쓰고 있다. 논문으로 「경영, 상대, 검찰, 부연」 등 한자어에 대한 통시적 의미 연구가 있다.

초간본 분류두공부시언해 한자어 의미 연구
初刊本 分類杜工部詩諺解 漢字語 意味 研究

초판 1쇄 인쇄 2020년 3월 3일
초판 1쇄 발행 2020년 3월 10일

지은이 지성녀
펴낸이 이대현

책임편집 임애정 | 편집 이태곤 권분옥 문선희 백초혜
디자인 안혜진 최선주 김주화 | 마케팅 박태훈 안현진
펴낸곳 도서출판 역락 | 등록 1999년 4월 19일 제303-2002-000014호
주소 서울시 서초구 동광로46길 6-6 문창빌딩 2층(우06589)
전화 02-3409-2060(편집부), 2058(영업부) | 팩시밀리 02-3409-2059
전자우편 youkrack@hanmail.net
홈페이지 www.youkrackbooks.com

ISBN 979-11-6244-500-6 93710

정가는 뒤표지에 있습니다.

* 잘못된 책은 바꿔 드립니다.